教員採用試験

教育問題の核心に迫る！

勝てる小論文・面接

2025年度版

吉岡友治◉著

実務教育出版

2025 部活動と地域の連携

テーマの理解

【Introduction】

部活動には、スポーツ・芸術などを学校が担当することで、子どもたちが「育つ空間」を学校が確保し、非行防止など生活指導にも役立つ効果がある。ただ、その指導を教師が担ったことで労働強化が起き、教員志望者自体が減少する結果になった。そこで「部活動の地域移行」が行われるようになったが、その実施はまだ道半ばである。学校は、そもそも地域と協働して運営されるものなので、地域との連携は当然である。コロナ危機でも、学校と地域の関係が安定していたので目立った混乱は起こらなかった。ただ、個人がアトム化する過程は変っていないので、社会の学校化が進行する状況の中で問題が出てくるのは避けられない。

【Actors Map】

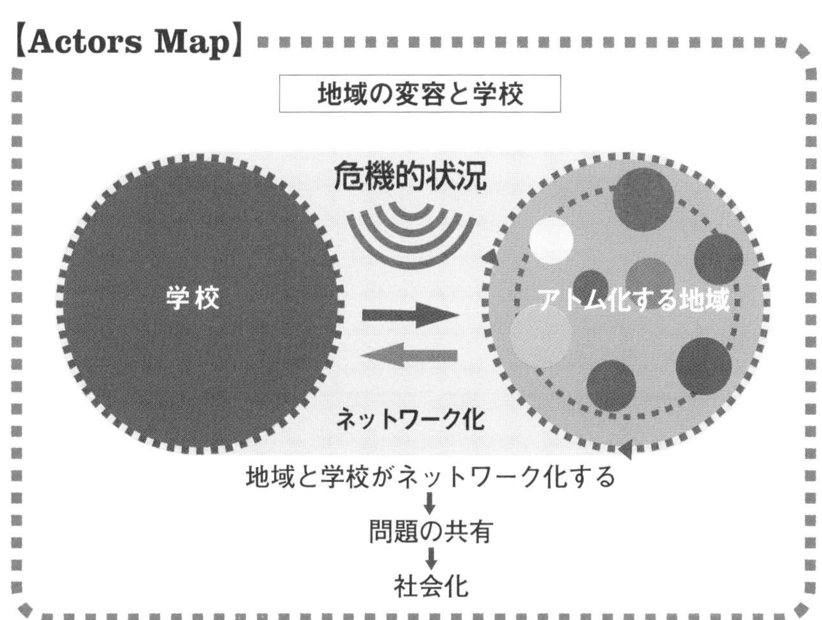

問題点は何か

学校化社会と「育つ空間」

子どもの育つ空間

子どもは学校で学ぶとともに、家庭や地域などの共同体の中で**育つ存在**だと言われる。つまり、大人に育っていくためには、学校でさまざまな知識やスキルを身につけるだけでは十分ではなく、家庭での共同生活や地域の子どもたちとの遊び、先輩や大人たちとの交流をすることで「育つ空間」が必要になる、と言うのだ。

しかし、現代のように親が日中仕事に行って不在がちになる状況では、家族は、地域や共同体から遊離して、個々が互いに孤立したアトム状態になりやすい。子どもも住んでいる地域に包摂されないので、学校が子どもが集う唯一の場所になっていく。つまり、学習だけでなく、遊び・趣味などの活動のすべてが学校を中心として回っていく。このような「学校化社会」状況では「教える空間」のみが肥大化し、学校が社会的な価値やサービスを独占的に提供する場となってくるのだ。

Point「教える空間」が肥大化し、「育つ空間」がなくなる

部活動という矛盾

部活動の位置づけ

「部活動」も、このような「学校化社会」の産物と言えそうだ。元々、スポーツや音楽などは「育つ空間」に属する活動であり、家庭や地域の共同体などを中心に行われていたのだが、「学校化社会」の進展とともに、学校内部の授業や部活動という形で行われるようになっていった。たしかに、児童・生徒は学校では平等な立場にあるので、授業や部活動なら誰でも参加でき、スポーツ・音楽などの裾野を広げたことは評価できるだろう。とくに部活動は、放課後の活動に一定の習慣や目標ができるので、非行などの予防になって生活指導という面でも意義がある。

とはいえ、学校では専門の指導者が用意できるような財政的余裕はなかったので、教師が「顧問」として指導に当たるという体制が取られた。その結果、**教師は授業と部活動という二つの仕事を受け持つことになって負担が重くなった**。たとえば、対外試合は学

業に影響を与えないように土日に開かれるので、教師は本来の勤務日以外も試合会場に行くために、休日返上で生徒を引率しなければならず、それに対しての手当や報酬も少ない。激務に疲弊して、授業準備をする時間が取れないどころか、過労で病気になったり退職したり、という例も目立つようになった。

部活動の矛盾が深まる

しかも問題が明らかとなっても、とりあえず教員が指示に従順だったため、構造的な改革が進まなかった。その結果、仕事の実態が知られて教職志望者が減少するなどの現象が見られるようになった。しかも、部活動に情熱を注ぐ教師もいる一方で、経験のない部活動の担当をさせられるため、わざわざ自費で教室に通って習い、それを生徒に教える、という本末転倒な事態も少なくない。これでは、志望者の減少現象が起こるのも無理からぬことだろう。

部活動の地域移行

そこで、2019年の中教審答申では「部活動を学校単位から地域単位」にすることが提言されて、2022年にはスポーツ庁と文化庁が「学校部活動及び地域クラブ活動のあり方に関する総合的なガイドライン」を策定した。

●外部委託で水泳の指導を受ける子どもたち（株式会社ルネサンス提供）

休日の部活動は地域移行

その内容は、公立中学校の休日の部活動については、2023～25年度に段階的に地域への移行に取り組み、可能な限り早期の実現を目指す、となっている。実際、岐阜県羽島市では、野球・剣道など４種目を「はしまなごみスポーツクラブ」が指導している。また、東京都日野市では、部活動に関わる教員の68%が負担感を持っているという調査結果を踏まえて、競技経験者、指導経験者を抱える地元企業・スポーツクラブに指導者派遣の協力を打診すると同時に「日野市スポーツ指導者人材バンク」を立ち上げ、指導者の掘り起こしをした。その結果、コニカミノルタ陸上競技部OB、日野自動車現役卓球部選手、民間スポーツクラブのBJアカデミーなどから指導者が派遣され、教員の負担が少なくなるとともに、生徒の視野も広がった評価された。この取組は、アスリートのセカンドキャリアの場としても期待されている。

> （専門コーチが）指導を始める前に目的と効果を話されていて、その練習がどのような意味を持つのか、生徒たちが心の中で組み立てられます。そのことで練習の姿勢や密度、自分にとっての練習観が変わっていったと思います。…生徒たちが話し合う場面が多く見られ、自分たちで考えながら練習していることが汲み取れました。（日野市教育委員会教育長のコメント／スポーツ庁 Web 広報マガジン DEPORTARE）

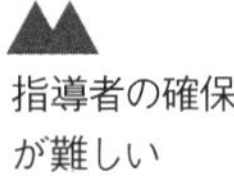
指導者の確保が難しい

ただし、こうした部活動の地域移行には、まだ問題も残っている。まず、地域によっては**指導者や受け皿の確保が難しい**ことだ。人口の少ない地域では各分野での指導者も少なく、大学生・兼業兼職指導者などが多くなる。また活動場所が統合されると、生徒は学校から移動しなければならず、身体的・時間的負担が大きくなる。さらに企業委託の場合は、保護者の経済的負担が増すかもしれない。それをなくすには、自治体からの補助金拠出が必要になるが、財政事情が厳しい地方公共団体では、その資金をどこから出すかも問題になっていて、なかなか進まない。

コミュニティの変遷と復活

ただ、学校がそもそも地域社会の中心であったことを考えれば、学校の活動に対して、地域が無関心でいるわけにはいかないだろう。むしろ、今まで「子どもの育成」を学校に任せていた体制の方が問題なのである。

実際、明治期の京都では、地域社会にそれぞれの小学校があり、それが区役所や消防団など地域に必要な機能を併せ持ち、地域のプライドの拠り所でもあったらしい。1871年には「小学校会社」が創られ、住民から「かまど金」を徴収して貸付・運用することで、学校運営の資金を生み出したもという。

> 先祖代々、学校は自分らが作ったといわれ続けてきた。昔から教員室の横に自治連合会の事務室があったし、消防団も敷地の一角にある。想いだけでなくなんでも学校を集会所みたいなあつかいにしていましたね。（旧京都市立開智小学校区の自治連合会会長の証言／岡崎友典『家庭・学校と地域社会』）

学校と地域の関係

もし学校を、社会のメンバーに必要な教養と見識を養うことで、地域コミュニティを維持・再生産するシステムと考えれば、このような捉え方も不思議ではないだろう。

実際、1960年頃までは、東京都心部の神田や飯田橋周辺でも、地域共同体が強固だった。履物屋・道具屋など職人街が続き、その中にうなぎ屋・八百屋などが並んでいた。職住一致の環境で地域の結束も強く、町ごとの祭りも盛大に行われていた。だが、このような地域のあり方は経済発展とともに変化した。とくに1960年代の高度経済成長期では、産業化の急速な進展とともに、中央の工業地帯に向けて地方から大量の人口流入が起こった。

都市部では急に人口が増えたため、郊外に新興団地が作られ、家族の形態も「両親と子ども」という核家族が基本となった。一方、会社が生活の基礎になったことで、かつての「マチ」や「ムラ」などの地域が協力した活動も少なくなった。旧来の住民は郊外に引っ越して、都心部にはオフィスが立ち並び、郊外に住む労働者が通勤してくる。地元に住みつく住民が少なくなったために、地域で行われてきた祭りも縮小していった。**「学校化」の背景には、経済発展に伴う地域社会の変質があったのである。**

地域による子ども支援

しかし、この傾向が反省されたためか、「学校支援」という名前で、地域と学校の協力が一方で始まった。部活動だけでなく、学習面でも「地域本部」を組織して、そこにPTAを統合し、学校に地域の大人たちを巻き込むシステムが作られた。たとえば、ある学校では、週末に補習が行われ、地域のボランティアが講師として参加して、積極的に学業を支援した。文部科学省も注目して「学校支援地域本部事業」として、補助金を出して全国に広めた。**地域の人々が教育現場に参加することで、教師だけでは担いきれない業務を支援し、忙しい教師たちがより子どもたちと向き合える時間を取れるようにしたのである。**

●学校支援地域本部の概要（時岡他『学校支援ボランティア参加者からみた学校支援地域本部事業の成果と課題』より転載）

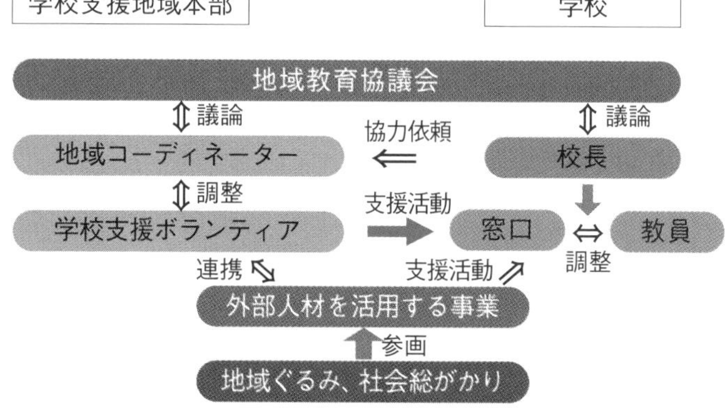

各クラスに二、三人の丸付け先生が入り、この取組が始まります。最初は慣れなかったものの、「よくできたね」「ちょっと勘違いしたのかな」と話しかけながら答え合わせ。時には「どうしてこう考えたの」と聞いたり、「向かいの家のお孫さんだね」と声をかけることもあります。（『文部科学時報』2009.5）

子どもの居場所を作る試み

もちろん、このような試みばかりが協力・連携ではない。たとえば、鎌倉市の図書館の司書は2015年8月に「学校が始まるのが死ぬほどつらい子は図書館にいらっしゃい」とSNSで発言して反響を呼んだ。不登校になったり、学校に行けなくなったりした子に対しては、登校をうながすだけでは有効ではない。むしろ「逃げ場所」を与えて、学校で抱える問題から「距離を取る」ことも重要であり、子どもたちが自分をとらえ直すよい機会になると言われる。

この発言には「不登校を助長する」という批判もあったが、そういう「学校に行けなくなった子どもたち」を図書館側が実際に目にしていたから、このような表現になったと思われる。これも地域と学校の相互交流の一つの形ととらえることができる。

コロナ下での家庭との連携

コロナ下での危機に対応

このような中、2020年2月に約一ヶ月間の一斉休校が首相官邸から要請された。学校での新型コロナウイルス感染症拡大を防ぐためだったが、法律的な根拠も曖昧で、文部科学省は「現場が混乱する」と反対したが、当時の首相に押し切られたという。

学校関係者も突然のことに驚いたが、休校は粛々と実行された。「生活習慣が乱れる」「学業の遅れが出る」「家庭内での虐待が増える」など懸念も多かったが、幸いなことに**心配されたほどの混乱は起こらなかった**。高校・大学の中は早速オンライン授業に切り替え、当初こそ使用法についての当惑も教職員から漏らされたが、次第に操作に慣れて、オンライン化は一気に進んだ。

オンライン化の進行

生徒たちも、新しい形の授業に興味を引かれ、学習効果が上がった部分もあった。たとえば、リアル授業では、質問を募っても児童・生徒から出てこないことも多いのだが、Zoomなどを使うと、付属するチャット機能などを利用して質問がたくさん上がってくる。オンラインならではの有効性が実証されたのである。

もちろん、小中学校の多くはオンライン授業まで手は回らなかったが、教師が児童・生徒に宿題を課すなど細かな配慮をして前例のない事態を乗り切った。教育委員会も、学校にいる状態になるべく近づけようと「規則正しい生活習慣」を呼びかけ、「虐待の増加」「非行化」などの事態は大きな広がりを見せなかった。「一斉休校」が感染拡大防止に効果があったかどうかは不明だが、少なくとも**学校のシステム化を促進し、教育の新しい可能性を示した**という役割は果たしたのである。

学校と家庭の軋轢

だが、他方で、地域と学校の間では、協力・連携だけでなく対

学校と家族の対立関係

立が深まる現象も見られる。たとえば、**モンスター・ペアレントは、学校・教師の対処に不満を持ち、しつこく理不尽なクレームをつけてくる親ないし保護者**である。早朝でも深夜でも、教職員に電話をかけては、何時間もクレームをつけたり、子ども同士の喧嘩に介入して自己中心的に処罰を要求したりする。

実際、2006年に新宿区の新採小学校教師が焼身自殺した事件では、こういう親の存在が影響していた。第一年目は仕事のやり方がわからず、過労になる傾向があるが、この教師も月の超過勤務時間が100時間を超えていたという。5月末に自殺を図り、病院から「抑うつ状態」とされ、3日後に再度自殺を図って死亡した。

> …午前1時過ぎまで授業準備でパソコンに向かい、そのままソファで眠る日が続く姿を姉が見ていた。…姉や祖母に「保護者からクレームが来ちゃった」と話してもいた。市の教育委員会によると、ある保護者が4月中旬以降、連絡帳で次々苦情を寄せた。「子どものけんかで授業がつぶれているが心配」「下校時間が守られていない」「結婚や子育てをしていないので経験が乏しいのでは」。…などと訴えていたという。(『朝日新聞』2007年10月9日付記事)

残念ながら、学校側は、この攻撃から教師を守れなかった。それどころか「親の言うことには逆らえない」と、標的となった教師を親と一緒になって攻撃した。たとえば、校長は「保護者に電話して謝るように」と指示したり、副校長もプリントを配布し忘れたミスに対して「一軒一軒謝って配れ」などと懲罰的な指示を出したという。この教師は学校からも助けを得られないことに絶望したのであろう。

サービスの消費者としての位置づけ

クレーマーが、なぜ執拗に攻撃するのか、というメカニズムは分かっていない。ただし、**教育者はサービスの提供者なので、要求することが消費者として当然の権利だという意識が肥大する**という心理があると言われる。受益者の権利に固執すると「完璧なサービス」を十分に提供できない教師に怒りがわき、教師の行動がすべてルールを破る行為に見える。

●公園は子どもの遊び場だが、近隣の住民との軋轢もある（時事通信フォト）

実際、「下校時間が守られない」などのクレームは、さまざまなことが突発的に起こることを考えれば、ルールと乖離する事態も生じる。しかし、自分との間に、立場の交換性がまったくイメージされないので、とめどなく要求を突きつける関係性に陥るのだ。

どう解決するか

消費者を絶対視しない

クレーマーの要望には、それなりの理由が隠れていることも少なくないが、際限なく要求を聞く必要はない。企業でも、クレーマーの主張に正当性がないと判断したら「顧客」としての対応をやめ、第三者に判断をゆだねるという。そもそも親は自分の子どもの利益だけを考えるが、学校・教師は学校やクラスの児童・生徒を公平に扱う必要がある。その意味で、教師は「専門職」としてのプライドを持って、親を諭（さと）すぐらいの場面があってもよい。いたずらに、**親を「教育サービスの消費者」として尊重するのは、教育の本質から外れ、現場の負担を増す結果になるだろう。**

Point 消費者としての尊重は教育の本質から外れる

協調と対立の見極め

ただ、大切なのは相手と対立関係にならず、むしろ協調して解決する関係を取ることだろう。協力して解決するという信頼感を確認すると同時に、対立関係しか成り立たないと判明したなら、理に基づいて断固たる対処をすべきである。企業でも、真摯に意見を聞くという態度が通じない相手だと見て取ると、一転して法的手段などを執る。学校も同様であり、理不尽なクレームに対しては、自らの教育観に基づいて首尾一貫した態度を取るべきなのである。

Focus 2025　部活動と地域の連携

例題の研究

問題　富山県　中学・高校教諭

A男は高校一年生の男子生徒である。８月上旬、地域の住民から学校に電話があり、最近、公園で自転車を乗り回して騒いでいる高校生のグループがいて迷惑である。そのグループの中にA男が含まれているので、A男を厳しく注意してほしいとの内容であった。

A男を呼んで話しを聞いてみると、夏休みになってから、他校の友人であるB男、C男とともに、自転車でジャンプや回転などのさまざまな技を試しているとのことであった。自転車の乗り入れが禁止された公園ではなく、公園の施設を汚したり傷つけたりしているわけではない、自転車の技を競っているだけであると答えた。

あなたがA男の担任ならば、A男に対して今後どのように対応するか。
(60分・800字)

考え方のプロセス

意識・感情の社会的基礎

コロナ危機の状況と考える

このような光景は、一斉休校の時期にもよく見られた。筆者の住む地域の公園も舗装された広場があるので、中高生たちが昼夜を問わず集まって、スケートボードや自転車を乗り回していた。

設問自体はコロナ禍以前の出題だが、一斉休校下の状況としても考えられる。平時ならば、これは、生徒の「問題行動」に対してクレームが出たときの対処と位置づけ、地域住民に対して謝罪するとともに、頭ごなしにならないように生徒の規範意識を高める指導をするという方向が模範解答になりそうだが、そういう対応が例外状況でそのまま成り立つとは思えない。

生徒の行動を分析する

なぜなら、危機的な状況下では、この生徒たちの行動も、ある意味理解できるからだ。本来は学校に行くはずの時間帯がいきなり空白になって時間とエネルギーをもてあます。何らかの活動で発散したくなる。しかも、自転車乗り入れが禁止されておらず、練習ができるくらいで、住宅と密接する狭いスペースでもない。

とすれば、騒音被害を起こしているとはいえ「厳しく注意してほしい」との要請もやや不寛容すぎよう。しかも、A男を名指ししているのだから、おそらくA男の知り合いで、もしかしたら、公園の一件は一部にすぎず、他の不満も抱えているのかもしれない。

問題設定を変える

そう考えれば、この問題はむしろ「地域社会と学校」の対立のケースとして考えた方がよいと思われる。先述したように、学校はかつて地域のプライドの拠り所でもあったが、都市化・産業化の中でその絆が切れ、学校と地域社会が分離して、むしろ対立する存在になった。そうなると、子どもたちも静かであるべき住環境を破壊する「闖入者(ちんにゅう)」として位置づけられる。

Point 学校と地域社会の絆が切れる→互いに対立する存在としてイメージされる

このように考えれば、この問題は一見「生徒の問題行動の処理方法」のようだが、実は、**学校と地域社会との信頼関係が崩れてきたという、より大きな問題の徴候**とも解釈できるのである。

具体的にどうするか？

筆者だったら、クレームを付けてきた住民の所に、A男と一緒に行って、まず騒音被害を引き起こしたことを「遺憾なことだ」として謝罪する。しかし、だからといって「これから、生徒たちに公園で自転車には乗らせない」などという約束はしない。それをするためには、他校の生徒であるB男、C男の行動もコントロールしなければならない。そうすれば、彼らの通う高校の生徒指導部とも協議する必要が出て来る。だが、もし、このクレームが主に自校と地域との信頼関係の問題と考えられるなら、最初から他校を巻き込むのは得策ではない。いずれ他校と協議するにしても、まず、自校と地域の人々との関係の修復を先に手当てすべきだ。

対処のポイント

そこで、謝罪に続けて、突発的状況の中生徒たちも行き場がないことを説明したい。いくら学校からの強い要請があっても、中高生は、おとなしく家にこもってばかりはいられない。ときには、外で発散が必要だという事情は分かってもらえるだろう。住民だって、自分が中学・高校生であった時代は思い出せるからである。

そのうえで、今度の事態が学校に与えた影響の大きさを述べて、現在の状況をどう乗り越えていくか、手探り状態であることを付け加える。「先生も大変なんですね」という一言を引き出せれば「地域の皆様と一体になって乗り越えていきたいので、気が付いたことを教えてください」と、学校・地域が協力すべき問題であることを印象づける。

対立から協調関係へ

トラブルが起こったときには、むやみに対立関係にせず、共有の問題を解決する協力者と位置づける、のが危機管理の基本である。地域共同体が学校を支持していれば、生徒の行動に対しても寛容さが出て来る。それが生徒に「厳しい罰を与えよ」と要求する／要求される関係になっている方が問題である。矛盾が表面化したことをきっかけに、むしろ、それまでの疎遠な関係を変える好機と捉えるべきだろう。どこに原因があるのか、何故そういう関係になっているのか、などを双方で考えられるようにすべきだろう。

Point 互いに協力して問題にあたる関係にする

もしかしたら、地域と学校との信頼がないため、学校が単なる「迷惑施設」に感じられているのかもしれない。とすれば、A男の問題が片付いても、また別のクレームが持ち出されるだろう。学校・生徒へのクレームは個別の問題ではない可能性が大きいのである。

学校から地域への貢献

学校は地域に貢献する役目も果たせる。たとえば、2011年東日本大震災では、学校教育が地域の被害を小さくした。釜石市では、震災前から小・中学校で津波の特別教育が行われており、その結果として、小・中学生の被害は少なく、その99.8%が助かった。

いわば、学校教育のあり方が地域コミュニティを存続させたのだ。

学校がコミュニティを救う

だが、特別教育を始めた当初は「家に一人でいるとき大きな地震が発生したら、どうしますか？」と質問すると、ほとんどの児童・生徒が「お母さんに電話する」「親が帰って来るまで家で待つ」と回答したという。その結果を親に見せて「お子さんの回答をご覧になって、津波が起きたときに、その命が助かると思いますか？」と問いかけた。当然、親は危機感を持つ。そこで、親子で防災マップを作らせた。地図に自宅と通学路を書いて、そこから避難できる場所を書き込む。しかし、最終的には「そうやって作ったハザード・マップも鵜呑みにせず、その場でとっさに判断して逃げなさい」と教えたという。これは「津波てんでんこ」と呼ばれている。

> …子どもに対しては「これだけ訓練・準備をしたので、自分は絶対に逃げると親に伝えなさい」と話した。親に対しては子どもの心配をするなと言っても無理なので、むしろ、「子どもを信頼して、まずは逃げてほしい」と伝えた。（片田敏孝「小中学生の生存率 99.8%は奇跡じゃない『想定外』を生き抜く力」）

教育の力とは何か？

学校の本来の機能

このような教えは、子の自立を助けるとともに、親と子の間の信頼感を高める。つまり、**学校は地域の問題を先んじて意識化し、その問題へのコミュニティの対処能力を高める**。生きるための技術や知識を教えるだけでなく、それを超えて自分で判断する力を養い、一人一人が状況を受け止めて対処できる能力を日頃から作る。そうすれば、コミュニティや地域の未来にも貢献できるはずだ。

Point 学校＝個人の力を上げる➡コミュニティへの貢献

これは、感染症の危機でも同様だ。未曾有の事態の前に、社会の改変や対処が迫られる。正解がどうなるのか、誰にも分からない。それでも、合理的な考え方を伝えるとともに、個人の自立的な判断をうながすのが教育の役割だ。A男の問題も、危機の中で、地域が若い世代をどう包摂していくか、という問題を地域に投げかけるとともに、生徒にそれを体験させることで、地域の一員として、どう身を処していくか、を体験してもらうチャンスにもなる。学校の指示命令系統を利用して内部で解決を図るだけではなく、むしろ、地域社会と対面しつつ協力してどうすればいいのか、を模索する機会とすべきなのだ。

●解答例の構成

対処と分析 謝罪する＋生徒への理解

▼

問題の本質 地域社会と学校の対立＝分離→生徒の位置づけも変わる

▼

対処の続き 学校が地域に貢献する仕組み＝防災教育の効果

▼

解決への方針 問題を共有化して地域とともに考える

▼

結論 地域とともに未曾有の危機を乗り越える

解答例

対処分析

私なら、クレームを付けた住民の所にＡ男と行って、騒音被害を引き起こしたことを謝罪する。しかし、だからといって「これから公園で自転車に乗らせない」と約束はしない。なぜなら、一斉休校という状況では生徒がとった行動も理解できなくないからだ。本来は学校に行く時間帯が空白になり、時間とエネルギーをもてあます。しかも、自転車の練習ができるのだから、住宅と密接した狭いスペースでもない。とすれば、騒音被害があったとはいえ「厳しく注意せよ」との要請はやや不寛容すぎる。もしかしたら、他の不満も抱えているのかもしれない。

問題の本質

とすれば、この問題はむしろ地域社会と学校の対立の事例と考えるべきだろう。学校はもともと地域と一体であり、地域住民の心の拠り所でもあった。しかし、産業化の中でその絆が切れ、両者が対立し、児童・生徒も静かな住環境を破壊する「闖入者」として位置づけられるようになった。もし、クレームが以上のような学校と地域との信頼欠如を表すなら、その関係を修復すべきだろう。

対処続き　そこで、謝罪に続けて突発的状態での学校の困難さを説明したい。いくら強く要請されても中高生は家にこもってばかりはいられない。住民も、自らの昔を思い出せば事情は理解できるはずだ。そのうえで、コロナ禍が学校に与えた影響の大きさを述べて、それをどう乗り越えるか手探りであることを付け加える。「先生も大変なんですね」という同情を引き出せれば「地域と一体になって乗り越えていきたい」と、双方が協力すべき問題であることを印象づけたい。

解決方針　トラブル時には相手と対立関係に陥らず、共有問題を解決する協力者と位置づけるべきだと言われる。この場合も、そういう関係を築ければ、生徒の行動に対しても寛容さが出て来るはずだ。そのうえで、

結論　この未曾有の危機をどう乗り越えるのか、地域と話し合える環境を作りたい。学校の命令・指示機能を利用して内部で解決しようとしてはならない。

●論点のまとめ

部活動と地域の連携

定義	部活動の負担＝部活動の学校への内部化→教師の負担感増大、労働強化→教職自体への忌避現象→外部委託の流れ
背景	学校を支えた地域社会が崩れる→「育つ空間」の崩壊→個人化・アトム化→地域に再包摂の必要
分析	教育のサービス化→消費者としての立場に固執→過剰な正義感→クレーマーの増大
提案	地域と協働する仕組みの再生→地域・企業が介入してレベルを向上させる→学校と地域の好循環へ

●応用問題

三重県　全校種（60分300字以内）

「新しい時代の教育に向けた持続可能な学校指導・運営体制の構築のための学校における働き方改革に関する総合的な方策について（答申）」（平成31年1月　中央教育審議会）において、これまで学校・教師が担ってきた代表的な業務の在り方に関する考え方について、以下のとおりに整理されました。

これらのことを踏まえて、あなたが学校における働き方改革として取り組みたい業務を①〜⑭から二つ選び、選んだ理由についてそれぞれ述べるとともに、そのうち１つの業務についての改善に向けた取組を具体的に述べなさい。

［基本的には学校以外が担うべき業務］

①〜④　略

［学校の業務だが、必ずしも教師が担う必要のない業務］

⑤調査・統計等への回答等　⑥児童生徒の休み時間における対応

⑦校内清掃　⑧部活動

［教師の業務だが、負担軽減が可能な業務］

⑨〜⑭　略

＊⑧は「テーマの理解」で取り上げた「部活動の外部委託」の問題そのものである。今まで教師が担ってきた過重な業務の一部が、地域や企業に委託される、という方向なのだが、残された問題も多いので、そこを中心に論ずると良い。また⑥は、例題の研究で取り上げた問題とほぼ同じ。地域と学校がどう折り合えるのか、住民側の要求に屈するのではなく、学校と地域がどう協力できるのかを考えたい。

◆◆残念な解答フレーズ

◇「地域との関係を深める」ことへの具体的言及がない

◇「教育サービス」の逆機能を無視して多用する

◇ 地域との関係を「誠意」などの抽象的表現で曖昧にする

Focus 2025　部活動と地域の連携

想定面接のポイント

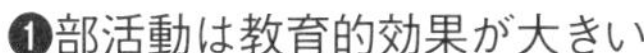

❶部活動は教育的効果が大きい

❷教師が良い指導者であるケースは多くない

❸地域の専門家が指導し教師が補佐に回る

問：　部活動について、あなたは教師として積極的に関わりたい、と思いますか？　また教師はどのような指導をすべきだと考えますか。

回答例：　はい、私自身は中学・高校で吹奏楽部に所属して、県大会での入賞経験もあるので、部活動については良い思い出ばかりです。当時の顧問の先生も熱心で、土日も返上して指導してくれました。県大会の前の練習漬けの日は、つらいと同時に楽しい経験でもありました。教師になったら部活動に関わる機会ができるのを、楽しみにしているところもあります。

部活動の肯定面にも触れる

一方で、先輩の話を聞くと、部活動の指導は大変だな、という思いも出てきて、当時の顧問の先生の苦労が偲ばれました。たとえば、大学の先輩は10年ほど前に教師になったのですが、学生時代は山岳部だったので、部活動でも、経験のある山岳部を志望したのですが、テニス部の顧問がいないからやってほしいと依頼されたそうです。先輩はテニスの経験はまったくなかったので、地域のテニスクラブに入会して３ヶ月特訓したそうです。もちろん、そのクラブの会費も自費で支払っていました。毎週土日には対外試合が組まれていたので、引率も必要になります。数年して過労で身体を壊して、結局１年間の休職を余儀なくされたそうです。

もちろん、**部活動は生徒の心身育成に大きな効果がある**と思います。座学だけでなく、実際に身体を動かして分かることが多いことは、自身の経験からも納得できます。また、他の人と協力したり競争したりする経験も貴重です。このように教育的観点は重要なので、単に専門家だけでなく、教師が関わるべきだ、という意見も理解できます。

教育的効果と教員への負担の矛盾に触れる

とはいえ、いろいろな話を聞くと、その負担がやや教師にかかりすぎているのかな、という気がします。ただでさえ、教師の仕事はキツいと言われて志望者が減っているのに、休息も満足に取れない、自費での研究も必須、という環境では疲弊する教師が出てくる状況もわかります。そういうことから、中教審も「クラブ活動の地域移行」という方針を打ち出したのだと思います。

地域に移行した場合の教師の役割は？

すでに一部地域では、地域スポーツ団体や学生ボランティア、企業などと学校が連携して、部活動の運営をしている自治体もあるようです。技術的な知識や指導法は、おそらくそういう方たちが優れているはずです。だから、**部活動では、専門の指導者が中心となって教員は補佐に回る、という関係性が理想的**と感じます。もちろん、経験と技術がある教師が顧問になって指導できる場合は何も問題はないし、情熱を持つ教師が担当することを制限すべきではありません。

問：　あなた自身はどのようにしたいですか？

回答例： 私の経験が活かせる吹奏楽などの分野だったら、積極的に関わりたいし、生徒たちに面白く感じてもらう自信はあります。その一方で、まったく経験のない運動部などを担当させられたら、いくら自分で勉強したり練習したりしても限界があると思うので、地域の人材やOBなどの協力を仰ぎたいところです。ただ、その場合、個人的にお願いすると混乱が生ずるので、校長・教頭にもお話しして、制度的なサポートをお願いしたいと思います。すぐれた指導者がいる方が、生徒たちのやりがいや楽しさにつながるので、地域との連携が進むようにしたいです。

長期的目標と短期的対処の区別

とはいえ、私はまだ学校教育現場の経験も少ないので、そういう工夫が即座にできるとは思えません。初年度の希望はさておいて、何事も勉強のつもりで未経験の活動にもトライしてみようと思います。しかし、ある程度、**事情がわかった段階では、子どもたちのためにより充実した部活動になるように、地域との連携を模索するなど、工夫を凝らしたい**と思います。

● 本書を読むに当たって

感染症の不安はまだ続き、後遺症の危険も言われていますが、学校はとりあえず以前の日常を取り戻しつつあります。ただ、その中でも、新しい学習方法も試みられ、学校とは何か、教育とは何かと、見つめ直される時間が続いています。ITやメディアを使った教育法が当たり前になったり、部活動の地域移行など、教員の負担の軽減を図られたりする状況を見ると、いまは、懸案だった変革が図らずも実現にむけて始まる時期なのかもしれません。

この本は、私が教えた学生の要望から生まれています。彼女は、法科大学院用の小論文講座を受けた後、小さい頃からあこがれていた教師になりたいと進路変更しました。合格後、彼女は「教員採用試験の小論文では、先生の講座で学んだことがとても役立った。でも、その講座を経験した目で眺めると、今ある対策本に書かれていることは根拠が薄いと感じる。教員採用試験の本を書いて欲しい」と手紙をくれました。

そこで、試しに読んでみると、たしかに気になる記述がありました。教師と学校の理想を主眼に説くのはいいとしても、現実の分析がやや表面的で、もっと思考を深められそうです。とくに「いじめ」など深刻な問題も扱うのに、社会学・倫理学・政治理論などの周辺科学の知識が積極的に活かされていません。社会学は人間行動をデータ化・理論化し、組織や人間関係を解析します。倫理学や政治理論も、規範に関わる問題を具体的に扱う技法として発展を見せています。それらを使えば、教育に関わる問題も見通しよくとらえられるのではないか、と思えたのです。

学校は、伝統や文化を次世代に伝え、社会の将来を左右する場です。「何がいいのか？」と規範や価値を問い「どうすればいいか？」と具体的な対策もイメージしなければなりません。実践は現場で深められても、教育全般を俯瞰的に眺める視点を持てれば、具体的な工夫にもつながるでしょう。

そこで、この本では、教育の理想や思想を説くより、まずデータや理論から出発して分析し、対策を提示するという方向を目指しました。多様な社会的視点と知的な体力をつければ、論文の文章も面接の言葉も、より説得力を持つはずです。本書が、教師を目指す方々にとって、危機の時代における指針として役立つことを願っています。

吉岡　友治

本書の構成と使い方

全体の構成

本書は15のテーマを **Part, 1, 2, 3** に分類しました。各 **Theme** はテーマの理解、例題の研究、さらに想定面接のポイントで構成されています。巻頭にはその年の注目テーマを **Focus** としてまとめました。

Part 1	[現場の矛盾]	学校内で出会うさまざまな問題
Part 2	[社会との関係]	社会からの要請への対処
Part 3	[制度と教師]	仕組みの変化と教師の振る舞い

各 **Theme** の構成 × 15

テーマの理解	**Introduction**
	Actors Map
	問題点は何か
	どう解決するか

例題の研究	考え方のプロセス
	解答例の構成
	解答例
	論点のまとめ

▼

想定面接のポイント

重要な内容を３点に整理。過去に使われた問いとそれに対する回答をシミュレーション。

読み方のポイント

- ● **Actors Map**　仕組み・背景を直観的に理解する図
-  ● Point　覚えておくべき基本的メソッド
-  ●ヒント　間違いやすい点の指摘
- ●強調赤字　この問題から学べる基本原理
- ●小見出し　段落に書いてある内容のまとめ

【Introduction】

グローバル化は、コロナ危機で一時的に減速したように見えたが、再び、世界をヒト・カネ・モノが自由に行き来しだした。それに対応して教育現場でも「国際化」が進行した。「小学校から

【Actors Map】

くない。この間に、スマートフォン・SNSなど、次々に新しいメディアが登場してきたことを考えれば、情報社会での児童・生徒の人間関係は希薄化・非現実化どころか、むしろ一貫して濃密になってきたとさえ言えそうだ。

Point インターネットは人間関係を濃密にする

遊びによる展開

メディアは遊戯から普及する

ただ、新しいメディアは、教育より遊戯的な活動に活用されて広まる。たとえば、電話は、当初、情報伝達や放送のために発明され、電話を使った学校やコンサートなども構想された。

●解答例の構成

検討 インプットの大切さ＋こだわりすぎない

▼

結論 子どもの立場に立つ＋理解する楽しさを引き出す

解答例

判断 A教論がプリント授業を行ったのは「基礎・基本を繰り返し教え、数多く練習させれば十分な学力がつく」と考えていたからだ。しかし、その結果、B、Cが「プリントばかりでよく分からない」と訴えたのだから、その効果がなかったと考えざるを得ない。

分析 そもそも、プリント学習には利点と問題点がある。利点は、子

◇◇◇◇◇◇◇◇◇ 小論文の評価点 ◇◇◇◇◇◇◇◇◇◇◇◇◇◇

Ⓐ 形式と傾向

教員採用試験の小論文試験は、数行～十数行で状況が書かれ「あなたはどうしますか？」と、対処・対策を聞かれる構造をしている。なかにはグラフや比較的長い課題文を読み取らせる出題もある。字数は800 ～ 1,200 字程度、時間は 60 ～ 90 分。問題自体に微妙な内容が多いので、練習を積んでいないと対処できない。

テーマは「いじめ」「不登校」「規律と自由」「教師の資質」「児童虐待」「発達障害」「道徳教育」など、教育に関わる内容が出題される。賛否両論が分かれる社会問題も少なくない。「生きる力」など、文部科学省の方針に対応する設問もある。教育関係の話題は、新聞・用語集などでチェックしておこう。小論文が書ければ、面接での応答も充実するはず。

Ⓑ 評価の仕方と書き方のコツ

小論文は「**知識・理解力**」「**発想力**」「**構成力**」「**表現力**」の四つの要素で評価される。

1 知識・理解力

知識・理解力は、その分野についての必要知識を持っているかどうかだ。たとえば「学力格差」というテーマなら、なぜ今「格差」が問題とされるのか、社会的背景を知っているべきだろう。意欲や熱意は直接的アピールでは表せない。むしろ教育問題に興味を持ち、どれだけ調べ、どれだけ自分で考えたか、に間接的に表れる。教育問題はとらえ方が難しいので、テーマについてどんな議論があるか、一定の知識がないとステレオタイプな意見に陥りやすい。それでは、他の受験者との差をアピールできない。

2 発想力

発想力はアイディアを出す力である。原則は、他人にない面白い考えを書く方がいい。しかし、ユニークであれば反社会的でかまわないとは言えない。子どもを教える者としてバランスのとれた考えを持っていることが大切だろう。同時に大切なのが、明確な表現だ。よく「この問題については、論議をもっと深める必要がある」などと書く人がいるが、不明確でよくない。どういう内容を主張したいのか、はっきりさせよう。

ただ、明確さと面白さは、しばしば矛盾する。常識的主張は分かり

やすいが、面白さがなくなる。逆に面白さをねらうと支離滅裂になりやすい。なるべく面白くかつ明確な主張というバランスを大事にしたい。そのヒントは本書のいたるところにあるはずである。

3 構成力

小論文で一番大切なのは、「問題」と「解決」（主張とも言う）である。なるべく早い段階で自分の扱う問題を提起し、それに対して明確な解決、つまり自分の主張を提示する。この二つがなければ論文としての体をなさない。つまり

問題➡解決（主張）

というスタイルをとるのだ。

解決（主張）には、それを支える根拠が必要だ。根拠には、理由・説明と例示がある。理屈として主張が正しいことを述べる部分と、実際に自分の主張する内容が存在することを示す。つまり、全体としては

問題➡解決（主張）➡理由・説明➡例示

という四段構成が基本だ。自分が今どこを書いているか、いつも意識しながら書きたい。

4 表現力

表現力は日本語を操る力だが、特別な才能は必要ない。言いたいことを、正確かつシンプルに書ければよい。個性は内容で出せばいいので、文体で出す必要はない。比喩を好む人がいるが、小論文ではあいまいになる危険がある。文章が得意だと自認している人に限って、小論文が苦手なことが多いので気をつけよう。

明確な文章を書くには、段落の組み立て方も大切だ。原則は一番言いたいことを段落の最初に置く（**ポイント・ファースト**）。次に、それを詳しく分かりやすく説明する文を付け加え、例示する。なるべく早く筆者の言いたいことが分かる方が、読み手としてはありがたいからだ。つまり、

言いたいこと➡理由、説明、実例、対比など

という順番である。書きにくい時は、まず下書きして段落の最後にある文を、一番前に置くとすっきりすることも多い。もちろん誤字・脱字には注意。行頭に句読点を置かないなどの基本は守る。適当に段落を区切る。目安は800字で3～4段落、1,200字で4～6段落くらい。

Part 1 現場の矛盾

Part 2 社会との関係

Contents

本文デザイン 長谷眞砂子

Part 1

【現場の矛盾】

学校内で日々出会う多種多様な問題を、どう分析し解決していくかを見出す。

Theme 1 不登校とクラスづくり

テーマの理解

【Introduction】

不登校は「学校嫌い」として古くから知られる現象だ。人間の資質にはそもそもバラツキがあるので、学校制度に適応しにくい人々も一定数存在する。しかし、高校全入など社会の「学校化」が進む中「子どもは学校にいるのが当然」になったことで社会問題化した。そもそも、学校は気のあわない他人と一緒の場なので、ストレスフルになりえる。だから、それなりの「社会的絆」がないと居続けるのは難しい。人間関係が上手くいかなければ、不登校も起こる。とくに自我の確立も未熟な段階では、家庭環境とともに、学校内の集団や人間関係での対立・不適応などが発生しやすい。教師の側も協働して、早めに介入して解決する工夫が望まれる。

【Actors Map】

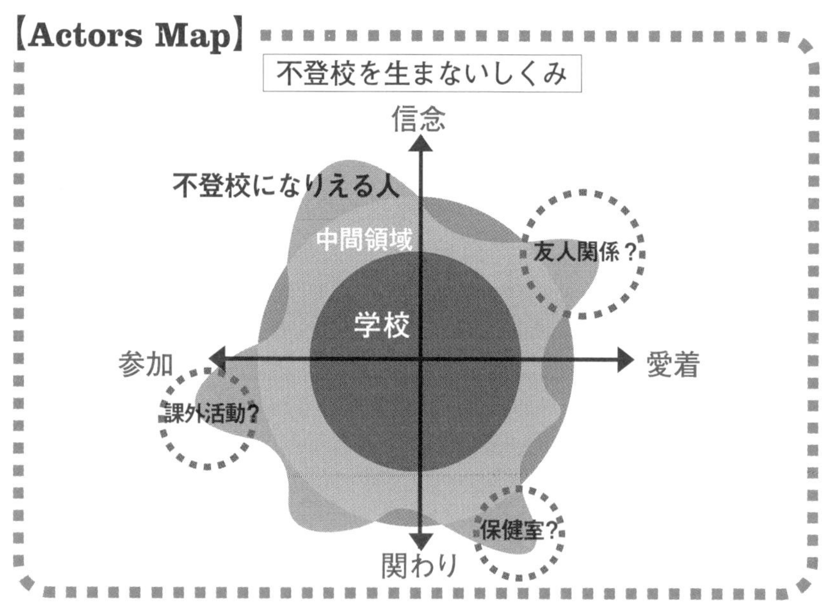

問題点は何か

不登校の歴史は古い

不登校は昔からの現象

「不登校」とは「長期欠席のうち、身体的な病気などではない場合」と定義される。ただ「不登校」現象は、近年になって突然出現したわけではなく、同様な現象が「学校嫌い」などと呼ばれて、時代を超えて存在してきたと考えられる。たとえば、詩人の谷川俊太郎は「学校嫌い」だったと告白している。詩も学校に行かなくなった時に書き出した。だが、父の谷川徹三は息子を非難せず、その詩を評価して出版までさせた。つまり、不登校が「谷川俊太郎」という詩人を生んだ、とも言える。谷川は書く仕事では「有能」なので、社会的適応力がないから不登校になったわけではない。

Point 不登校＝身体的な病気ではない長期欠席➡知られた現象

●登校できない子どももやってくる子ども図書館

2022年における小中学校の不登校児童生徒数は、文部科学省の調査結果によれば、約29万9,000人になり、不登校の定義が現在と同じになった1998年の２倍で過去最多になった。これを受け、文部科学省は「不登校・いじめ緊急対策パッケージ」を発表した。不登校では、不登校の児童生徒のための学校内外での学びの場の確保と子どものSOS相談の充実、情報提供の強化を骨子とする。

不登校は少ないのに問題になる

とはいえ、**日本の「不登校」は、先進国の中では比較的に少ない**。たとえば、イギリスでは「不登校」現象は全体の10％程度で13％という国もめずらしくはない。それに対して、日本では小学校で1.7％、中学校で6.0％にすぎない。それなのに「不登校」が大きな教育問題とされたのは、この言葉が出てきた時代が極端な「学校化社会」なので長期欠席が注目されたという事情もある。

●中学生長欠率と高校進学率（滝川一廣「不登校はどう理解されてきたか」より）

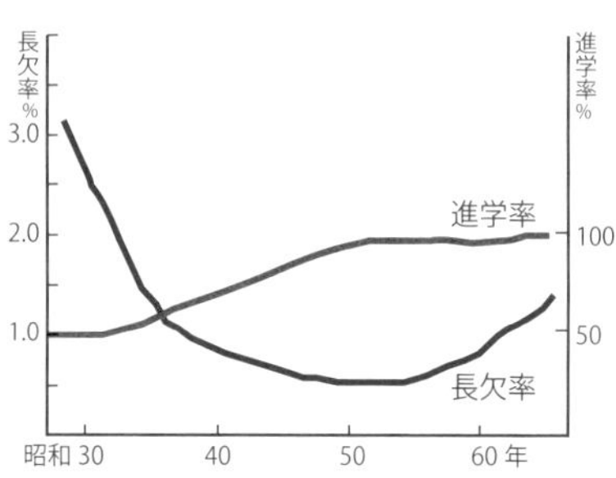

皆が学校に行くことは正常か？

実際、中学の長期欠席と高校進学率の関係をグラフ化すると、昭和30年（1955年）から昭和40年（1965年）までで、長欠率が急激に落ち込み、昭和50年代後半まで最低レベルを続け、その後、また上がっている。昭和40～50年代を基準にすれば増えたのだが、その前を考えれば、逆に1%前後という不登校率が異常であって、むしろイギリス並みの10%が普通という見方もできなくはない。

受験のストレスではない

それにも関わらず、不登校の原因は教育制度の欠陥にあると言われ続けてきた。とくに受験競争が過酷だった時代には、そのストレスが原因と言われた。つまり、受験を重視する教育では「人間らしさ」がないので、子どもが疎外されて「不登校」が多くなった、と言うのだ。だが、この解釈は疑わしい。なぜなら、不登校率が下がった時期は、高校進学率が高まった時期でもあるからだ。学歴を高めようと受験勉強に必死になると、不登校も減る。受験勉強は、積極的に学校に行くきっかけにもなっていたのである。

教育の欠陥が原因か？

むしろ、不登校は、昭和50年代後半に高校全入に近くなった時期から増えている。つまり、全員が高校進学するのが当たり前になった時期から学校に行きたくなくなる現象が目立ってくるのだ。しかも、学校生活にストレスを感じるのは、進学校より職業高校など学力の低めの生徒が多い。つまり**「受験勉強のストレスが不登校を生む」という見方は不正確**で、社会の青少年すべてが学校に行くべきという前提自体が現実に合っていないのだ。

Point **学校制度は社会のすべての青少年を取り込めない？**

学校はストレスが多い

そもそも**学校は「人間関係」のストレスが高い**場所である。実際、いくら教師が努力しても児童・生徒の格差はなくならない。小学校ですら、成績や運動の上手下手などで厳しい序列や上下関係ができる。そんな環境の中、子どもは自分の立ち位置を探りつつ、毎日をサバイバルしている。このような序列関係は「スクール・カースト」と言われ、主に**教室内での児童・生徒の序列関係は「コミュニケーション能力」によって決定される**。この能力は、周囲の人間と関係して、うまくやっていく力だが、その主な要素は自己主張力・共感力・同調力の３つである。

コミュニケーション能力が序列を決める

コミュニケーション能力				同調力 高い	同調力 低い
自己主張力	高い	共感力	高い	スーパーリーダー	孤高派タイプ
			低い	残忍なリーダー	自己チュータイプ
	低い	共感力	高い	人望あるサブリーダー	いいヤツタイプ
			低い	お調子者・いじられタイプ	何を考えているかわからないタイプ

能力によるキャラクター分類

自己主張力とは、自分の意見を明確に主張し、他人の間違いを諫める力であり、共感力とは、他人に思いやりを持ち、その立場・状況に応じて考えられる力、同調力は、場の気分に自分を同調させ、つねに明るい雰囲気を出して盛り上げる力である。これらの要素を使って、生徒のキャラクターを大雑把に８つの類型に分類できる。

つまり、自己主張力・共感力・同調力の三つを併せ持てば「スーパーリーダー」だが、これは稀であり、ほとんどの人は部分的能力しか持たない。たとえば「残忍なリーダー」は自己主張力と同調力があるが共感力がない。「孤高派」は自己主張力と共感力はあるが同調力がない。それに対して「人望あるサブリーダー」は、共感力と同調力だけで自己主張力に欠ける。一方、数の多いのが、同調力しか持たない「お調子者」、共感力だけの「いいヤツ」、自己主張力だけの「自己チュー」、どの能力も低い「何を考えているのはわからない」タイプなどで、後ろに行くに従って序列が下がる。

リーダーと下位カースト

スーパーリーダーがいれば、集団の問題は解決しやすいが、残忍なリーダーだと、かえって問題が起こる。たとえば、下位序列の者が外れたことをすれば「出過ぎたヤツ」「生意気なヤツ」と評価を下し「いじめ」に発展する。さらに、教室では「お調子者」が中心となって、周囲の「ノリ」に合わせて集団のムードを作るが、「いいヤツ」「自己チュー」「何を考えているのかわからない」の３タイプはコミュニケーション能力に乏しいので、それに応えられない。「いいヤツ」は周囲の要求を何でも受け入れて「パシリ」となり、「自己チュー」は主張しすぎて序列を無視する。「何を考えているかわからない」タイプは、集団の中に自己を見つけられず、秩序を乱す元凶として非難・攻撃される。

つまり「クラス」とは、平等な個人が集まった集団ではなく、これらの**「特徴」や「偏り」を持つ者が序列化された集団**であり、個々人は、その中の自分の地位を確認しつつ、日々うまくやっていかなければならない。当然、精神的ストレスを感じて、人間関係にトラウマを抱えて学校に行きたくなくなる者も出てくるのである。

教師にもカーストはある？

大人の中のカースト

もちろん、大人もこの８つの類型に分類できる。教師でも「スーパーリーダー」はまれで「統率力がある」と言われる教師にも「残忍なリーダー」「人望あるサブリーダー」が多く、多数派には「お調子者」「いいヤツ」「いじられ」タイプも含まれる。だから**問題が起こったり状況が変化したりすると、それぞれのキャラクターは特徴的な行動を取る**。たとえば、「残忍なリーダー」は、当事者に対する「共感力」が少ないので、一般的規則を持ち出して性急に解決しようとする。それに対して「人望あるサブリーダー」は、共感力と同調力で当事者へのケアをしようとするが、どういう方向で問題を解決するのか方向が定まらず、迷走しがちだ。性格は個性でもあるので、人生の中で変化することは少なく、むしろ、その度

問題のときに特徴が出る

ごとの状況に合わせて同じような行動を反復する。だから、教師が介入することで問題がかえって悪化し、「先生がでてきたおかげでひどくなった」など恨まれる場合も少なくない。

人はなぜ学校に行くのか？—ボンド・セオリー

もし、学校が、このようにストレスフルな場所なら、児童・生徒が不登校になるのも半ば当然のことだろう。とすれば、むしろ「なぜ、精神的ストレスを抱えてまで、子どもは学校に行き続けるのか？」という方向から問題を考えた方が適切かもしれない。

ボンド・セオリーによる説明

ボンド・セオリーという社会学理論では、**「人を制度・集団・他者に結びつけるのは、社会的絆であり、その強弱によって個人は逸脱したりしなかったりする」**と言う。そういう社会的絆（ボンド）には、愛着・関わり・参加・信念などがある。学校なら、愛着は教師・友人などに抱く愛情・尊敬、関わりは学校のもたらす利益と不利益を比較して利益の方に賭ける行動、参加は学校活動に入って欲求充足できること、信念は学校という権威を受容することだろう。もし教師・友人に愛想を尽かせば授業に行く気にならないし、課外活動の意義もわからず、学校・教師という権威も認められない。これでは学校との絆は薄くなり、不登校に陥るだろう。

●絆の強弱が逸脱を決定するモデル

家庭にも不登校の原因はある

以上、児童・生徒と学校の側面を述べたが、家庭が不登校の原因となる場合もある。それが「児童虐待」だ。「児童虐待」とは、保護者が監護する児童に対して次のような行為をすることである。

●児童虐待防止法　第二条　※抜粋

1　児童の身体に外傷が生じ、又は生じるおそれのある暴行を加えること。

2　児童にわいせつな行為をすること又は児童をしてわいせつな行為をさせること。

3　児童の心身の正常な発達を妨げるような著しい減食又は長時間の放置（中略）その他の保護者としての監護を著しく怠ること。

4　児童に対する著しい暴言又は著しく拒絶的な対応（中略）その他の児童に著しい心理的外傷を与える言動を行うこと。

●虐待で死亡した女児の家の前で手を合わせる女性（時事通信フォト）

子どもの正常発達を妨害する親

最近、「虐待サバイバー」の発言が増えているが、親の中には、子どもに「正常な発達」をさせないようにことごとに妨害する人も見られる。たとえば、家庭で学校の勉強を禁止したり、進学させまいと妨害をしたり、子どもを支配することに執念を燃やしたりする。ところが、世間では、親が子に酷いことをするはずがない、と家庭の「愛情力」に期待して事態を悪化させることが少なくない。いったん児童相談所で引き取っても家庭に戻した途端に事件に発展することも少なくない。「不登校」もそういう家庭環境の産物とも考えられるので、親の関与が疑われる場合は家庭から引き離す措置を取らなければならない。実際、歴史的には、19世紀の学校制度は、劣悪な家庭環境から子どもを引き離す目的もあったと言われるので、一定の割合で、劣悪な家庭が存在したのは確かなようだ。

どう解決するか

対処の違い？

したがって、同じ不登校でも対処の仕方はさまざまに違う。もし、児童・生徒のレベルに対して学校やクラスが低すぎるなら、学校に適応できなくても社会には適応できるので「不登校はよくない」とは言えない。この場合は、親が子どもの選択を支持し、適切な場を見つけるべきだろう。逆に、学校やクラスのレベルが高すぎる場合「不登校はよくない」。なぜなら、理解力や判断力、情報処理力など、学校で身につける能力は社会生活でも必要になる場面が多いからだ。だから、学校に行かないと生活能力も涵養(かんよう)されず、社会に適応できない。とくに計算能力や読解力の不足は本人が困る。学校の成績は単なる受験突破能力ではなく、「落ちこぼれ」は社会に適応できないまま引きこもりや無職につながりかねないのだ。

学校の成績と生活能力には相関がある

正の連鎖、負の連鎖

しかも、**社会的絆は一度形成されると繰り返される**。だから、どこかの時点で社会的絆を作るのに失敗すると、別の時点でまた失敗が繰り返される。下図は、不登校の人が中学卒業時、その後5年間、現在までにどのようなキャリアをたどったか、を示している。これによると、中学卒業時に「仕事または学校」に所属した人は、その後も８割が「仕事または学校」という状態になるが、「仕事・学校なし」だと、その状態が繰り返されやすい。

●中学卒業後のキャリアの推移のパターン
(森田洋司「『不登校追跡調査』から見えてきたもの」)

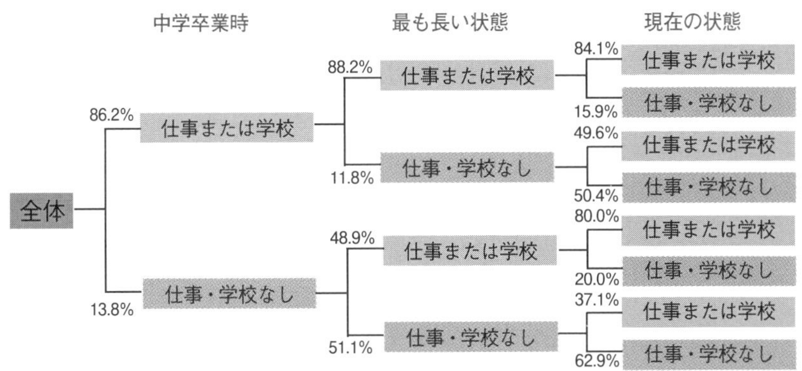

しかし、中学卒業時に「仕事・学校なし」でも、その後に「仕

事または学校」に所属した人の８割は、現在「仕事または学校」の状態になる。つまり、ある時期に社会的絆を作れなくても、その後に絆ができれば、それがきっかけになって、また社会的絆が強まるサイクルが始まる。どこかの段階で社会的絆を作る経験がなされれば、社会的に適応できるという希望が持てるわけだ。

Point どこかの段階で社会的絆を作る経験が重要

教師の介入は？

このように、「不登校」は複数の原因が絡まり合っているので、直接のきっかけを解決しても（たとえば級友とのトラブルを解決しても）不登校がなくなるとは限らない。児童・生徒に聞いても、言語能力に限界があって実情はつかみにくく、彼ら自身も「どうして学校に来たくないのか？」分からない。不登校が起こってから、教師はあわてて「何が原因なのか？」と追及し、直近の事件を原因と見立てるしかないのだ。だが、ボンド・セオリーでは「愛着」「関わり」「参加」「信念」の四要素のうち、どれか一つでも残っていれば、学校に行く意味が出てくる。教師が、どれかを促進するように働きかければ、不登校にはなりにくいはずだ。一つでは効果がなくても、別な要素なら効果があるかもしれない。それを探すには、**教師の対処に多様性と試行錯誤が必要になろう。**

Point いくつかの要素への働きかけが効果を持つ可能性あり

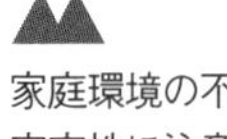

家庭環境の不安定性に注意

思春期以前の不登校の場合は、子どもの自我の確立も不十分なので、家庭に困難、問題がある場合が多い。子どもを取り巻く環境のあり方を注意深く観察し、何らかの不具合が認められれば、それが不登校の原因になっている確率も高い。しかし、このような観察ができるには、**教師自身の人間把握も深くなければならない。**とくに、新任の教師は的確に判断しにくいので、後でも触れる「教師のチーム性」も活用して、先輩の教師にも「こういう場合はどうなのか？」と聞くことができるような学校側の体制も必要になるだろう。

Theme 1 不登校とクラスづくり

例題の研究

問題　さいたま市・小・中学校等

学校は、全ての児童・生徒が豊かな学校生活を送るところです。

しかし、さまざまな要因で、登校しないあるいはしたくともできない、いわゆる不登校児童生徒もいます。さいたま市では、この不登校児童生徒に対してさまざまな取組をしているところです。

あなたは、全ての児童生徒が豊かな学校生活を送れるよう、教員としてどのように取り組みますか。具体的に 述べなさい。(45分・800字以内)

考え方のプロセス

書き方の原則

設問から読み取れる内容

第一段落では、学校を「全ての児童生徒が豊かな学校生活を送るところ」と規定するが、第二段落では「登校しない／したくともできない…児童生徒」がいると認め、それに対して「教員としてどのように取り組みますか」と問う。理想と現実の間で齟齬(そご)が生じているのだ。埼玉県の「総合的な不登校対策」のサイトによれば、県では、スクールカウンセラーの設置など多様な対策が行われているが、不登校が発生したときには、すでに問題がこじれていることも多い。なるべく初期に介入して対策できれば、解決もしやすくなる。しかし、何が「不登校につながる兆候なのか？」は見極めが難しい。たとえば、授業中の反応が悪い、とか、すぐ気分が悪くなって保健室に駆け込む、などは身体的な不調なのか、不登校の兆候なのか、判断が難しい。不登校のプロセスやメカニズムにはさまざまな説があり、全面的に依拠できるものがない。

だが、逆に言えば、この問題では何らかの一貫した仮説に基づいて、自分の意見を書ければいい、とも考えられる。まず自分の

メカニズムに基づいて考える

理解する限りでの不登校の発生メカニズムを提示し、その仮説に基づいて、こういう介入をすればこうなるはずだ、という予想を立てる。それを経験から例示する。そういう書き方をすれば、たとえ採点者が違う仮説を持っていても、完全に否定できないはずだ。逆によくないのは、防止のために熱意が必要だと強調する書き方だ。「空回り」する状況もしばしばあるので、熱意だけで問題が解決するという見立てはシンプルすぎる。**妥当性のある理論に従って対策を考えて説得力を持たせるべきだろう。**

カースト・モデルによる学校の人間関係

学校に来ることの大変さ

「テーマの理解」では、「学校に来る」こと自体がたやすいことではない、ということを確認した。これは、他の社会と同様に、**学校も、それなりに人間関係に気を遣う場所**だからである。たとえば、「スクール・カースト」と呼ばれる序列では、リーダーも「スーパーリーダー」や「残忍なリーダー」、あるいは「人望あるサブリーダー」などとさまざまに分かれ、さらに、「お調子者・いじられタイプ」「いいヤツ」「自己チュー」などと分けられる。児童・生徒は、この複雑な上下関係の中で自分の位置を見つけ、序列を壊さないように協調せねばならない。序列を乱すと制裁を受ける。したがって、クラスで自分がどの位置を占めるか意識しつつ、それにふさわしい行動を取って、全体の「ノリ」に貢献しなければならない。

もちろん、微妙なバランスなので、すべての人が成功するとは限らない。「ノリ」にうまく乗れない失敗も出てくる。とくに、「何を考えているのかわからないタイプ」はカーストの下位に属するだけでなく、周囲も対処のパターンがつかみきれず、本人もクラスでどのように行動していくか分からない。このように、**学校やクラスは、そもそもトラブルのタネを抱えた場**なので、登校できない子どもが出てくるのも、ある意味当然なのである。

ボンド・セオリーによる対応は？

絆から不登校を説明する

ボンド・セオリーによれば「人を制度・集団・他者に結びつけるのは、社会的絆（ボンド）であって、その強弱によって、個人は、逸脱したりしなかったりする」と説明される。「絆」には愛着・関わり・参加・信念の四つの要素がある。もし教師・友人に愛着がなくなり、学校に行くのは無駄だと感じ、クラブ活動にも不熱心、学校・教師という権威も認めないとしたら、学校との社会的絆は薄くなり、登校し続ける意味は少なくなる。

逆に言うと、4つのどれか一つでも残っていれば、学校に行く意味も残る。たとえば、学業成績が悪く、学校の意義を感じてなくても、クラブ活動が好きなら、不登校にはならない。だから、教師はクラブ活動を勧めるといいかもしれない、などと判断できる。

あるいは、担任が対応してよい結果が得られなくても、別の教師が対応すれば違ってくるかもしれない。教師もそれぞれ特徴がある。一人で問題が解決できなくても、一概に指導力不足だとは断定できない。「教師のチーム力」を使って、自分とタイプが違う先輩教師に相談して、アプローチを変えてみるのも必要なことだろう。

負の連鎖を絶つ

相互の要素は互いに連関している

もちろん、これらの愛着・関わり・参加・信念の要素は相互に無関係ではなく、一つの要素が他の要素に影響を与え、それがまた別の要素にも影響を与えたり、前の要素にフィードバックしたりする。逆に考えると、**一つがうまくいかなくなると、他もうまくいかなくなるという負の連鎖の可能性**も出てくるだろう。

たとえば、日本に来た外国籍の子どもは、小中学校の段階で「不登校」になる例が少なくない。言語的問題や経済的問題から家庭生活が落ち着かないことも多いため、勉強に集中できず、教科内容も理解できなくなる。また、家庭に「教育の意義」を認めない雰囲気があると「学校なんかどうでもいい」という心情が強化され、そこに級友との軋轢が重なると、さらに行きたくなくなる。複数の原因が絡まり合っているので、直接のきっかけを解決したとしても、「不登校」がなくなるわけではないのである。

教師の介入は？

傾聴するだけでは不十分

とすれば、教師の介入すべき方向も見えてくる。もちろん「よく話し合う」のは基本だが、直接話を聞いても、子どもの言語能力では、「どうして学校に来たくないのか」はなかなか説明できない。

ただ、不登校を促進しやすい家庭環境（経済的困難・家庭不和）などは、ある程度予想できる。とくに小学校段階では、家庭環境が行動に影響しやすい。したがって、そういう児童に着目して、**愛着・関わり・参加・信念という4つの要素を観察すれば、不登校の予防につながるだろう。**そのためには、教師は人間把握力を深め、一人一人の家庭環境・性格・行動の変化を見逃さないようにしなければならない。新任で的確に判断しにくい場合は、先輩教師に積極的に相談を持ちかける「チーム性」も重要になるだろう。

「不登校」の歴史

学校はストレスが多い場なので、適応できない個人も一定の割合で出てくる。むしろ、「学校に行くべきだ」という常識の方が問題なのかもしれない。もちろん義務教育なら学校には行くべきだが、それでも「不登校」が出てくる。とくに、中学校では、自我が発達し、集団への不適応も出現しやすい。無理に来させようとすると逆効果になる。親と相談の上、勉強が遅れないように手当をしつつ、一定期間学校を休ませるという対処も必要かもしれない。

家族の意向に従えばよいわけではない

一方、小学校では自我が未発達なので、家庭の影響から不登校になる可能性も高い。家庭が困難や不和ある場合には、**家族の意向に逆らっても、学校の意義を伝えるべく介入する**必要も出てくる。歴史的に、学校は子どもを親から保護する役目も果たしてきた。ただ、この場合は、教師個人だけで対処はできない。校長や教頭など学校管理側も協力しなければならないだろう。

●解答例の構成

主張　未然防止のためには早めに兆候に気づく必要がある

▼

仮説の提示　社会的絆の有無が「不登校」を作る

▼　発生メカニズムの仮説＝ボンド・セオリー

対策の方向　社会的絆を作るために多様なアプローチを試みる

▼　具体策

具体的提案　不登校を作りやすい家庭の児童に注目する＋先輩教師との協力

解答例

主張
「不登校」は存在しないのが理想だが、現実には一定の割合で出現する。ただ、早めに兆候を見つけて介入すれば、防止できる可能性も高くなる。それには「不登校」の発生メカニズムを知る必要があるだろう。

仮説
社会学では「人を制度・集団・他者に結びつけるのは、社会的絆だ」と言う。「絆」とは、愛着・関わり・参加・信念などで、不登校は、学校との社会的絆が切れた状態だ。たとえば、教師・友人に愛着を感じられなかったり、「なぜ、行くのか？」と疑問を感じたり、教師に権威を認めなくなったり、という事態だ。

これらの要素は、一つが他に影響を与え、それがまた別の要素に影響する。一つがうまくいかなくなると連鎖反応を起こして、解決するのが困難になる。実際、社会的絆は一度形成に失敗すると、それが繰り返され、その後の人生にも影響を及ぼすので、早く再統合する必要がある。逆に言えば、介入すべきパターンも一つではなく、いくつか考えられる。

たとえば「不登校」では、よく集団への不適応が言われるが、小学校レベルでは自我が未発達なので、むしろ、家庭の状態が影響することが多い。経済困窮家庭などでは、授業にも身が入らない。親に相談しようにも、教育にまで気が回らない。

対策
こういう児童の行動には、とくに注目して、変化を見逃さないようにしたい。ただ、これはデリケートな分野で、対応には経験による知恵も必要になる。そこで、先輩教師にも積極的に相談を持ちかけ、チーム性を十分に利用して事態に当たりたい。学校全体の方針も明確にするために、校長・教頭・学年主任などとも協議し、一貫した対応を探りたい。

提案
かつて、私は、不登校になりかかった児童を受け持ったが、親自身が生活不安を抱えていて、子どものことまで構っていられない状況だった。生活改善に活用できる制度を紹介するなど、教育の範囲を超える状況にも直面した。「学校に来なさい」と言うばかりでなく、多面的にサポートできる態勢を整えたい。

●論点のまとめ

不登校とクラスづくり

定義	不登校＝「長期欠席のうち、身体的な病気などではない場合」と分類される現象→過去最多＋学校での対処強化
背景	学校化社会＝高校進学率が上がって、子どもが学校にいるのが当然と思われるようになった社会
分析	ボンド・セオリー＝制度・集団・他者に人を結びつけるのは社会的絆（愛着・関わり・参加・信念）→その強弱の程度によって逸脱する／しないが決まる→不登校＝学校との絆が失われた状態、家庭環境・虐待などの影響
提案	不登校のタイプを特定する＋それぞれの要素のあり方をチェックする＋介入のポイントは複数ある＋周囲との協力

●応用問題

富山県　中・高（50分・800字）

A男は中学２年の男子生徒である。ある日、A男の母親から大変心配した声で担任に電話があり、最近、家でA男に元気がないことや、朝になると登校をしぶる様子が見られるようになったことを話した。担任は、A男の母親から電話を受ける前から、A男の欠席日数が少しずつ増えていることが気になっていた。あなたがA男の担任ならば、今後どのように対応していくのか、述べよ。

＊家庭ではなく学校集団との関係に問題がありそうだ。中学生なのでA男自身に事情を聞き、概要を摑んでセオリーに当てはめる。

◆◆残念な解答フレーズ

◇「不登校はいけない」「不登校でも問題ない」などと決めつける
◇力づける、励ますなどの精神的な働きかけに終始する
◇不登校を個人的な問題とだけ考えて対処する

Theme 1 不登校とクラスづくり

想定面接のポイント

❶学校への希望と愛着を持てる環境にする
❷学校への愛着は多様である
❸教師も児童·生徒とともに学ぶことを楽しむ

問： 子どもたちにとって「楽しい学校」とはどのような学校だと考えますか。また「楽しい学校」を創るために教師はどのような取組が必要だと考えますか。（川崎市）

回答例： 「楽しい学校」には、いろいろな意味があると思います。先生のキャラクターが好きだという場合も、クラスメートたちと遊ぶのが楽しい、あるいは学ぶこと自体が楽しい、という場合もあるでしょう。

学校は希望になり得るか？

私は、大学時代インドネシア語を勉強していたのですが、そこで『虹の少年たち』Laskar Pelangiというインドネシアのベストセラー小説を読む機会がありました。小さな島の村の小学校の入学式から物語が始まるのですが、入学者が10人に満たないと廃校にされる、と皆心配しています。ドキドキしながら待っていると、やっと新入生10人が集まって存続が決定します。最後の子は障害児でした。

親たちは字も読めなくて貧しい人々なのですが、自分たちの子どもを学校に入れて、何とか家族の未来を切り開こうとします。たまたま、その中に天才肌の少年がいて、学校の先生より理解が早い。でも、彼はちっとも偉ぶらず、クラスメートたちに自分の理解した内容を丁寧に説明する。その横のつながりの感じがすごくよかったのです。学校というものへのインドネシアの庶民の期待は、まだこれほど高いのだな、と驚かされました。

なかには、もちろん勉強嫌いの子も、やや知能に問題がある子もいます。それでも、学校がなくなっては困る、と皆で頑張る。その結束の強さが「学校の楽しさ」を創っていると思います。そういえば、社会学では、ボンド・セオリーという理論を習いました。何らかの社会的絆が感じられれば、人間は社会化の過程から逸脱しません。『虹の少年たち』の状況は、まさにそうだと思いました。

ボンド・セオリーとの接続

背景の異なる子どもたちが共生するのです。

問： 教師は、その中でどういう役割を果たすのですか？

回答例： 小説の中では、教師は校長と担任の教師の二人しかいません。校長先生は、ろくな給料ももらわず、いつもぼろぼろの服で教育に献身しています。一方、教師は、クラスの子どもたちの個性の違いに戸惑いながらも、自分ができることを一生懸命に行います。学業は、むしろ、前に述べた天才肌の子どもがイニシアティブを取るのですけど、教師もそれをいやがりません。「この子はそういう生徒なのだから」と能力を認めてサポートするのです。でも、間違っていると思ったことは説明して、なんとかやめさせようとする。その表裏のない公平な態度が、生徒たちの信頼を得ていると思いました。

教師の児童との関わり方

その意味では、教師の仕事は、正しい知識を教えることにとどまらないと思います。むしろ、違っていたとしても、自分がよいと思っていることを率直に嘘なく伝える。その懸命さが、児童・生徒の心を引きつけ、間違いも自然に正されます。**児童・生徒を教えるだけでなく、自分も一緒に学んで、新しい世界に触れるという感覚を持つことが大切**だと思います。

基本的に学校は楽しくあってほしいので、私は、クラスの中で個人の「共感力」を高める努力をしたいと思います。たとえ、自分と違う人間でも「自分がこの人の立場だったら…」と感じる能力が高められれば、全体のムードだけを絶対視してそれに乗れない者を疎外する、というような行動はなくなってくると思います。それが、人間的な成長の一番大切な面だと思います。

もちろん、親にも、そういう子どもの成長を見る楽しさを理解してほしいですね。授業参観などの機会を多く設け、学校と家庭が協力して、子どもたちを育てているんだ、という感覚を持ってもらう。そうすれば、学校のやっていることを理解して、協力してくれる素地になるでしょう。『虹の少年たち』のように、親が「学校は地域の希望だ」と感じてほしいです。

Theme 2 「いじめ」の現実

テーマの理解

【Introduction】

「いじめ」は「当該児童が、一定の関係にある者から、心理的・物理的な攻撃を受けたことにより、精神的な苦痛を感じているもの」と定義される。つまり、ある行為が「いじめ」かどうかは、いじめられた側が苦痛を感じるかどうか、という被害者の主観で判断され、客観的な要件・基準では決まらない。そのため、メディアや世間の反応次第で問題は大きくも小さくもなる。一方で「いじめ」は閉鎖的な人間関係の中で行われ、被害者も加害者もそこにとどまり続けることを望むことが多いので、外部から実態が見えにくく、内部との認識の差も生じやすい。その意味で「いじめ」現象に介入するには、細心の注意を払ってメカニズムを把握するとともに、メディア・地域など学校外部への対応にも留意しなければならない。

【Actors Map】

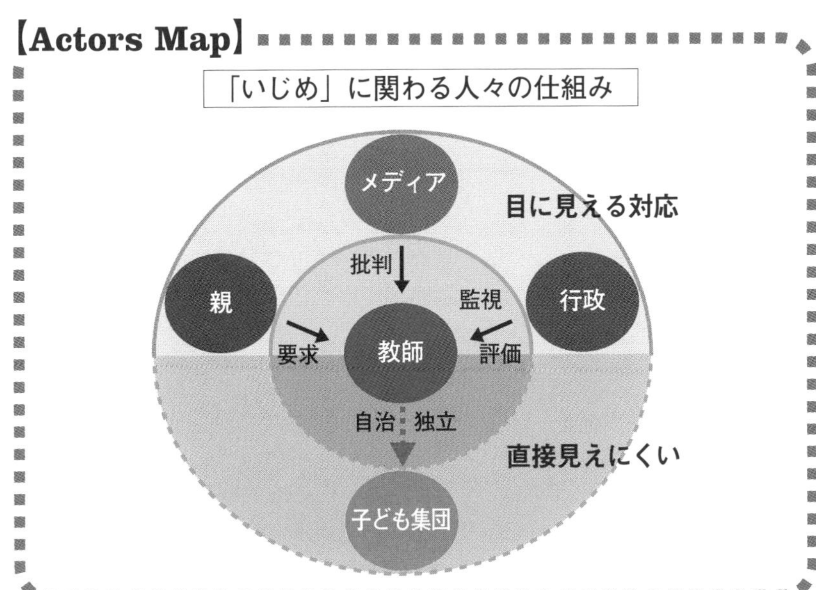

問題点は何か

「いじめ」とは、相手が肉体的・心理的に苦しむことを目的として、快楽的に行われる暴行・暴言などの行為である。学校だけではなく、閉鎖的人間関係の存在するところなら、どこでも行われる。加害者は「いじめ」を続け、被害者もその関係にとどまることを望む場合が少なくないので、外部には気づかれにくい。

外部から気づかれにくい

社会的に注目されたきっかけは、1986年の中野富士見中学「いじめ自殺」事件だろう。中学２年の男子生徒が、同学年の生徒から暴行を受け続けて、家出して首つり自殺した。「このままじゃ『生きジゴク』になっちゃうよ……だから、もう君たちもバカな事をするのはやめてくれ、最後のお願いだ」という遺書は、いじめ被害の悲惨さを強く印象づけた。とくに世間の憤激を呼んだのは、学級担任が「いじめ」に加担するような振る舞いをしたり、校長も事件を隠蔽する発言をしたり、という事実であった。「学校や教師の対処がおかしいのではないか？」「教師がなぜ気づけなかったのか？」と学校への批判が集中する事態になった。

世間の批判が集中する

いじめ事件は起こり続ける

だが、それから40年近く経っても「いじめ自殺」などの重大事象は続いている。たとえば、2021年２月北海道旭川市の市立中では、女子生徒がいじめを苦にして自宅を飛び出し行方不明になり、１ヶ月後に凍死しているのが発見された。性的な画像を送ったりおごったりするように、たびたび強要されていたという。前年６月には、いじめグループに取り囲まれて近くの川に飛び込んで警察が出動していた。彼女のLINE記録などから「いじめ」が発覚し、彼女はPTSDを発症して自宅で療養していたという。

しかし、当該中学校の教頭は、遺族に対して「10人の加害者の未来と、１人の被害者の未来、どっちが大切ですか。…１人のために10人の未来をつぶしていいんですか。…もう一度、冷静に考えてみてください」と言い放ち、校長は「被害者の女子生徒は小学生の頃からパニックになることがある」と被害者の責任の方を強調していたという。市教育委員会の調査でも「いじめ」を認定し

教師・教育委員会の態度

ながらも、自殺との因果関係は不明としたので、市はあらためて第三者委員会を設置して「中学校の対応は誤り」と認めた。

●いじめで女子中学生が凍死した事件ついて謝罪する旭川市教育長（時事通信フォト）

「いじめ」の普遍性

「いじめ」の重大事象の発生は令和4年度に923件と過去最多を記録し、文部科学省では「誰一人取り残されない学びの保障」のため、「不登校・いじめ緊急対策パッケージ」を発表する、という事態になっている。内容は「早期発見の強化」と「国による分析の強化と自治体への指導助言の体制づくり」だが、これらが奏功するかどうかは不明だ。というのもいじめの原因が確定していないからだ。以前は「日本独自の現象」とされ、「ムラ社会の病理」と分析されたが、欧米でも類似の現象が報告されたことで、どこでも起こり得る普遍的現象とみなされるようになった。実際、欧米では「我が校にいじめはない」と主張する校長は「現実を知らない」か「現実を誤魔化している」かのいずれかとされる。

問題として構築される

有力な社会学理論である「社会構築主義」によれば、社会問題は自然の中でモノのように存在するのではなく、倫理やモラルに関心を持つ者（倫理起業家moral entrepreneur）がクレームをつけ、社会の注目を引くことによって問題として認知されるという。逆に言えば、何らかの問題が存在しても、それが社会的に「問題」として認知されなければ「存在」しないと見なされる。極端な言い方をすれば「ここに問題があるぞ！」と、誰かが社会の注意を引かなければ「社会問題」はそもそも存在しえないのだ。

Point 社会的に認知されて問題ははじめて存在する

実際、「児童虐待」の認知件数は毎年伸びているが、これを「現代人に親としての自覚がなくなったからだ」などと論じてはいけない。なぜなら、この言葉が広まる前は、たとえ子どもが親に殴られる事態があっても、それは「しつけ」などと名付けられたからだ。むしろ「虐待」と名付けられると、「これも巷で言う『虐待』ではないか？」という事例が発見されて通報されて「件数」が増える。データだけ見て「虐待事件が増えた」と言えないのである。

●「社会問題」の構造

取り上げて問題化

現実状況 ⇄ 倫理起業家

「社会問題」を作る

いじめ問題の構築

いじめは増えている？

「いじめ」もこれと同じ構造をしている。つまり、似たような現象は昔からあったのだが、それが注目・認識されることで、解決されるべき現代の「社会問題」として浮かび上がってきたのだ。たとえ昔も「いじめ」らしき行為があって、現在では、当時よりその数が減ったとしても、「いじめ」の発生には世間の注目が集まる中で「増えた」と体感される構造をしているのである。

●いじめ認知（発生）件数の推移（文部科学省統計）

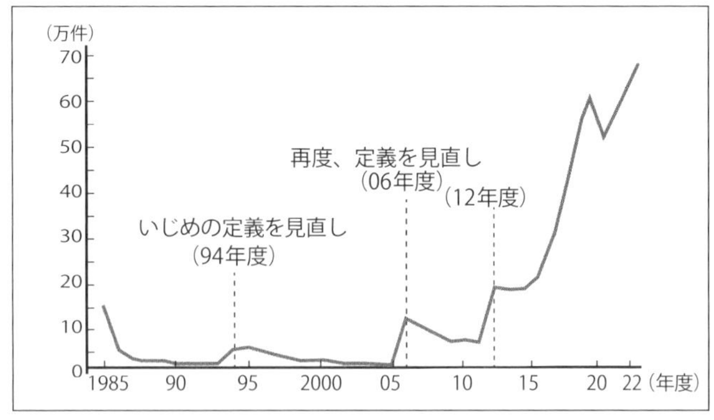

前頁のグラフでは、いじめの認知件数は94年度に20,143件と急激に上昇し、2006年度に124,898件と前年の６倍になり、12年度には198,109件、19年度に612,496件。20年度にコロナ休校の影響か一時減少したが、22年度には681,948件と過去最大になった。

急激な変化の背景には報道の影響があると考えられる。たとえば、2005年には北海道滝川市の小学６年生「いじめ自殺」事件が全国的に報じられた。この事件では教育委員会・校長などが「いじめ」と見られる事実はないと主張したが、報道を見た文部科学省が「いじめられる側が『いじめだ』と判断すればいじめだ」と見解を変えたため、その定義に基づいて「いじめがあった」と認める結果になった。2011年には大津市中学生自殺事件が報じられて全国で「いじめ」の再調査が行われ、認知件数はさらに増えた。

教師が責任を問われる構造

つまり、「いじめ」事件が話題になるたびに「いじめ」と思われる現象が掘り起こされて、定義や対応も変化するなど、**認知件数も世論やマスメディアの影響を受けて増減する**構造になっているのだ。したがって「いじめが増加した」という前提のもと「学校の隠蔽拡大」「家庭の教育力低下」「子どもの共感力の衰退」などと論ずるのは的外れと言わざるを得ないだろう。

事後的に責任を問われる

それでもメディアでは「いじめ」事件が起こるたびごとに「なぜ気づけなかったのか？」「日本の教育はおかしいのではないか？」と「学校の機能不全」を問題にして、学校・教師の責任を問い、何らかの対処や改革を迫る。

教室は特別な空間か？

だが、現場の教師が「いじめ」に気づくことは、そう簡単ではない。なぜならば、子どもは「自分たちの中でのもめ事は、基本的に外に出さないのが正義だ」という感覚を持つからだ。「もめ事は外に出さない」という感覚は、子どもの集団が内と外を区別して自立的共同体を作っていることの表れでもある。これは「群生秩序」と呼ばれる。閉鎖的で関係が濃密な集団は、所属メンバーに、集団内部の暗黙の了解事項に絶対的に従うことを求め、「『いま・ここ』のノリを『みんな』で共に生きるかたちが、そのまま畏怖の対象となり、是(よし)／非(あし)を分かつ規範の準拠点となる」（内藤朝雄『いじめの構造』）のである。

群生秩序が問題を作る？

「みんな」が感じたことに従うことが尊重されると、「人間の尊厳」や「基本的人権」なども簡単に犠牲にされる。それどころか従わないメンバーは排除・リンチされる。公的な法や権利より、内部秩序に従うことが優先され、外部から普遍的な基準に従うよう求められると「中学生たちは胃がねじれるような嫌悪と憎悪を感じる」（内藤・同書）。だから「いじめられた」と教師に「チクる」行為は、この共同体から非難・排撃され、さらなる「いじめ」を誘う。

教室は特別な空間か？

実は、このような「群生的秩序」の感覚は、教師の側にもある。なぜなら、学校は、普通の社会の倫理が成り立たない特別な空間だという思い込みが強いからである。実際、「ブラック校則」では、「生来の茶髪の場合でも黒髪に染めさせる」などという不合理なルールがまかり通る。

だから「いじめ」トラブルでも、それが法に触れる可能性まで考えが及ばず、内部で「教育的」「穏便」に処理しようとする。旭川の事件における教師などの言動を見れば、このような感覚が、いかに社会の判断基準と離れているか、明らかだ。「いじめ問題では学校・教師に相談しないで、いきなり法に訴えよ」という主張が出てくるのも、ある意味無理からぬことなのである。

どう解決するか

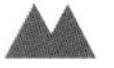

予防が最大の対策だが…

「いじめ」をなくすには、まず「いじめ」が起こらないようにすべきだ。なぜなら、起こった後では、そもそも「いじめ」と認定すること自体難しいからである。加害者は否定し、被害者も仲間を裏切りたくない。加害者の親・保護者に注意しても「証拠はどこにあるか？」「うちの子は違うと言っているのになぜ信じないのか？」と逆襲される。結局、決定的な事件が起こるまで手を出せない。それなのに、**事件が起こった途端「把握が不十分だった」と過去にさかのぼって責任を追及される**。よく「どんな小さな徴候も見逃すな」と言われるが、むしろ、事件が起こった後に「あれも徴候だった」「これも徴候だった」と気がつくものである。

いじめを酷くするにはどうするか？

これについては面白い思考実験がある。「いじめをなくす」にはどうするか、と皆で考えると「受験体制をなくす」とか「他人の立場になる」とか「思いやりを持つ」とか、てんでにばらばらな回答になるのだが、「いじめを酷くするにはどうすればいいか？」と問うと、ほぼ全員が「教室内のストレスを高めればよい」と答える、というのだ（荻上チキ『いじめを生む教室　子どもを守るために知っておきたいデータと知識』）。

ストレスが「いじめ」を作る

つまり、教師が厳しく生徒を管理したり、細かい規則を作って守らせたり、体罰が横行したり、という環境では、生徒のストレスが高まって「いじめ」が起こりやすくなるのだ。実際、体罰の多い教室では、いじめが頻発する（鈴木智之『学校における暴力の循環と「いじめ」』）。体罰が大きなストレッサーとなるだけでなく、暴力行為を肯定する雰囲気が蔓延し、怒号・厳しいノルマなど過剰な指導が強まる、という経過をたどって「いじめ」につながるからだ。荻上は、このような教室を「不機嫌な教室」と呼び、**教室にいなければならないストレスを発散しようと、誰かを標的にして「いじめ」が始まる**、と言うのだ。

とすれば、教師が寛容で、生徒たちが自由に振る舞える環境では、ストレスが減少して「いじめ」は少なくなるはずだ。実際、楽しい授業や相談の受け止め、分かりやすい授業や納得のできる叱り方などが行われている教師のもとでは、いじめが少なく、学習意欲や満足度が高く、互いを認め合うクラス作りが行われる、という研究結果がある（三島美砂・宇野宏幸「学級雰囲気に及ぼす教師の影響力」）。このような環境は、ストレスフリーで「ご機嫌な教室」環境であり、「いじめ」は減る、と我々は感じているのである。

皆が同じように考えるのはなぜ？

もちろん、これが正しいかどうかを示すには、まだ研究の蓄積が必要だ。しかし面白いのは「いじめを酷くするにはどうすればいいか？」と聞くと、皆が口を揃えて同じ答えを言うという現象である。つまり「いじめがなぜ起こるか？」というメカニズムについては合意があるのだ。ある現象が起こるには原因があるはずだから、その根本原因を取り除けば、これ以上の悪化は避けられる。だとすれば、「いじめを防止する」のために、この共通理解、つまり、**ストレスフリーで「ご機嫌な教室」を実現する**対策を試みても悪くないはずだ。規則で縛り付けたり体罰で管理したりせず、なるべくのびのびさせる。そうすれば「いじめ」の発生の背景はなくなると考えられる。

環境の根本を変える？

ところが、実際の教育現場は、これは正反対の方向に動いている。校則は厳しくなり、児童・生徒の感じるストレスは増している。教師も事務仕事に忙殺されて、児童・生徒のケアや授業の準備に時間がかけられない。こんな状況では、「いじめ」はさらに増幅するだけで、解決などできるわけがないだろう。

群生秩序を壊す？

内藤朝雄は、いじめを根本的になくすには、原因となる学校の群生秩序を壊すべきだと提案する。つまり、暴力系のいじめに対しては警察・法律が介入し、「シカト」などコミュニケーション系のいじめは、学級制度を廃止して授業ごとに移動するなど、児童・生徒が互いに距離を取れるようにすればよい、と言うのだ。

実際、海外に留学した生徒は、クラスがないことにホッとすると言う。たとえば、カナダでは、生徒の方が担当教師がいる教室に移動する。教師は一人一人自分の好みで教室を飾り付けるので、雰囲気も気分も変わり、解放感が得られると言う。実際、諸外国では、校庭でいじめが起こりやすいのに比べて、日本では「教室内」で発生することが多い。とすれば、クラス制度を廃止すれば、ある種の「いじめ」抑止に一定の効果があることが予想される。

「クラス廃止」構想は有効？

ただし、これは今まで学校が唱道してきた「団結」「協力」「友愛」などの集団的価値観の否定にもなる。「教育現場を変えたい」などと教師志望の学生が言うと、未だに「それなら政治家になれ！」などとパワハラまがいの発言をする教育関係者も少なくない現状では、クラス制度廃止を提唱するのは難しい。**現在の学校の価値観や制度を性急に否定しないで、解決を探る提案をした方がよい**というバイアスを計算に入れなければならないだろう。

いじめの進行に介入する

いじめは一定のプロセスをたどる

教員採用試験では「予防をどうするか？」よりも「いじめの徴候があると思われる場合にどうするか？」というその場での対策を問う場合が多い。これに対しては「いじめ」は、一定の経過を経て進行するので、**重篤になる前に介入して、その進行をストップすればいいと考えられよう。**

たとえば、精神医学者の中井久夫は、いじめが解決しにくいのは、「透明化」するからだと言う。これは、いじめが行われても周囲から気づかれない状態だ。加害者が、被害者に協力させて大人に仲がよいことを誇示し、被害者もいじめを否定する。これが成立するには「孤立化」「無力化」という前段階がある。まず「孤立化」では周囲が被害者から距離をとらされる。被害者を標的として周囲に知らせ「いじめられても仕方がない存在だ」とアピールする。被害者もいじめられる理由を必死で探すので、自分を生きる値打ちのない存在だと思い込む。次の「無力化」では、加害者は過剰な暴力を使って被害者の反撃能力を奪う。被害者が反撃を試みても、暴力をふるって反撃が無意味だと思い知らせる。とくに、被害者が大人に訴えようとしたら厳しく懲罰し、無益だと思いこませる。

「いじめ」の諸段階を分析する

こうして、被害者は周囲の世界とのかかわりをすべて失って、加害者との対人関係のみが唯一の対人関係になる。このようなプロセスを踏むことで、被害者は加害者の気分や行動に敏感になり、暴力がふるわれないことを「恩寵」とまで感じ、加害者に隷属・迎合していく。大人は両者の真の関係に気づかず、「仲のよい仲間」として解釈するので、外面的には「いじめ」として映らない。これで「透明化」が完成すると言うのだ。

連鎖を断ち切る

もし、この理論に従うなら、**被害を救済するには、この連鎖をどこかで断ち切るように介入すればよいと考えられる。**「どんな兆候でも見逃さない」のは大変な作業だが、モデルがあるのなら「あ、これはあのプロセスでは？」と気づきやすくなる。しかも、段階は複数あるので、連鎖を断ち切るチャンスもたくさんある。「透明化」

以前に介入すれば、それなりの効果があるはずだ。

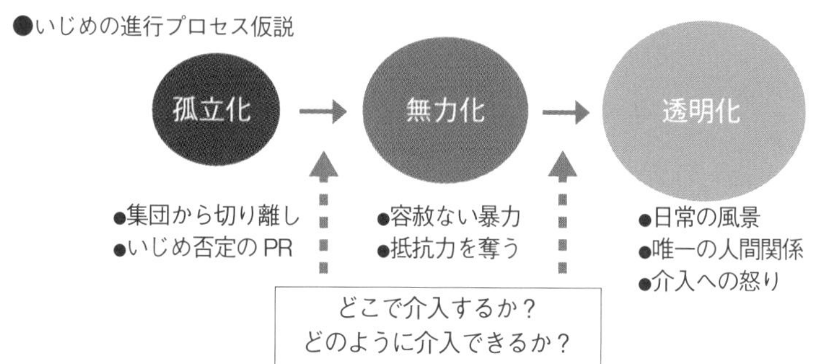

たとえば「無力化」段階なら、過剰な暴力がふるわれるから傷やあざが絶えないので、養護教諭が気づきやすい。もし、「孤独化」の途中で、被害者が「大人への訴え」を完全にあきらめていないとしたら、大人に接触を図ろうとする行動も垣間見られるはずだ。

外部との関係をつける

どこかの段階で断固介入する

逆に、いったん「いじめ」と認定されたら、断固たる措置をとらねばならない。担任教師と関係者という閉鎖的な関係で解決しようとすると判断を誤りやすい。むしろ、公式の対策委員会などを立ち上げ、教師や親集団の間で情報を共有し、親やマスコミとの関係では窓口を一本化して、わざと「大ごと」にするとともに、隠蔽という印象を与えないように、知り得た情報を即座に公開する必要がある。

Point 外への対応＝知り得た情報を公開する＋拙速な判断は避ける

危機管理の基本は、起こったことには真摯に遺憾の意を表するが、原因が究明中の場合は、むやみに断定しないことだ。医療事故においても、この態度は貫かれるべきだと推奨されている（『ハーバード大学病院医療事故対策マニュアル』）。家族など相手方とも「どちらが悪いのか？」と感情的に対立するより、むしろ、**関係者が協力しながら真相を探求する、という関係を作らなければならない。**この方針は「いじめ」対策について、とくに大事な視点だろう。

Theme 2 「いじめ」の現実

例題の研究

問題 横浜市　教職経験者特別選考（小・中）

新年度が始まって二週間がたちました。あなたの担任する学級で、最近、身体的特徴をからかったり、相手を傷つけるような言葉を使ったりすることが頻繁に見られるようになりました。あなたは担任としてどのような対応をしますか。（60分・1,200字）

考え方のプロセス

「いじめ」と認定する？

「いじめ」であるかどうかは、「当該児童が……心理的・物理的な攻撃を受けたことにより、精神的な苦痛を感じている」ことで決まる。とすれば、「いじめ」と認定する主導権は児童・生徒にあるので、教師が、問題が顕在化する前に、早くその芽を摘もうとするのも無理からぬことといえよう。

実情を把握して介入する

しかしながら、設問で言われている行為が介入を要するのか否かの判断は難しい。下手をすると、「生徒の自治」感覚にぶつかって状況把握を誤り、効果が薄くなりかねない。他方で、すでに「透明化」の状態にあるのなら、児童・生徒に対して「苦痛を感じて」いるかどうか、と聞いても「僕たちは仲良しだから、ふざけあっているだけです」などという、通り一遍の答えしか出てこないだろう。

Point 実情を把握してこそ、効果ある対策ができる

身体的特徴をからかう兆候

問題文の表現を分析する

ただし「身体的特徴をからかったり、相手を傷つけるような言葉を使ったり」という文言は問題であろう。「身体的特徴」は自分で努力して変えられない属性だし、それに対する攻撃も執拗になりがちである。さらに、相手を傷つけるような言葉として、「くさい」などという言葉を使うと、言われた方が深く傷つくだけでなく、「くささ」を客観的に測る度合いがないので、それを「改善」しようにも対処しようがない。たとえ、毎日風呂に入ったとしても「それでもくさい。お前の体質なんだよ」と言われれば抗弁できない。皆が同調すれば、それだけで、被害者は「くさい」というレッテルを貼られてしまう。

前述した中井の「いじめ」の進行プロセス仮説によれば、最初の段階では、まずいじめの対象が他の児童・生徒と違う特別な存在であることを強調して、被害者を孤立させる。身体的特徴に執拗に言及して、バカにしたり傷つけたりする行為は、この段階に対応する、と考えられる。

いじめの成立構造を利用する

もし、この段階で歯止めをかけるなら、からかったり傷つけたりという関係を取り巻く周囲に働きかけ、「いじめられても仕方がない」という言葉が、そのような身体的特徴に対して絶対に機能しないようにしなければならない。

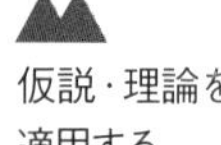
仮説・理論を適用する

とくに中井の仮説に一貫しているのは、いじめる加害者／いじめられる被害者だけでなく、周囲の存在が重要な役目を果たすという論点である。加害者は「被害者は特別だ」とアピールし、被害者と周囲の関係を切断し、自分だけが被害者をコントロールする関係を作る。逆に言えば、周囲が加害者のアピールを承認することが、「いじめ」が成立するのに決定的な役割を果たすのである。

進行の度合いを調査する

したがって、まず現在の状況を把握するために、当事者以外の児童・生徒を呼んで「身体的特徴をからかったり、相手を傷つけるような言葉を使ったりする」行為への感想を聞くのもよいだろう。

これは責任を問うためではなく「いじめ」がどれだけ深刻化しているか、を見極めるためだ。その段階では、そういう言葉・行為への価値評価や批判も積極的にしない。身体的特徴などを揶揄する言葉が、どれだけクラスのメンバーに説得力を持つに至っているか、調査するのが目的であるからである。

とくに、「いじめられる側にも問題がある」などという言い方がどれだけ受け入れられているか、には注目したい。よく言われるように「いじめ」では、誰が被害者になるか分からず、被害者と加害者の役割がくるくる変わる。昨日まで加害者であった人間が、被害者になるという逆転が見られる。

「いじめられる側が悪い」の論理とは？

つまり「いじめ」とは、**集団の中の力関係によって変化する関係的なもので、実体的なものではない**。逆に言えば、このような言葉が言われている状況は、いじめの原因を実体的なものと取り違え、「いじめる／いじめられる」という関係が固定化していることを、周囲が承認している状況にあることを意味しているのだ。

もし、この言い方が浸透していないのなら、孤立化・無力化は不十分にしか行われていないと見なすことができる。その場合は、身体的特徴をからかうことの不当性や、人を傷つける言葉の罪についてホームルームなどで話し合うだけでも効果があろう。まだ「いじめ」を受け入れていない児童・生徒たちの意識を高めれば、いじめが進行する歯止めになるからだ。

いじめが進行している場合

しかし、こういう言い方が浸透・確立しているなら、対策の段階は一段高まる。教師からは十分見えなくても、孤立化・無力化が進行しているからだ。担任の自分だけでなく、養護教諭や他の教師とも相談して、何か異常は見られないか、現在どんな状態にあるか、を正確に把握したい。

「いじめ」が進行しているといくつかの証拠から判断される場合には、加害者・被害者を直接に呼んで事情を聞くべきであろう。その際大事なのは、加害者と被害者を別にするだけでなく、**加害者が複数であることも多いので、必ず個々に呼んで事情を聞くことだ**。そうすれば、相互の話に矛盾が出てくるので、それを起点にして追及していき、客観的な事実が把握できる可能性が高まる。

もちろん、ひどい「いじめ」の実態が出てくれば、加害者の出席停止・警察への通報など、断固とした処置が必要になる。そのためにも、事実の確実な把握は大事である。加害者たちの話をつきあわせて、起こったことの経過・構造を再構築するとともに、知り得た情報はすべて公開するという姿勢を明確にする。ただ、拙速な評価・判断は避けたい。保護者たちに対しては、**いじめという行為が起こったことに遺憾の意を表しつつも、不明な事情については、その旨をはっきり表明する**必要があるだろう。

Point 事実の正確な把握は、断固とした処置を支える

たしかに「いじめのどんな兆候も見逃してはいけない」が、児童・生徒たちの行動をすべて把握することは、実際に不可能だし、教師がつねに監視して異常をキャッチするのでは、生徒の自治感覚も育たない。非現実的な標語に頼るより、どうやって児童・生徒たちの状態・段階を把握すべきか、方法を明確にすべきだろう。

●解答例の構成

問題提起 「身体的特徴をからかう」

▼ 意味づけ

分析 標的化・孤立化の段階に対応

▼

説明 中井久夫のいじめの進行プロセス仮説

▼

主張 いじめを承認する周囲への働きかけを行うべき

▼

分析 いじめられる側にも責任がある？への反応 ➡段階が分かる

▼

結論 段階に応じた対処をする

解答例

問題提起

この設定で注目すべきは「身体的特徴をからかう」ところだろう。「身体的特徴」は努力して変えることができないので、このような攻撃は執拗になりやすい。また、相手を傷つけるような言葉として、たとえば「くさい」は、言われた方を傷つけるだけでなく、「くささ」を客観的に測れないため、たとえ、毎日風呂に入っても「それでもくさい」と言われれば抗弁できない。それに皆が同調すれば、被害者は「くさい」人間というレッテルを貼られてしまう。

分析

説明

中井久夫によれば、いじめは「孤立化」「無力化」の段階を通って「透明化」する。「孤立化」では、被害者を標的として周囲に知らせ、いじめられても仕方がない人間だとアピールする。被害者も自分を生きる値打ちのない存在であると思い込む。「無力化」では過剰な暴力をふるって被害者に反撃をあきらめさせる。とくに、大人に訴えようとした場合には厳しい懲罰を与える。結果として、被害者は周囲とのかかわりを失って加害者が唯一の関係になり、隷属・迎合するので真の関係が分からなくなるのだ。

主張

身体的特徴への攻撃は標的化する段階にあたる。ここで歯止めをかけるなら、当事者より周囲に働きかけるのが有効だろう。なぜなら、加害者は被害者と周囲の関係を切断することで、自分が被害者をコントロールするからだ。「いじめ」の進行には周囲の態度が決定的なのである。具体的には、何人かの児童·生徒を呼んで「身体的特徴をからかったり、相手を傷つけるような言葉を使ったりする」行為への感想を聞きたい。とくに、「いじめられる側にも問題がある」などの言い方がどれだけ受け入れられているか、に注意したい。いじめの原因は関係的なものなので「いじめられる側にも問題がある」という言い方は、「いじめ」関係が固定化し、それを周囲も承認している状況を意味する。

分析

もし、この言い方が浸透していないなら、身体的特徴をからかうことの不当性や、それがどう人を傷つけるかホームルームなどで話し合う。周囲の意識を変えるだけでも、いじめは進行しにくくなるだろう。しかし、ある程度浸透しているときは、孤立化·無力化が進行していると判断される。養護教諭や他の教師とも相談して、何か他の異常は見られないか、現在の状態を把握したい。そのうえで、かかわったと目される生徒たちを呼んで事情を聞く。その際、加害者は複数であることが多いので、必ず別々に呼ぶ。相互の話の矛盾をきっかけに追及して、いじめが明らかになれば、徹底的に責任を追及し、親にも通報する。

結論

このように、いじめの段階は多様なので、注意して取り扱う必要がある。メディアや親が絡む場合には、情報の扱いも慎重であるべきだ。知り得た情報はすべて公開するとともに、拙速な評価・判断は避けたい。遺憾の意を表しつつも、不明な事情についてはその旨をはっきり表明することが、余計な憶測を呼ばないためには必要なのである。

●論点のまとめ

「いじめ」の現実

定義	当該児童が、一定の人間関係にある者から、心理的・物理的な攻撃を受けたことにより、精神的な苦痛を感じているもの
背景	いじめは普遍的現象＝倫理的な社会問題として提起されて取り上げられる構造
分析	いじめは環境のストレスによって生まれる？ ＋ 段階的に発達する→段階ごとに介入の仕方が異なる？
提案	初期の段階では周囲に働きかける＋発展した段階なら、当事者に聞いて事情を明らかにしてから断固たる措置をとる→情報を公開して隠蔽という印象を与えない

●応用問題

愛知県　小・中・高・特別支援校（60分・900字）改題

次の図表は、児童生徒の問題行動等についての全国の状況調査からの抜粋である。この図表からあなたは何を読み取るか。また、それを踏まえて、あなたは教員としてどのような教育を心がけたいか。

●学年別　いじめの認知件数

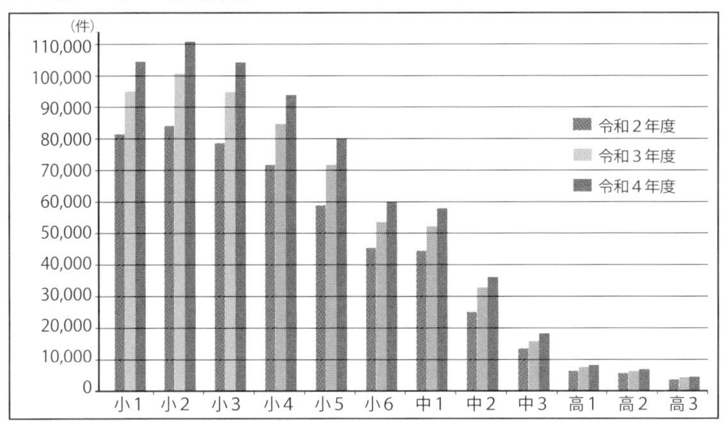

	小１	小２	小３	小４	小５	小６	中１	中２	中３	高１	高２	高３
令和２年度	81,787	84,354	78,629	71,385	59,901	45,240	42,999	25,987	12,397	6,887	4,814	2,732
令和３年度	96,142	100,976	94,782	84,125	71,991	53,016	51,293	32,190	15,041	7,418	5,238	3.062
令和４年度	104,111	110,042	104,532	93,749	79,720	60,357	58,063	35,743	18,235	8.350	5,724	3,263

＊グラフによれば、令和２年度から４年度にかけて、とくに小学生低学年を中心に「いじめ」の認知件数が増加していることがわかる。これは、実際に「いじめ」が増加しているのか、「いじめ」がより表面に出るようになったか、のどちらかだろう。前者であれば、「いじめ」の状況が増加し続けているという解釈になるが、一部の学年では20%以上跳ね上がっていることを見ると、これほど大きな変化が短期間で生まれたとは考えにくい。むしろ学校の取組が改善されて、「いじめ」だと気づかれやすくなった、という解釈も考えられよう。もし後者だとすれば、この結果は、必ずしも悪いことばかりとは言えず、「いじめ」に対して、隠蔽されず表面化しやすくなった、と肯定的に書けるかもしれない。

◆◆残念な解答フレーズ

◇「どんな兆候も見逃さない」など非現実的な努力目標をたてる
◇教師と児童･生徒の間の微妙な人間関係を無視する
◇いじめの原因を被害者の資質に求める

Theme 2 「いじめ」の現実

想定面接のポイント

❶「いじめ」は誰でも被害者になり得る
❷「いじめられる側も悪い」は加害者への加担
❸遺憾の表現は速やかに、判断は慎重にする

問：「いじめられる側も悪い」と言う人をどう思いますか。また、そのことについて、あなたはどう考えますか？（愛知県　小中高）

回答例：その考えは完璧に間違っています。なぜなら、「いじめ」では誰**が被害者になるか分からず、被害者と加害者の役割が変わる**からです。実際、昨日までの加害者が今日は被害者になる逆転現象はよく見られます。とすれば、「いじめ」とは、集団の中の力関係によって起こる現象で、いじめられる人が持っている性質・資質・属性などが原因となるわけではありません。「いじめられる側も悪い」は、「いじめ」を個人の責任と考える点で間違っています。

いじめは環境によって作られる

最近は、**「いじめ」は属人的なものではなく、環境論的にとらえるべき**だと言われています。つまり、不合理で厳格な校則や体罰を含む厳しい対応など、ストレスの多い環境によって起こる、というのです。欧米でも「いじめ」は見られますが、場所は「校庭」が多く、「教室」が多い日本とは大きく違います。これは、日本がクラス制度で人間関係が固定していることも影響しているかもしれません。実は、私も中学生のときに「いじめ」られ、それから逃れようと、高校はカナダに留学しました。そこで一番感じたのが開放感でした。自分の選択した授業に従って、一時間ごとに教室を移動するのです。それぞれの科目の先生は、自分の教室で生徒たちを待っています。なかには、工夫を凝らして教室を飾っている先生もいて「今度はあの教室に行ける！」とワクワクしました。教室が変わると雰囲気も変わるので、私も敬遠されたり「いじめ」られたりすることもなく、楽しい学校生活を過ごせました。もちろん、日本では事情も違うので、いきなり「クラス廃止」はできないと

思いますが、「いじめ」が環境から生まれるのは確かでしょう。

そもそも、いじめでは、いじめられる人／いじめる人だけではなく、それを承認・受容する周囲の人々が関係しています。加害者は被害者を「いじめられるに値する特別な存在」として、周囲にアピールし、いじめを正当化します。周囲もそんな様子を見ていると「いじめ」を当然視するようになり、そのうち「いじめ」があるかどうかすら分からなくなる。**「いじめられる側も悪い」という言い方は「いじめ」の実態を見えなくする**マジックワードと言えるでしょう。

いじめの構造を隠蔽しない

逆に言えば、このような表現が出てくるのは、「いじめる／いじめられる」という関係が固定化して、それを周囲も当たり前だとと見なしている状態なので、絶対に許してはならないし、そういう見方をする人を、解決の過程にかかわらせてはならないと思います。

問： では、どうすればいいのでしょうか？

回答例： いろいろな事件の経緯を見ても、学校や教育委員会が調査の結果を隠す、などの不透明な態度が、事件の拡大を招いています。まず、何が起こったのか、事実を客観的に把握し、それを加害者にも確認して認めさせねばなりません。当然、学校側は、親や世間などからの批判にも応答できるような体制にして、知り得た事実はすべて公開し、なぜそういう措置に至ったのか、説明責任を果たさなくてはいけません。いじめが起こったことを**遺憾だと真摯に表明するとともに、事実関係が不明な点については「まだ分からない」と明言する**ことも大切でしょう。

もし「いじめ」行為と認められたら、出席を停止したり警察への通報をしたり、加害者に対して厳しい措置をとらなければなりません。「いじめは許されない」という原則を堅持して説明責任を果たしてこそ、断固たる措置にも説得力が出てきます。前提となる価値判断が揺らいだり、態度が曖昧だったりしたら、解決策にも説得力が出てきません。私は、先輩から「いじめの加害者を一人ずつ呼んで泣くまで追及する」と聞いたことがあります。こういう対処が正しいかどうかは別としても、厳しい措置を周囲から納得してもらうには、「被害者も悪いところがある」とか「どっちもどっちだ」などという曖昧な解釈を許してはならないと思います。

学力の低下と格差

テーマの理解

【Introduction】

学力低下は､教育界の永遠のテーマだ。なぜなら､学力低下は「教育の失敗」を意味するからだ。だから、教育批判では、つねに「学力低下」が言われてきた。しかし、言われるほど「低下」するかどうかは明確ではない。たとえば「体験格差」では、子ども時代の体験の多様さが、自尊感情や好奇心を旺盛にするが、収入が低いと体験は貧弱になりがちで学力が低下しやすいという議論があった。だが､収入が低い家庭に育っても､自然などの体験などが豊かなら､自尊感情や好奇心は高くなる。とすれば、現場の教師が授業・教材を工夫していけば、階層の偏りを補える可能性がある。そのためにも、学校現場が試行錯誤できる自由な環境になることが必要だ。

【Actors Map】

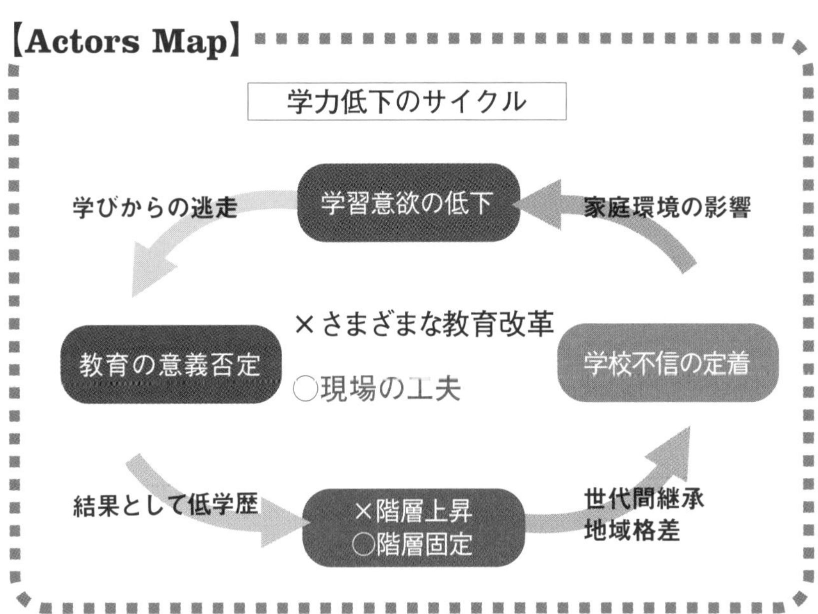

問題点は何か

学力低下は永遠のテーマ

「学力低下」は起こっているか？

「学力低下」はつねに問題化されてきた。なぜなら「学力が低下している」と言うだけで、今の教育を批判できるからだ。しかし、言われるほどの「低下」が見られるのかは不確実だ。たとえば、「情報化」が進んだことで、時間をかけて文章を読む習慣が薄れ、子どもたちが読解力不足に陥った、とよく言われる。実際、PISA調査などでも、計算力などに比べて、日本の読解力の順位は低い。だが、下のグラフを見れば、ここ数十年、小中学生の「読書量」は落ちていないどころか、むしろ増えていることが分かる。

●一ヶ月間の平均読書冊数 1979～2023 年
（図書館協議会の調査）

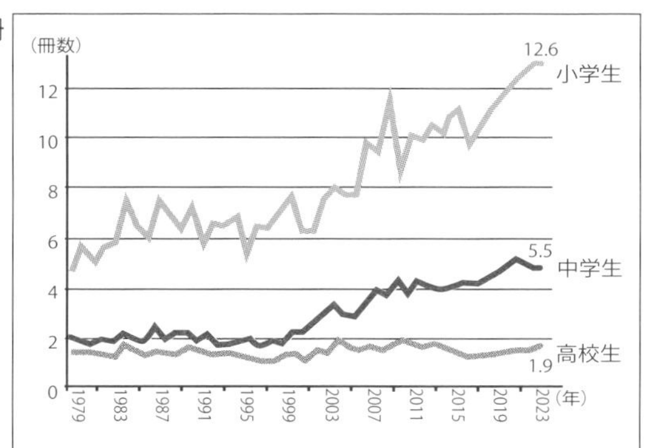

これは、教育現場で「読書の時間」などが設けられ、読書冊数が増えていることが背景にある。「昔の児童生徒は本を読んだが、今の子どもたちは読まない」という言い方は、「青少年犯罪の増加・凶悪化」と同じく「思い込み」にすぎないかもしれないのだ。

むしろ学力は上がっている？

実際、読書に親しむ環境は昔より今の方が整備されている。筆者の小学校時代などは図書館がなく、廊下を区切った形で「図書コーナー」が設けられ、本を読む児童も全校で数人で、大多数の児童にとって読書は無縁であった。それに比べれば、現在の方がずっと「読書習慣」がついている。グラフでは、たしかに高校生は小中学生ほど読書冊数は増加していないが、減少傾向も見られない。

高校生は受験勉強・部活動などに時間が取られるので、小中学校のように「読書教育」をする余裕がなく、自主性に任されているからだろう。とすれば、教育効果は十分上がっているとも考えられる。

「ゆとり教育」はなぜ批判されたか？

このような「学力低下」批判は、かつて行われた「ゆとり教育」批判でも盛んに行われた。「ゆとり教育」とは、2002年から2010年まで行われた学習内容と授業時数の削減で、週5日制や「総合的な学習」などが導入された。これは、ポスト産業時代において知識創造を担う人材が必要とされるのに、知識の詰め込み一辺倒では学習内容の未消化が起こり、児童・生徒の「やる気」が削がれるとされたからだ。**学習内容を削減して深く学ぶことで、子どもが自分で考える力を養い、「生きる力」につなげるという試みだった。**

ゆとり教育のヴィジョン

①学習指導要領の内容を絞り込むと同時に、これを教科学習において習得すべき最低基準と位置づけ、全ての生徒が完全に基準を達成することを目指す
②画一主義を排し、選択教科の導入等により、教育における多様性を確保する
③生徒の「生きる力」を育むため、体験主義に基づく総合的な学習の時間を導入する
④文部科学省による中央統制を緩和し、教育制度の地方分権を進め、また現場における教師の裁量範囲を拡大する

(寺脇研「なぜ、今『ゆとり教育』なのか」)

「完全に達成」「多様性」「体験主義」「地方分権」「教師の裁量範囲の拡大」など、**リベラルな教育の理想が掲げられている。**これに基づいて、教師が文部科学省の指示から自由になって、児童・生徒の知性と感覚を動員した創意あふれる授業を展開できたら、素晴らしい試みと言えるかもしれない。

批判の本質

ところが、意外なことに、この構想はリベラル側から強く批判さ

れた。とくに騒がれたのは「円周率を3.14ではなく３として教える」などの学習内容の絞り込みだ。しかし、円周率=3.14は教科書にも記載されており、ただ計算においては「およそ３」という数値を使ってもいいと指示されたにすぎない。それでも、この誤解が広まった根底には「国民の平等」が侵される、という懸念があったからだ。

国家による平等化を崩壊させる？

たとえば、教育社会学者の苅谷剛彦は**教育への国家関与の制限は、一見、民主主義の理念に沿うようだが、実は、国家の介入で推進されてきた「平等化」を崩壊させる**と警告した。「地方分権」は教育の地方格差につながり、「多様性の確保」は児童・生徒の教育の機会均等を奪って富める層だけが教育機会を得る、学習内容削減も社会の階層化を進行させるだけだと言うのである。

ネオ・リベラリズムとの結託

実際、当時文部大臣の諮問を受けて「教育改革」を推進した教育課程審議会会長の三浦朱門は以下のように述べたと言う。

階級化した社会での教育のイメージ

> できん者はできんままで結構。戦後五十年、落ちこぼれの底辺をあげることにばかり注いできた労力を、これからはできる者を限りなく伸ばすことに振り向ける。…非才、無才には、せめて実直な精神だけを養っておいてもらえばいい…国際比較をすれば、アメリカやヨーロッパの点数は低いけれど、すごいリーダーも出てくる。日本もそういう先進国型になっていかなければいけません。それがゆとり教育の本当の目的。エリート教育とは言いにくい時代だから、回りくどく言っただけの話だ。
>
> （斎藤貴男『機会不平等』）

公式見解ではないにしろ、「ゆとり」改革のホンネは教育の新自由主義だと明確に言っている。新自由主義では「優勝劣敗」の市場を重視する。それぞれのプレイヤーが努力すると全体として効率が高まり、社会も発展する。だから、なるべく政府が規制せず、市場に任せるべきだと主張する。これを、教育制度に応用すれば「学校・教師を競争させれば、教育効果も増す」という主張になる。たとえば、政府が教育チケットを市民に渡し、どこの学校でどんな

新自由主義の教育への応用

授業を受けるか、**生徒・親に選ばせて、教育の差異化を進める**。公教育は最低限レベルの学習内容を保証するだけだ。そうすれば、学校は児童・生徒を獲得しようと競争して「特徴ある教育」を提供する……。だが、これでは当然格差も拡大する。貧困層は最低レベルの公教育しか受けられないが、富裕層は、ニーズに応じて多様な教育を受けられる。

実際、アメリカでは富裕層の居住地域と貧困層の居住地域は画然と分かれているので、子どもを高いレベルの学校に行かせようとしたら、高い家賃の富裕層地域に移り住まねばならない。学校が自由に選べるようになれば、この傾向はますます強まるはずである。

教育の多様化・自由化は格差も容認する

今までの日本の公教育は、不平等を是正して国家統合と公共性につなげようと腐心してきた。つまり、教育を画一化して国民を「平等」にしようとしたのだ。したがって「ゆとり教育」が、その「しばり」をゆるませると階級社会を作り出すという懸念も、あながち杞憂ではない。たとえ文部科学省にその意図がなくても、むき出しの競争原理が働けば、国民の分断はより大きくなるからだ。

学校文化への反抗

市場原理の帰結は？

社会学者P.ウィリスは、イギリスの非熟練労働者階級の中に、学校的な文化に徹底的に反抗する独特な行動様式を見いだしている。下層階級の子弟は、学校で教えられる知識・情報・技術をバカにして、学校でよい成績を取って上昇する人間を「裏切り者」と非難し、ことごとに授業を妨害する。そういう対抗文化の中では、これらの生徒たちはヒーローなのだ（P.ウィリス『ハマータウンの野郎ども』）。だが、その結果、彼らは高度な知識・技術を身につけられず、非熟練労働者として、親と同じ下層階級に固定される。つまり、**学校への対抗文化は、経済的・社会的下層に位置づけられる仕事を「自らの選択で担う」階級を生み出す独特の仕組みになっ**ているのだ。いったんこのサイクルに入ると、自らの境遇を改善できる教育機会を「自主的」に拒否するという皮肉な状況に陥る。

学校への反抗は階級の強化

このような分断は、日本でもすでに始まっている。実際、教育経済学者に拠れば、教育は、期待されたほど経済的豊かさを実現する役には立っていない（中室牧子『「学力」の経済学』）。途上国では、今でも教育による階層上昇が期待されているが、日本では、ウィリスの言うように、教育効果が信じられず、学校的価値を放棄する傾向が「階層下位」を中心に広まっている、とも言われる。

●より高い教育機会を求めて私立小学校の受験に向かう親子（朝日新聞社提供）

選別機関としての学校

たしかに、学校は平等化と同時に、階層選別と維持の仕組みでもある。情報・文化などの教育成果は、資産や機械などと同様に、世代を超えて蓄積・継承されるからだ。それを、フランスの社会学者P.ブルデューは「文化資本」と呼ぶ。

たとえば、学校では特有の話し方・論理の使い方・身のこなしが学習される。それができているかどうかチェックすれば、その人の生まれ・育ちも分かる。学歴の高い親を持つ子どもは、生活の中で、それを自然に覚えるので教師の覚えもよくなる。それに対して、親の学歴が低いとそのメカニズムがよく分からず、子どもにも伝わらずないので、思うように学校の評価が上がらない。結局、**学校教育は、ある人間が家庭環境で身につけた傾向・態度を継承し、その集団の利益を温存するシステム**として働く。この構造に子どもが気づくと、教育に一生懸命になる動機は、ますます失われてしまうだろう。

学力格差の危険性

近年の日本では、この貧困と教育の悪循環が懸念されるようになった。実際「ひとり親家庭」の貧困度は高く、「家族構成別の貧困率」で比べると、日本の「ひとり親家庭」貧困率は、先進諸国中で極端に高い。しかも、相対的貧困＝平均収入の1/2以下の家庭で暮らしている子どもが14.9%、およそ７人に１人いるという。

●家族構成別貧困率の各国比較（デンマーク大使館ツイート）

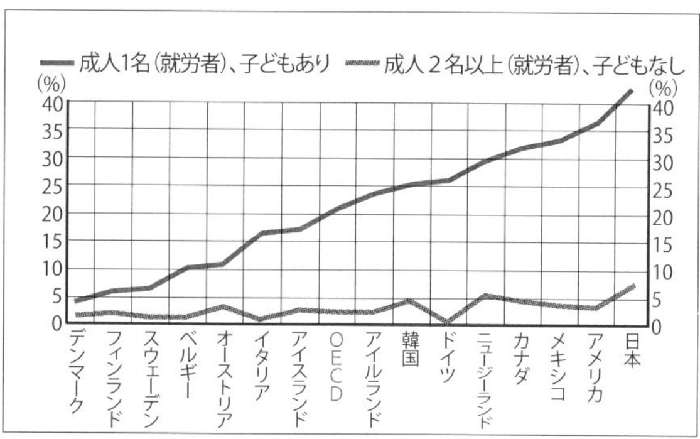

貧困家庭は経済的余裕がないので、教育に投資する余裕がない。だから、ますます学力は下がる。そのうえ、教育が特定の階級や階層の利益を温存するシステムとして働くなら、教育に期待できる根拠はなくなり、学校はむしろ「格差」を再生産する場になる。最近では、この経済「格差」に加えて「地域格差」も大きくなっている。都市部は教育機関も多く、それに応じて、子どもが学力を伸ばすチャンスも多くなる。しかし、地方では教育機関の数も種類も少ないので、学力を伸ばすチャンスが得られにくく、結局、レベルの高い大学には、大都市に住んでいる生徒ばかりがが入りやすくなる。教育が、経済格差のみならず、地域格差にまで拡大しているのだ。

どう解決するか

このような格差の中で、児童・生徒の学習意欲を具体的に向上させ、学力を引き上げるのは教師の努力だ。そのためには、一人一人の教師が児童・生徒の学習研究に十分時間をとれる環境を作る必要がある。すでに、ゲームやワークショップなどさまざまな授業法がすでに試みられ、その効果も実証されている。そのいくつかを取り入れるだけでも学力低下に抗することはできるはずだ。

たとえば、ある教師は、小学生に「にわとりを殺す体験」授業を試みた。近くの農家から卵を産まなくなった「にわとり」を分けてもらい、それを河原に放して「にわとり狩り」をし、児童の目の前でさばいて食べる、という授業である。

> 首をきゅっとひねった。子どもたちも親たちも思わず顔をそむける。ぐにゃっとなったにわとりの両足をおさえ、首の毛をむしり、包丁をあてた。「いやだ！」「こわい！」。ぐっと力が入れられた。血がドクドクとふきでる。頸動脈を切断された首がブランとなったが、にわとりのからだは最後の力をふりしぼってあばれる。その生命力のすごさに身がすくむ。(鳥山敏子『いのちに触れる–生と性と死の授業–』)

はじめは「絶対食べない」と逃げ回った子どもたちも、空腹に耐えかねて食べ出す。「イヤだけど食べざるを得ない」という状況に直面することで、食や生命の意味に気づく、という仕掛けになっているのだ。

教師の横のつながりを活かした実践

教材・授業研究できる教育環境

教材・授業研究は、さまざまな人と議論して実践のヒントが得られる。学校内や学校を超えて互いに切磋琢磨することで、教材・授業のレベルも上がる。そうすれば、子どもが、学びから喜びを得る経験も増える。上の試みにも「残酷すぎる」という批判がなされた。しかし、肝心なのは、**批判があっても教師の試みを受容する教育環境が維持されていることである**。この体験授業も、校長が実施した教師に絶対の信頼を寄せて、外部からの批判から守ったことで存続できたという。管理職と一般教論の間でタテの関係が強調されるばかりでは、教師も萎縮して、落ち着いて教材・授業研究などできない。同僚との協力など、ヨコの関係を充実させられる環境が大切なのだ。

Theme 3 学力の低下と格差

例題の研究

問題 神戸市　特別選考

子どもたちが主体的に学ぶ授業を展開する上で、工夫すべき点とはどのような点ですか。具体的な授業の実践例を２つあげながら論じなさい（時間不明・1000字）

考え方のプロセス

キーワードを言い換える

この設問では「子どもたちが主体的に学ぶ」という表現が、キーワードになっている。この表現、とくに「主体的」をどう意味づけるか、で文章の方向が決まってくるだろう。このような場合、**言葉の意味を明確化するには、その反対語や類義語を考える**とよい。そうすると「なぜ、この言葉が反対語として浮かんだのか？」「他の言葉とどう違うか？」と考えが広がり、言葉の正確な意味合いや背景、メカニズムなどが分かってくることが多い。

「大人の事情」に注目して考える

たとえば「子どもたちが主体」の反対語は「大人たちが主体」だと考えてみよう。「大人たちが主体」とは何か？　大人にとってだけ都合が良くて、子どもの事情が考慮されていない教育方法である、などと言えそうだ。具体的には、こういうやり方が点数を付けやすく効率的だとか教師が教えやすいとか、教育を行う側にとって都合がよい制度などが考えられる。

実際、義務教育段階ではないが、高校段階の国語では、2022年度から「現代の国語」と「国語文化」に分けられた。「現代の国語」では、論理的文章、実用文が中心に教えられ、小説などのフィクションは「国語文化」で扱われるのが原則とされた。この分け方は、文部科学省が学習指導要領で提示したものだが、現場では困惑したという。なぜなら、それまでは高校国語は「現代文」と「古典」とに分けられ、国語教員もそれに対応して、現代文担当と古典担当という二つの専門グループに分割されていたからだ。現代文担当は古典を教えず、古典担当は現代文を教えないので、同じ国語教員と言っても分野がまったく違うのである。しかし新しい区分に従って、古典担当だった人が「国語文化」を担当すると、近代小説は「国語文化」に入るので「現代文」も教えなければならなくなる。慣れていないので、当然、教師側は困る。

それでも、ほとんどの教科書会社は文科省の指示通り、「現代の国語」にはフィクションを入れないという前提で作った。ところが、ある教科書会社が「現代の国語」の中に近代小説を入れ込んだものを工夫して作って検定を通ってしまった。今までの教師のグループ分けが使えるので、学校での採用数が圧倒的に多くなった。他の教科書会社は憤激して、文科省に説明を要求するという事態になったという。

騒動から見えるもの

子どもより大人の体制が問題となる

論理と文化の切り分けは、今まで曖昧だった国語の分野を明快にするので、現代の子どもたちにとって必要な国語能力を考えたら、適切な改定と言えるだろう。実際、東京大学のある哲学教授はこの改訂を高く評価している。ただ、それを実現するためには今までとは違った教員の手配が必要になるのもたしかだ。

本来、教育が「子どもたちが主体」と言うなら、この改訂では、今までの組織を温存するのではなく、子どもに役立つ内容、喜んで学べる興味に合わせて教科書や教授法が工夫されねばならなかったはずだ。それなのに、現実では、そんな正論はさておいて、今までの組織や体制を変えないで済む教科書が圧倒的に歓迎される、という皮肉な状況になったのである。

教育＝旧世代による新世代の再生産

とはいえ、どんなに「子どもたちが主体」であるという理念を言おうが、それを考えるのは大人であり、それを現実化するのも大人の側だろう。つまり「子どもたちが主体」だといくら言っても、それは特定の大人が考える「子ども」観に規定されたものであって、子どもが直接「こういう学びがやりたい」と要求したわけではないのである。そもそも、子どもは「どんな学びをしたいか？」と自ら判断できないし、自分の希望すら十分言語化できない。むしろ、そういう判断や希望が明確化できる知性を涵養（かんよう）すること自体が教育の目標なのだ。

教育の本質＝再生産

こういう結果になるのは、結局、**教育が旧世代による新世代の再生産作業**だからだ。教育を変えようとしても、それを実行するのは大人なので、今までの教育と違うことをしようするのは、相変わらず古い教育を受けた「大人」であり、今までのやり方に変えようという意識自体が、古い教育から影響下にあるのである。

そもそも、もし新しい教育をしようとすれば、まず、その教育を実行する側の大人たちの考え方を変えるため、「再教育」から始めなければならない。とすると、その「再教育」を実行できる人たちも育てなければならない。もちろん、その「再教育」ができる人たちを「再教育」する人も必要になり、その「再教育」ができる人たちを「再教育」する人も…ととめどなく後退して、「新しい教育」の開始自体が曖昧になろう。

子どもが主体の教育とは？

結局、子ども自身の意思は確かめられないし、子どもにその判断があるとも期待できない以上、大人が「子どもたちが主体」かどうかを判断するという矛盾に陥る。とすれば、その判断する大人の「子ども観」や「教育観」がどうなるか、で「子どもたちが主体」のあり方も変わってくる。

子どもの興味を助ける学び

ただ、もし判断基準があるとすれば、**子どもが興味を持ってくれるかどうか、を確認**することであろう。たとえば、都会のある学校では、農業体験を授業の中に組み込んでいた。子どもたちに実際に畑作業をさせたり動物の世話をさせたりして、植物や動物、ひいては自然への興味を持たせようとする試みである。そういう実習では足下が汚れるので、作業では、地下足袋を履いていたのだが、子どもたちは、地下足袋の地面と密着した感じが気に入ったのか、農業体験が終わってからも、しばらく靴を履くのではなく、わざわざ地下足袋を履いて学校に通っていたという。

地下足袋を履くと地面を踏みしめた感じが強くなり、都会のアスファルトの地面を歩いても、靴とはまったく違った感触になる。靴だとむしろ見た目に興味が行き、踏んでいる地面に意識がいかないが、地下足袋だと地面の感じが直に足に伝わり、地面の状態がより細かく認識されるのだ。

だからといって、彼らがとくに農作業が好きになったわけではないし、農業従事者になりたいと思った訳でもない。むしろ、その作業の大変さ・過酷さの方が印象づけられる。それでも、農作業で「地下足袋を履いて気持ちよかった」という体験は強く残り、都会の生活を相対化できた、という効用はある。授業をすることで、こういう子どもたちの新たな感覚の動きをが生じることが「子どもたちが主体」になっている、ということのポイントだろう。

参加意欲を高める体験

授業にはそれぞれ意図と目標があり、それらが達成できなければ、意味が出てこないという見方は可能だが、子どもの受け取り方はさまざまである。ここでも、農作業の魅力や面白さが伝わるという目標はあろうが、子どもたちは「地下足袋の意外な履き心地の面白さ」という、ちょっとずれたところに反応している。授業の狙いとは違うが、それでも、子どもたちに新しい世界を感じさせた、という点で言えば、この「農業体験」授業は成功であったと考えられる。

子どもからのフィードバックを利用

「子どもたちが主体」の学びとは、大人が「こうあるべき」と思う子ども像を思い描いて、子どもを「このように変えたい」と引っ張っていくとは限らない。むしろ、何らかのきっかけを与えて、子どもたちが変わっていくのを見て、その変化に合わせて、またやり方を工夫していく、という対話があることであろう。子どもたちが、今どこに興味を持っているかを見極め、それを伸ばしていく形で、社会や自然に興味を持たせるように、さまざまな工夫を凝らす。この学校では、教師は子どもたちが地下足袋に興味を持ったことに気がついて、農業実習の後に、履き物の歴史などを子どもたちに「調べ学習」させ、子どもたちも実感があるだけに興味を持って取り組んだという。きっとワイワイガヤガヤ楽しい「調べ学習」になったのではないだろうか？

教育の工夫はできるか？

このように、「子どもたちが主体」の学びという状況を実現するには、制度改革も大事だが、むしろ、現場の教師が地道に教材・授業のレベルを上げる工夫が必要になる。自主的な教材研究というと、政治運動などと結びつける向きがあるようだが、実は、政治と無縁な形での授業の工夫は、1980年代からさまざまなところで試みられ、一定の成果を上げている。「テーマの理解」で取り上げた鳥山敏子の「にわとり狩り」の授業は、そのめざましい一例だろう。

試みを妨げない体制→学力の向上へ

もちろん、彼女の試みは論議を呼び、さまざまな方面から賞賛と同時に批判も殺到した。しかし、**批判があっても、教師が萎縮せずに、自分なりの工夫ができる学校の場作りが大事であり、それが子どもたちの学力向上にもつながる**のである。教師の横のつながりを強化して、授業研究発表などを利用して、自分なりの教え方を競争して工夫する場を創出する。その熱意が、児童・生徒の学習意欲を引き出すのである。

●解答例の構成

吟味　「子どもが主体」という言葉の吟味と背景の分析

▼

例示　例示「主体的」の具体的意味

▼

展開　二つ目の体験授業の例示と子どもの興味の展開

▼

結論　興味を活かしつつ授業を作る➡「主体的」の再定義

解答例

吟味

「子どもたちが主体的に学ぶ」は、よく言われるが、「子ども」自身が、このような「学びをしたい」と要求する訳ではない。あくまでも、教える大人が「こうすれば子どもたちが主体的になる」と推測して実現したものであり、その人の子ども観に影響されている。そもそも、子どもはまだ「こういう教育がよい」と判断できる力を持ってない。むしろ、そういう判断力を持てることが教育の目的であり、教育途上の子どもに答えられるわけではない。具体的な形は、大人が決めるしかないのだ。

例示

それでも基準になりそうなのは、子どもたちが興味を持つことを助ける学びだろう。私は都会の学校にいたが、農業実習という科目があって、毎年、農家に行って畑仕事や動物の世話をさせられた。しかし、実習自体より気に入ったのは、そのときに履いた地下足袋だ。足にぴったりフィットして底も薄いので、地面と密着するので、スニーカーより「地面に立っている」という感じが強い。そこで「地下足袋ファンクラブ」が結成されて、地下足袋を履いて登校する仲間が出来た。それを見ていた担任は「履き物の歴史」という特別授業をして、どんな職業の人がどんな履き物を履くのか、装飾面も含めて発表させた。ちょうどはまっていたときなので、一生懸命に調べたのを覚えている。

展開

この学校では「鶏を育てて食べる」という試みもあった。雛から一生懸命育てたのに、学年の終わりには、それをシメてカレーライスの具にして食べる。皆、泣きながら食べていた光景は忘れられない。それから食肉の流通機構に興味を持ったり、宮澤賢治の『フランドン農学校の豚』などを読んで劇を作ったり、「食べるとは何か」を捉え直すきっかけになった。

結論

このように、子どもの興味はどんどん発展して、時には教師が当初設定した目標からずれていく。それでも、教師側が子どもの反応を拾って授業を組み立てていけば、わき起こった興味のエネルギーを利用して深められる。そのためには、子どもが何に注目しているのか、つねに観察しつつ、そのタイミングに合わせてさまざまな材料を投げ込んで行く必要がある。それが、子どもたちの主体的な学びを形成するのである。

●論点のまとめ

学力の低下と格差

定義	生徒中心・体験主義 vs. 学力中心・基礎知識注入の対立→制度改革すると批判され、反対方向に修正の繰り返し
背景	ネオ・リベラリズム的＝自由化・競争・規制緩和が社会を活性化 vs. リベラリズム＝国家による画一性が平等を確立
分析	学校・教育の意義＝×階層移動、○階層固定の機能→下の階層が「学びからの逃走」
提案	制度改革だけでは限界→教師一人一人の教材・授業の工夫が大切→試行錯誤ができる安定した環境が必要

●応用問題

福島県　小（50分・800字）
学力向上を支える基盤作りのひとつとして、家庭学習の質的向上が挙げられます。あなたは、小学校教員として、このことをどう受け止め、家庭学習の質的向上を図るために、どのような取組をしていきますか。

＊家庭での学習は、それぞれの児童の家庭環境によって異なる。とくに、最近では格差が広まっており、学習に対して熱心でない家庭や、さまざまな事情で児童・生徒が学習に集中できないという家庭環境もある。そういう場合には、家庭での学習にこだわらず、学校を積極的に利用してサポートする体制も作らなくてはならないだろう。

◆◆残念な解答フレーズ

◇「心の教育」「たしかな学力」などのステレオタイプに頼る
◇学力低下の原因、児童・生徒の個人の問題に帰着させる
◇「基礎・基本の定着」「楽しく分かりやすい」のための具体例がない

Theme 3 学力の低下と格差

想定面接のポイント

❶学習意欲は環境による影響が少なくない
❷指導をする場合には、背景を知ることから始める
❸安心・安定を学校で提供することも大切である

問：　学習意欲を失い、成績が下がってきた生徒に対して、教師はどのような指導をすべきだと考えますか。（静岡県）

回答例：　他の子どもたちの学習意欲は、それほどの変化が見られないのに、その子だけが意欲を失っている場合は、その子を取り巻く環境に問題があることが多いでしょう。たとえば、家庭環境が不安定で、勉強に集中できないとか、級友とうまくいかないとか。これらの困難は、子どもの力では、どうにもできないので、大人からの助けが必要になります。

家庭環境が原因？

とくに、急速に成績が落ちたり、授業での集中力が落ちたりする場合は、家庭環境が原因の可能性が大きいと思います。実際、教育社会学者の苅谷剛彦さんの調査によれば、収入が少ない家庭では勉強時間も少なくなるし、成績も統計的に見て有意に下がる、という事実が指摘されています。

まずは、その子と面談して近況を聞きたいと思います。もちろん、そのときに「なぜ成績が落ちたのか？」と詰問するつもりはありません。もし環境要因が大きいのなら、個人の努力だけでどうにかできるものではないからです。「キミの努力が足りないのでは」などと責めると、かえってその子を追い詰める危険もあります。むしろ、その子の感じていることをリラックスして話させることで、問題点が見えてくると思います。

問：　学校で、家庭環境の問題に対応することは可能でしょうか？

回答例：　間接的には、可能だと思います。ある教育社会学者が言っていたのですが、家庭の責任は、昔よりずっと重くなっているそうです。

求められる役割ができない家庭

たとえば家庭は、子どもの健康に気を配る医者、知識を教える教師、規範を教える宗教家、心の動きに配慮する心理カウンセラーなどの要素を担います。でも、経済面などで不安定な家庭では、親も自分をどうするかで精一杯で、**複雑な事情を抱えて、子育てどころではない場合**もあるかもしれません。だから、これらの要素の一部だけでも学校側で担えれば、子どもは学校に来るのが楽しくなるし、その結果、学習意欲も増してくると思います。

学習意欲は、従来、「努力」とか「意志」などの心の問題としてとらえられてきました。だから、学習意欲が低い子どもは「努力が足りない」「意志が弱い」などと言われました。でも、だからといって「努力をしなさい」「意志を強く持ちなさい」というように、心に直接働きかけようとしても問題解決にはならないと思います。むしろ、反発されたり、距離を置かれたりする危険性が大きいでしょう。励ましたり叱責したりするだけでは状況は変わらないのです。

本人が感じている「勉強が遅れた」などの問題を少しでも軽減できるように具体的に対処していきたいですね。そうやって、前に比べて、勉強の理解が進めば、勉強の楽しさも分かってくるので、学習への意欲も出てくるし、意欲が出てくれば学力も上がる。そういう良循環になるように環境を作っていきたいと思います。友人関係に問題がある場合も、学校・教師が安心・安定を保証するあり方が大切だと思います。

問：　最近では、地域間でも学力格差が広がっている、とも言われていますが、あなた自身はどう感じていますか？

回答例：　私自身が地方出身なので、大都市との学習環境の格差は強く感じます。大都市では、塾など学習環境が充実し、情報も素早く広がります。しかし、地方では、そもそも学習環境として学校しかない場合も多く、子どもが多様な教育内容に触れにくい、という事情があります。それどころか大都市内部でさえ、貧困家庭の多い地域などは、比較的教育環境が劣悪だと思われます。そんな地域格差をそのままに「教育の自由化」ばかりが推し進められると、子ども達の間でも分断を招きかねません。公教育の役割が問われる時代になっていると思います。

Theme 4 規律と体罰

テーマの理解

【Introduction】

教育では、規律と自由は反対語ではない。なぜなら、教育とは、自然的存在である子どもを社会文化的な存在に高める営為だからだ。さまざまな知識・体験に触れさせ、社会・他者に対する想像力を養い、自律的に良きあり方を判断できる個人を作る。これは、法や警察などの方法とは反対の原理だが、時には、抑圧・排除も使わねばならない。つまり、教育は一方で自由と無秩序に接し、他方で抑圧・排除に接する。体罰が否定・禁止されているのに、現実にはくり返されるのは、この曖昧さと関係している。だが、自律的な判断という基準に立てば、体罰が教育にならないことは明らかである。

【Actors Map】

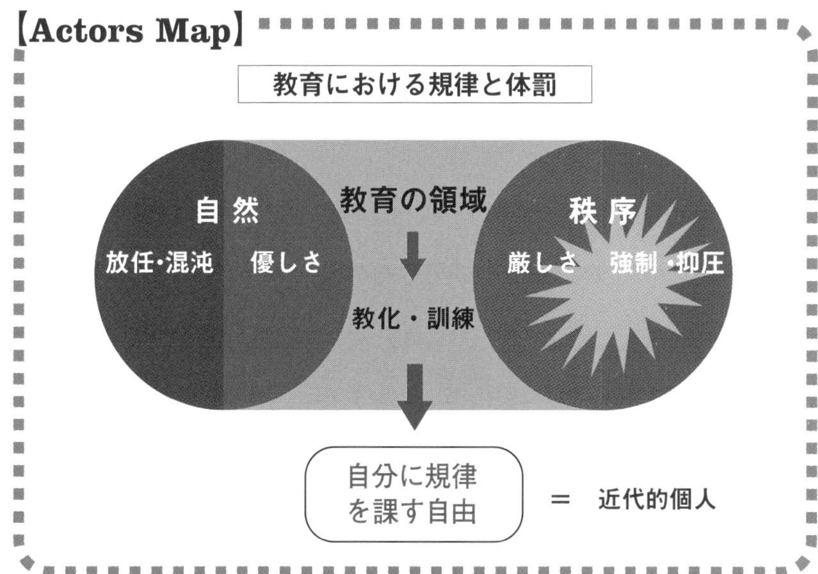

問題点は何か

規律の内面化

近代の権力＝規律の内面化

フランスの思想家ミシェル・フーコーは近代における権力とは、暴力による直接的コントロールではなく、ルールの内面化＝規律disciplineにあると主張した。それを象徴するのが、パノプティコン（一望監視施設）だ。これは、中央に監視員のいる塔があり、その周りを囚人の入れられた独房が取り巻くという「刑務所」である。監視塔からは、強烈なライトが独房のすみずみまで照らして、囚人がルールに反したことをすると、即座に見つけられて罰せられる。

●パノプティコン
—規律の内面化

自分自身によるチェック

囚人はルールに服さないと罰せられる。独房から監視塔の様子は見えないので、監視員がいなくても囚人は自分の行動がルールに反しないよう自己チェックせざるを得ない。これが悪の更正につながる。社会学では、このプロセスを「社会化」「規範の内面化」と呼ぶ。つまり、社会で「適正」とされる行動パターンを自分も受け入れ、それに基づいて、自分の行動を規制していくのである。

フーコーは、これと似た構造は、兵舎・病院・学校などの近代の集団施設にもあると言う。実際、学校でも、各部屋が仕切られ、横の廊下から内部が自由にのぞき込め、違反行為がないかどうか、外部から監視できるようになっている。さらに、教室の内部でも、児童・生徒たちは一方向に座っていて、互いの間でのコミュニケーションを禁止され、教師の話をひたすら聞く。つまり児童・生徒を「独房」化して、教師の言葉のみを受け入れさせる構造になっているのだ。秩序を壊す行為が起きると、廊下からの監視で他の教師たちがやってきて処罰・排除する。それが分かっているので、児童・生徒たちも学校の秩序を自ら守るようになるのである。

規律のもう一つのとらえ方

もちろん、これは「教育」についての標準的な見解とは言えない。伝統的には、むしろ教育は「人間が人間になるための営為」だと意味づけられてきた。つまり、規律の内面化を文明化や社会化だと肯定的にとらえてきたのだ。

Point 教育における規律＝子どもを文明化・社会化することで、個人の自由を実現する

規律はより自由になるため

文明化・社会化は善である。たとえば、動物行動学者のK. ローレンツは、『人イヌにあう』の中で、イヌの訓練は厳しくないといけないと言う。しかし、その訓練をくぐり抜けると、イヌは飼い主の行くところに、どこでもついて行ける「行動の自由」を手に入れることができる。しかも、規律を身につけた賢いイヌは「待て」と命令されても、ずっと身動きしないわけではない。むしろ飼い主がいない間、適当にあたりを歩き回って「自由」に振る舞う。

もちろん、これは人間の教育ではないが、ほぼ、教育と同型の目的が現れている。つまり、教育の目指すものは、**自然的な存在を、規律に従うよう訓練することで、社会の中で自律・自立できる存在にすることなのである**。「人間が人間になる」という難解なイメージも、この意味で理解すれば分かりやすい。ここには「自分で自分にルールを課すことが自由の本質である」というカントやロックなどの近代的自由観が色濃く出てくるのである。

教育の方法の本質

通常、無秩序・混沌を秩序化するとき用いられるのは、力による抑圧や排除である。たとえば、刑罰とか警察などは、この方法をとって、社会をコントロールし、安定を実現する。しかしながら、同じコントロールでも、**教育では教化・訓練による自律性の涵養という**

方法をとる。
逆に言うと、抑圧・排除という直接的手段をとらなければならなくなったら「教育の敗北」となる。たとえば、出席停止とか退学などは、学校の空間から児童・生徒を排除することだし、騒ぐ生徒を力ずくで黙らせるのは抑圧だろう。これらは学校の規律を取り戻すための効果的方法の一つだが、それでも、この方法をとるのは教師側にためらいや葛藤が残るのである。

「秩序」を取り戻す方法は法律と教育では異なる

受容能力の大切さ

子どもの社会能力の発達

教育に、このような性格があるのは、**子どもの他者・社会認識が、段階的にしか発達しない**からである。たとえば、幼児がけんかして相手をたたくと、たたかれた相手だけでなく、たたいた当人も泣く、と言う。つまり、自他の同一視から始まって、自他を区別する段階に至り、そこから他人を同様に自我を持つ存在と感じ、他我を認識し、さらに、それと一体化する喜びまで感じるのだ。
このプロセスは複雑で、一朝一夕には完成しない。それどころか、途中の段階で発育が止まって、「相手を自分と同じように考えられない」人間も出てくる。完成には、児童・生徒本人の試行錯誤も大切で、自分で体験しないと実感を持てない。たとえ、教師から「正しい結論」が見えていても、命令・指示されるだけでは押しつけ・抑圧としてしか感じられない。押しつけ・抑圧は教育ではない。

教師の受容能力

当然、**教師は、児童・生徒に対して、受容能力が高くなくてはならない**。カウンセリングでは「共感と傾聴」がよく言われるが、児童・生徒に対しても同様な姿勢が必要になる。その意味では教師は「きびしい」だけでなく「やさしく」なければならないのである。

どう解決するか

とはいえ、危機的状況では、事態を悪化させないために、やむを得ず、抑圧・排除などの手段をとる場合も出てくる。とくに、教

師による「共感と傾聴」が機能しない場合は、抑圧・排除という手段も取らざるを得ない。その意味で、**教育は、無秩序や放任と見える現象に辛抱強くつきあいながらも、場合によっては、強制とも境を接する中間的な存在**といえよう。

体罰とは何か？

実は「体罰」も、この規律と自由についての理論の発展として考えられる。体罰とは「教員が児童・生徒に対して懲戒する行為で身体的侵害をともなうもの」と定義できる。たとえば、殴る、蹴る、長時間正座をさせるなど、肉体的な苦痛をともなう懲戒行為である。

実際、文部科学省も、体罰であるかどうかは「諸条件を総合的に考え、個々の事案ごとに判断する必要がある」という立場をとる。つまり、こういう条件を満たすなら「体罰だ」などと機械的に決められるわけではない、と言うのである（文部科学省「体罰の禁止及び児童生徒理解に基づく指導の徹底について（通知）」）。

個々の事案ごとに判断

はなはだ歯切れの悪い見解だが、これは「懲戒行為」がある意味で、教育の現場性と切り離せないと考えられているからである。つまり、児童・生徒に対する指導・教育が「入らない」場合には、逸脱行動となって出てくるので、それを適切に懲戒して「正しいあり方」に戻すことも、教育の一部だと考えられているわけである。

体罰否定の難しさ

この曖昧さを反映してか、教育現場での「体罰」はなかなかなくならない。たとえば、2022年には、福岡の高校で剣道部の女子生徒が、顧問の暴言や体罰が原因で自殺したことに対して、高校が遺族に正式に謝罪をしている。特待生として入ったのに「貴様、やる気あんのか？」と責められ、何度も体当たりされたり、竹刀でノドに突きを入れられたりしたという。遺族が学校に提訴の意向を伝えたところ、学校側が全面的に非を認め、賠償金を支払って和解したという。さらに教職員の研修を実施し、毎年、再発防止の取組を遺族に報告する、なども合意した。

しかし、このように学校側が誠実に対応して和解するケースはまれで、たいていの場合は学校と遺族が対立する。実際、2013年に

市長も体罰を容認した

大阪府の高校でバスケットボール部の主将を務めていた男子生徒が、顧問による体罰を苦にして首をつって自殺した事件では、当時の大阪市長橋下徹が、体罰は「教育的な指導だという暗黙の共通認識があった」とか「蹴られた痛さ、腹をどつかれた痛さが分かれば歯止めになる」と発言した。だが、マスコミから批判を受けて「すべて行政側の責任」と謝罪に追い込まれたあげく、その高校の入試停止と校長・教員の総入れ替えを指示した。しかし、このような発言で分かるように**「体罰は教育の一環で否定できない」という思想は色濃く残っていたのである。**

体罰はなぜいけないのか？

結果とともに動機が重要

もちろん、教育本来の意義に戻れば、体罰がいけない理由は明白だろう。なぜなら、教育が目標とするのは、単なる命令への服従ではないからだ。法とは違って、教育では、児童・生徒が一定の行動をとることが目標ではない。法律では、ある行動を現実的にするかしないかが大切で、その動機は問われない。人を殺さないことの動機が「死刑が怖いから」であっても差し支えはないのだ。しかし教育的視点からすると、動機が「死刑が怖いから」ではダメで「殺人は悪いことだから殺してはならない」でなければならない。つまり、**児童・生徒の自由・自主的かつ道徳的な判断が、行動の基礎になっていなければならないのだ。**

体罰がなされたのは、児童・生徒に教師の言うことを聞かせるためであった。だが「先生に殴られるのが怖い」から「頑張る」とか「やめる」というあり方は恐怖による支配・強制であって、教育的な指導とは言えない。体罰に頼って教師の言うことを聞かせようとすることは、**動機を問題にしないで結果だけを実現しようとする点で、もっとも反教育的な行為なのである。**

体罰問題では上記の大阪市長の言に見られるように「先生にたたかれることで、していいこといけないことの区別がつくようになるのだから、将来感謝するはずだ」などという言明が繰り返しなされてきた。しかしながら、これも、心理学の実験で明確に否定されてきた。たとえば、T字の迷路でネズミに右か左に行かせる実験では、行かせたいところに食べ物を置いた場合に一番習得が早く、

体罰は意欲をなくさせる

片方に食べ物、他方に電気ショックを与える方法は習得が遅い。さらに電気ショックだけで方向を指示するやり方だと、T字の中央で立ち止まり、そもそも目的地にたどり着かない。恐怖でコントロールしようとすると、当事者は試行する意欲さえなくしてしまうのだ。

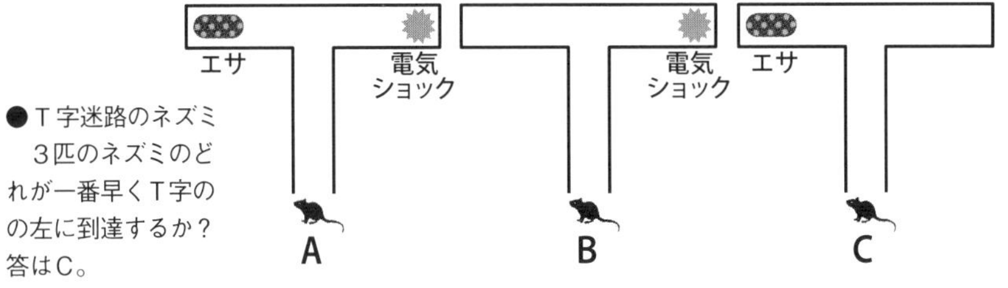

●T字迷路のネズミ
3匹のネズミのどれが一番早くT字の左に到達するか？答はC。

暴言も体罰とみなされる

教員による度重なる暴言

もちろん、身体的な懲罰に限らず、児童・生徒の尊厳を傷つける暴言も体罰の一種と見なされる。たとえば、2021年には兵庫県姫路市の特別支援学級の男性教員が児童に「生きる価値なし」などと罵ったり腕を摑んで揺さぶったりした。このような行為は、特別支援学級の生徒たちの尊厳を毀損する行為で許されてはならない。同僚の職員からも再三報告されていたが、とくに問題にされなかったという。結局、その教員は「常習的で教員としての資質がない」とされて懲戒免職になっている。

ただ、一律に「体罰はダメだ」とされることで、本来ならば「体罰」と言いにくい事件までが問題化されるケースも出てきた。たとえば、ある中学校では、生徒がナイフを持ってきて同級生に見せびらかしたため、校長がその生徒を呼び出して注意しようと、頭を叩いたところ「体罰」とされて校長が辞職する騒ぎとなった。ナイフが絡む悪質さを考えて強く指導をしたとすれば、同情の余地も少なくない。実際、処分も「戒告」で辞職の必要はなかったのだが、校長自身が「世間を騒がし申し訳ない」と自ら辞職したという。この事例に限らず、事件が扇情的にマスコミに取り上げられることで、原理的な確認が行われないままに、処分に結びつく場合も多いので、注意を要する。

規律と体罰

例題の研究

問題　栃木　全校種

教員に求められる「厳しさ」と「優しさ」とはどのようなことか。あなたの考えを書きなさい。また、これらを踏まえた指導において、どのようなことに留意するか。具体的に書きなさい。(50分・600～1,000字)

考え方のプロセス

答えるポイント

ここでは、トピックは「教員に求められる『厳しさ』と『優しさ』」。ありがちな問題だが、答えるポイントは主に二つ。「どのようなことか」と「何に留意するか」である。もちろん「何に留意するか」は、「厳しさ」と「優しさ」の定義によって変わってくる。

カギカッコに注意

注目すべきは「厳しさ」と「優しさ」にはカギカッコがついていることだ。普通、**カギカッコがついているときは、何か特別な意味を持っている、という印**である。教員という条件における特殊なあり方を見極めなければならない。

教育は社会化である

そのためには「教育」という営為がどういう意味を持つか、に立ち戻る必要があるだろう。学習指導要領には「豊かな心」を養うとか「知識技術」を身につけるとか、「生きる力」を養うとか、教育の目的を謳う標語が書いてあるが、社会科学的に言えば、教育とは「人間の人間化」、簡単に言えば「子どもを育てて大人にすること」だろう。

だが、ただ放っておいても生物学的には子どもは育つのだから、教育の場における「育てる」という意味は文化・社会的な意味を持つはずだ。つまり、この社会に通用する文化的コードを身につけて、「一人前」の人間として他者から認められることである。そういう「社会化」のプロセスを促し助ける存在が教師なのだ。

多様性と自由を守るための規制

もちろん「社会」といっても、その意味は一義的ではない。時代によって社会や文化は変化するし、同時代的に見ても、「社会」のイメージや概念にはある程度の幅があり、いくつかの意味が併置される。たとえば、政治は社会的行動の一つだが、そのあり方はさまざまであり、そのうちのどれか一つだけが正しいわけではない。ある一定のルールを守りさえすれば、多様な考え方が存在してかまわないのだし、むしろ、そういう立場の多様性と自由を守ろうとするのが、「民主主義」的なルールの特徴だろう。逆に「一つだけが正しいと決まる」はずだという考え方をPerfectionism（卓越主義）という（W.キムリッカ『現代政治理論』）。

政治との比較で考えれば、教育の役割も明らかだろう。教育では、むやみに一定の立場を押しつけてはいけない。むしろ、**児童・生徒が将来自立した考え・行動をできるようにする。その自立に至る過程を支援するのが、教育の役割**なのだ。

教育は相対主義か？

もちろん、この原理を「一定の立場を押しつけるべきではない」という主張自体に適用して「『一定の立場を押しつけるべきではない』も押しつけてはならない」とすると、単なる相対主義に陥る。つまり、一定の立場の「押しつけ」を避けるには、「一定の立場を押しつけてはいけない」というルールを一律に押しつけるほかないのだ。

ルールは自由を促進する

ルールには二つの側面がある。行動を規制する面と、社会に自由や公平を作り出すという面である。わざわざ規制をする目的は、社会をただ不自由にするためではない。むしろ、より自由や公平を作り出すのが目的であろう。

たとえば、経済における独占禁止法は自由競争をしやすくするための規制だ。もちろん、独占自体は競争の結果起こったことだが、独占を放置すると、競争が阻害されて自由がなくなる。その意味で、独占禁止のルールは自由を可能にする規制なのである。学校における規制も同じように考えられる。たとえば、自分が遅刻すると、自分と協働するはずだった他人は、待っている間何もできない。つまり、遅刻は、自分とつながる他人を妨害し、不自由にする行為である。だから遅刻は自由ではなく禁止されるべきなのである。

よいルールの基準

もちろん、すべての規制が自由を作り出す手段だとは言いがたい。むしろ、現実的には恣意的なルールがまかりとおったり、ある人間にとってだけ有利であったりすることも少なくない。

たとえば、小学校では、屋外で待機しているとき「体育座り」させることが少なくない。演出家竹内敏晴は、これを「非人間的だ」と批判した。なぜなら、この姿勢は自分の手で自分の脚を不自由にし、動こうとする意思を拘束するからだ。教師からの指示を聞かせるという一方的な都合のために、体の自由を束縛させる方法になっていると言うのだ。姿勢への注目は興味深いが、運動会などの学校行事のための注意事項伝達のためだとしたら、指示を聞かないで事故や不祥事が起きた場合、運動会は中止になる。一時的に不自由でも、将来の楽しさを成し遂げる許される規制だという反論もありそうだ。とはいえ、最近は体育座りは背骨に負担をかけるという反省も現場で出てきているようだ。

ルールの妥当性＝自由を促進するか？

結局、ルールが妥当かどうかは、児童生徒の自由を促進する役割を果たしているか、という観点から検討されるべきだ。教育で行われるのは、**各自が自立して自由に振る舞えるようなルールを注意深く選択して、子どもがより自由になるという複雑なプロセスだ。**とすれば、ルールを守らせる「厳しさ」と子どもを尊重する「優しさ」という言葉も、けっして矛盾しているわけではない。

教育の特殊事情

教育には、当事者である子どもの精神的成長という面も伴う。「成長」とは、以前の状態から新しい状態に変化することだが、前の状態が否定されて、新しい状態に到達しなければならない。そのとき、後の状態が「よりよい」と実感されるには、子どもが以前の状態と新しい状態を自由に比べられなければならない。

逆に言うと、成長のためには試行錯誤が絶対的に必要になる。以前のやり方で失敗して、はじめて別なあり方がよいと感じる。そのうえで、自分の考えで新しいあり方を選べるからだ。教師は、その自発的な過程を省略して、すぐに「正しい答え」を出してはならない。ある場合には、子どもが失敗するとわかっていても、あえてそのプロセスを見守る必要も出てくるはずだ。

教育は試行錯誤を許容する

つまり、教育では、子どもを成長させるという目的のために、自由にやって失敗するというプロセスを辛抱強く待って、変化につなげなければならない。その過程では、当然、明らかな間違いや危険な錯誤も出現するが、それを頭ごなしに否定するのではなく、**錯誤を「成長のための必要な過程」として受容する必要も出てくる。**そういう意味で言えば、教師が「優しい」のは当然だ。

他方で、社会の基本的なルールについては「厳しく」守らせる必要もあるだろう。たとえば「約束を守る」とか「遅刻をしない」などのルールは、他人と協働するうえでの基本的仕組みである。それができなかったら、他人の時間を無駄にするだけでなく、予定していた作業ができなくなる可能性が強い。社会に出れば、すぐ思い知らされることなので、多少の抵抗があっても強くアドバイスすべきである。要は、教師の側がルールの意味を十分理解していればいいのである。

●解答例の構成

主張　「厳しさ」と「優しさ」は矛盾しない

▼

理由　厳しい規律は、よりよい自由を実現するための手段である

▼

説明1　教化と訓練➡他者と協働＋自律的に規範を選ぶ存在

▼

説明2　成長過程➡試行錯誤＋実感➡内面化過程に伴走➡「優しさ」

解答例

主張　教員における「厳しさ」と「優しさ」は矛盾しない。なぜなら、教育においては、規律と自由は別のものではないからだ。教育の使命は、自然的な存在である子どもを、社会・文化的なパターンを学ばせることによって、他者と協働できる人間存在に高める営為である。

理由　子どもは、好き嫌いや意欲など自然的なエネルギーを持っているが、それはまだ社会化されていない。自他の区別がつかなかったり攻撃性を持っていたり、他人を自分と違った存在として認めるという思いやりに欠けている。こういう存在に対して新しい知識と経験を与えることで、より広い世界の人々と協働できる能力を作り上げるわけである。

しかし、その際には、子どもはさまざまな規範を内面化しなければならない。たとえば、約束した内容を守るとか時間に遅れないなどのルールを身につけないと、他者と協働はできない。そういう面については「厳しく」守らせるべきだし、その結果、子どもがより自由に活動できるなら、いくら厳しくても正当化できるだろう。

説明1　他方で、子どもは発達の途上にある。したがって、大人には見えている「正しさ」も、経験・知識が限られて理解できないことも少なくない。しかも、自尊感情は基本的にあるので、周囲から「正しいこと」を押しつけても、うまくいかない。自分で試行錯誤して「たしかにこれが正しい」と自分で気づき、自ら「正しいこと」を選ぶようにしなければならないし、その自律は教育の目指す根本にある。

教師は、その成長の過程に同伴し、適切なアドバイスをする立場にある。ある場合には、彼らの判断が未熟であっても、それを辛抱強く聞く必要も出てくる。自分たちのやっていることを無下に否定しない、という「優しさ」が伝われば、信頼感は保たれる。

説明2　このように、教育の使う手段は、教化と訓練であり、直接的な抑圧・排除などの方法とは大きく異なる。さまざまな知識や体験に触れさせ、社会・他者に対する想像力を涵養し、社会の中で自律的に判断できる個人を作る。だが、特別な危機の場合には、抑圧・排除などの方法も使わざるをえない。発達段階の途中では、教師のアドバイスや行動の意味が理解されないことも少なくないからだ。その場合でもあらかじめ「共感と傾聴」を十分に行っていれば、信頼関係を失わないはずだ。その意味でも「厳しさ」と「優しさ」は矛盾せず、むしろ補完し合うのである。

●論点のまとめ

規律と体罰

定義	規律＝社会的規範の内面化→教化と訓練によって自らの意思で選択する→パノプティコンの概念が参考になる
背景	規律と自由の対立→規律は直接的な抑圧・排除？⇔教育の目標は自律的な人間存在に成長させること
分析	社会・文化的な規律を身につける→他者と協働→より自由に振る舞える＋子どもの発達過程→大人には見えていることでもすぐに理解できない→試行錯誤への同伴
提案	体罰は結果だけを求める≠教育の本質 普遍的ルールでは妥協しない＋「共感と傾聴」を行う

●応用問題

相模原市　小（時間不明・800字）

あなたは、学級担任として新学年のスタートを切りました。子どもたちは生き生きと学校生活を送り、自主的に活動する姿も多く見られます。そんな中、休み時間中、黒板に落書きをしている子や、給食着の帽子から前髪を出したままにしている子など気になる様子が見えてきました。そこで、声を掛けてみると「前のクラスの時は、何も言われなかったのに」と答えが返ってきました。前年度のクラスのルールで動いている子どもたちに違和感を覚えたあなたは、帰りの会で話をすることにしました。クラスの児童全員に対して話をするつもりで書きなさい。

＊原則とルールの継続性を区別することがポイント。なぜ、そのルールが必要なのか、を児童に説得する方向が有効だろう。

福島県　教職経験者特別選考（特）（時間不明・800字）

Ａ教諭は、担当する自閉症の男子生徒Ｂがクラスの女子生徒Ｃの髪の毛を引っ張ることがあるので、繰り返しやめるように指導してきました。Ａ教諭のクラスと他のクラスと一緒に合同の授業をしている時に、Ｂが突然立ち上がりＣの髪の毛を強く引っ張ったので、Ｃは驚いて泣いてしまいました。Ａ教諭はＢのところへ行き、いきなりＢの髪の毛を掴み、「こんなことをしたら、おまえだって痛いだろう」とＢを叱りつけました。後日、Ｂの保護者から「子どもから『Ａ先生に髪を引っ張られた』との話を聞いた。教師がそのようなことをしてよいのか。体罰ではないのか」との苦情が校長に寄せられました。あなたが学部主事の立場にあるとした場合、このような状況をどのように考え、どのような対処をしますか。

＊87ページ「テーマの理解」のナイフが絡んだ例に近い。緊急避難にはならないから、形式的には「体罰」だろう。しかし、これを「体罰」の典型とするにはためらいが残る。むしろ、過剰な指導としてとらえた方が「個別の事例」に即していそうだ。学部主事なら、事実関係を生徒に聞いて確認したうえで、形式的には「体罰」だが、他の生徒への加害を制止する意図を持つやむを得ない行為ともいえるので、実質的には「体罰」に当たらないという立場で、親と話し合う必要があるだろう。

◆◆残念な解答フレーズ

◇規律と自由のどちらが優位かという二項対立に陥る
◇規範が社会性を増すという機能に気づいていない
◇「毅然とした対応」にこだわって体罰を肯定してしまう

Theme 4 規律と体罰

想定面接のポイント

❶規律と自主性は矛盾しない
❷規律を受け入れれば、自由に振る舞える
❸結果を急がないで、試行錯誤を取り入れる

問：　子どもたちの自主性を尊重することと、やらせっぱなしにすることは違うと思いますが、あなたならどのようにバランスをとりますか？

（東京都　中・高・養）

回答例：　自主性を尊重することと、やらせっぱなしにすることの違いは、微妙だと思います。なぜなら、教育の目的は「子どもの社会化」だと思うのですが、その過程で、子どもが自主性を発揮することが大事だからです。将来、子どもが自分なりに物事を判断して、正しい方向を選んでくれる。そういうあり方を目指さねばなりません。たとえ今の段階で、あきらかに間違ったことをしていたとしても、それを頭ごなしにしかりつけたり、身体的暴力を振るって強制したりすると、子どもの自主性は育たないと思います。むしろ「先生の言うことを聞いておけば、怒られたり叩かれたりしない」という受動性や従順さだけを発達させることにもなりかねません。その意味で、子どもには間違ったことをするという試行錯誤の権利があるし、教師もそれを受容すべきだと思います。

問：　それだと二つはほとんど同じになってしまいませんか？

回答例：　でも、教師には、子どもがどう社会化すべきか、ある程度わかっているところが違います。そもそも、子どもだって、**社会の基本的ルールを身につけないと、社会で自由に振る舞うこともできません。**逆に言えば、自由になるために、皆が認める規律やルールを自分の中に内面化しなければいけません。規律と自由の間には、そういう二面性があるのだと思います。

▲▲ ルールと自由との基本関係

問：　具体的には、どのようにすればよいと思いますか？

回答例：　ルールに優先順位をつけなければならないと思います。絶対に守らねばならないルールと、自然に守ろうと思えるようなルールは違うと思います。教師は、細かいところまでいっぺんに教えがちだと思います。もちろん、それは「子どものため」を思ってのことなのですが、子どもは、いや大人も同じですが、いくつものことを同時に理解・習得することはできません。

適性を引き出すアドバイス

たとえば、私は中学・高校時代に水泳をやっていたのですが、コーチの指示は「手のかき方をこうした方がいいのでは？」などと一回に一つのことしか言いません。それで泳がせてみて、違いを分からせる。そういうプロセスを積み重ねて、ある日気がついてみると、突然速く泳げるようになっている自分に気づく。それは大きな喜びでした。それからは「脚はこうしたら？　息継ぎはこうしたら？」などと自分で工夫し出しました。コーチはじっと見ていて、しばらくたってから「ここはこうした方がもっといいかもね」などとアドバイスをくれる。自分がその気になっているときは、受容力も高まるんですね。言われたとおりやってみると、すぐ変わりました。

教師の役割＝コーチング

私は、教師の役割とは、コーチングと同じだと思います。自主性を尊重しつつも、その状態を観察していて、ちょうどいいタイミングに適切なアドバイスを与えて、意図した方向に引っ張っていく。結局、厳選した一部のルールについては守らせて、付随的なものに関しては、ある程度自由にして、試行錯誤を許す。分かりそうだな、というタイミングを見計らって指導する。このようにすれば、スポーツのルールと似ているので、子どもたちも競って守ると思います。そのうえで段階的に次のルールを導入する。そうすれば、「やらせっぱなし」にせずに、自主性を尊重することになると思います。

もちろん、これは簡単ではありません。結果を急ぐと、無理にでもやらせようとして「体罰」に走る危険もあります。先輩の先生ともいろいろ相談しつつ進めたいと思います。その意味で、子どもたちと同様に、教師である私自身も試行錯誤のプロセスが必要だと思います。

発達障害と多様性

テーマの理解

【Introduction】

LD、ADHD、高機能自閉症などは「発達障害」と呼ばれ、日常生活・学習活動に困難が生ずる。だが、知的障害が伴わない場合は、ケアの仕方で学業が進んだり才能を開花させたりする。発達障害者支援法は、これら児童･生徒に適切な支援が与えられるために作られた。中心的理念は、すべての児童･生徒がそれぞれ特別支援教育のニーズを持っているので、教育はそれに対応すべきということだ。ただし、この理念は問題も引き起こす。障害があるからと特別扱いして、ささいなクレームにも「差別」と非難する場合があるからだ。現実的な技法を知らずに理念にらみ走ると、問題が起きる。必要なのは具体的な教育技法の開発なのだ。

【Actors Map】

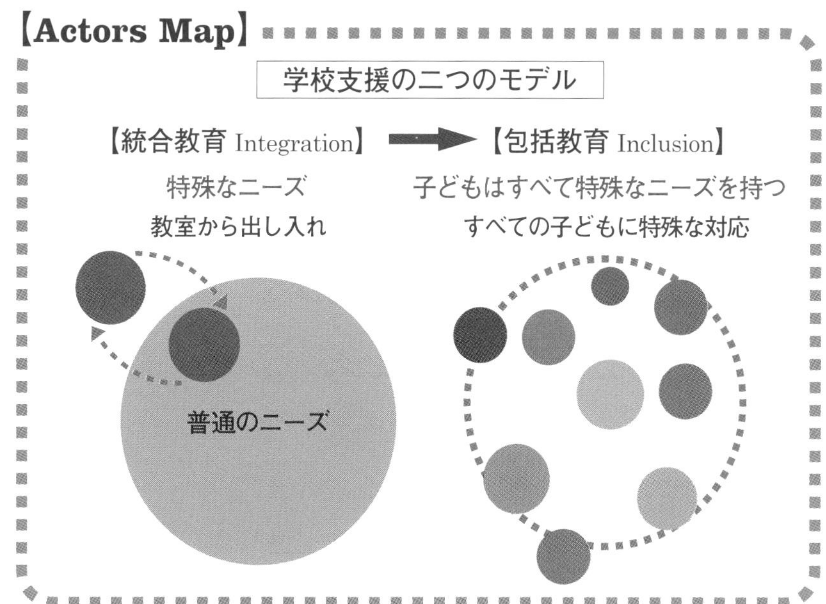

問題点は何か

発達障害とは何か？

厚生労働省のサイトによれば「**発達障害とは、生まれつきみられる脳の働き方の違いにより、幼児のうちから行動面や情緒面に特徴がある状態**」であると定義されている。そのために「養育者が育児の悩みを抱えたり、子どもが生きづらさを感じたりする」のだが、この「悩み」や「生きづらさ」が「障害」という評価につながっているのである。

とはいえ、「発達障害があっても、本人や家族・周囲の人が特性に応じた日常生活や学校・職場での過ごし方を工夫することで、持っている力を活かしやすくなったり、日常生活の困難を軽減させたり」できるとも付け加えられている。否定的な印象にならないように、慎重な言い回しがなされるだけでなく、「障害」が環境面での配慮で軽減されたり改善されたりする可能性が示されているのだ。

発達障害の種類

発達障害のいろいろ

発達障害の中には、自閉スペクトラム症、注意欠如・多動症(ADHD)、学習障害（LD)、チック症、吃音などが含まれているが、同じ名が付けられた障害でも、その現れ方が違ったり、いくつかの発達障害を併せ持ったりすることもある。

たとえば、自閉スペクトラム症では、言葉や視線、表情、身振りなどを用いて相互的にやりとりをしたり、自分の気持ちを伝えたり、相手の気持ちを読み取ったりすることが苦手で、特定の事柄に強い関心をもったり、こだわりが強かったり、感覚の過敏さを持ち合わせている場合もある。

一方、注意欠如・多動症(ADHD)では、発達年齢に比べて、落ち着きがない、待てない（多動性・衝動性)、注意が持続しにくい、作業にミスが多い（不注意）などの特徴があり、日常生活にも支障をもたらす状態とされる。さらに学習障害（LD）は、知的な遅れはないのに、聞く・話す・読む・書く・計算する・推論するなどの習得・使用など、特定の学習のみに困難が認められる状態をいう。

先天的な障害と治療

これらは、いずれも脳の働き方に生来の違いがあることが原因であって、環境から引き起こされたものではない。しかし、かつては親・家庭などが原因で引き起こされるとも考えられていた。たとえば、精神医学者ブルーノ・ベッテルハイムは「母親が子どもを冷たく突き放し、拒絶するために『適切な愛情の絆』を作れない」結果、自閉症に陥ると主張した。これを「冷蔵庫マザー」説refrigerator mother theoryと言う。しかし、現在では、これを支持する研究者はほとんど存在せず、**自閉症は脳の機能に由来するという見解が有力**になった。これはLDやADHDでも同じである。

症状を抑える対処

もし、先天的な脳の働き方の違いに由来するなら、「障害」をなくすより、周囲が支援して「生きづらさ」をなくしたり、場合によっては、薬物療法などで望ましくない症状を抑えたりする対処が考えられる。たとえば、コンサータやストラテラなどの中枢神経を刺激する薬はADHDに鎮静効果があり、衝動的行動を軽減して学校生活や作業に集中できることが知られている。これに、行動療法などの心理療法技法を組み合わせると効果が大きいようだ。ただし、これらについては医師の間でも議論が分かれ、薬物には副作用があるので、薬物療法ではなく心理療法を主にすべきだという主張もある。

Point 発達障害は環境が原因ではなく先天的な脳機能障害

学校生活への適応

失読症の学習の仕方

とくにLDでは、知能は正常値範囲内だが、行動、学習、記憶などが通常の発達と違うため、読み書き計算が困難になるという特徴がある。たとえば、ディスレクシア（読字障害・失読症）は、欧米では人口の10%、日本では人口の５%が何らかの形でこの症状を持つと言われる。ただ、これは民族的差異というわけではなく、子どもの状態がLDであると見極められる機関や医師、教師の有無によると思われる。

失読症の人は言語化された内容を伝達する際も、言語以外の多様な感覚野から取り込まなくてはならない。つまり、**見たり、聞いたり、触れたり、書いたり、話したりと一度にさまざまな感覚を使って学習する**ので、専門の教育方法を習得した教師・セラピストが必要になる。

もちろん支援を受けるなどすれば、学校に適応できなくても豊かな才能を発揮する人は少なくない。日本でも、10歳なのに数学に秀でた才能を持つ小学生がいたり、不登校だったが独特のスタイルで精密なペン画を描いて個展を開いた少年などが注目されている。個性や発達はさまざまなので、たとえ学校に適応できなくても、それ以外で才能を発揮する子どもは存在するのである。

●著しいペン画の才能を持つ濱口瑛士さん（日本財団ジャーナル提供）

残念ながら、日本では、こういう子どもたちに対するケアが十分ではないが、徐々にその存在が知られてきて、彼らの才能が花開く教育環境を用意しようという動きが出てきている。ある母親の言うように「LDは…脳の思考回路が違うだけなんだと感じます。また早い間にきちんと対応し、通常とは違う方法で教育を補っていけばほとんどの子が本来持っている優れた能力を生かせるようになる」のかもしれない。

ADHDの場合

日本でのADHDのとらえ方

一方で、**ADHDは、必ずしもLDを伴うわけではない**。多動衝動さえコントロールできれば「普通の生徒」として振る舞えるので、周囲の適切なフォローがあり、本人も意識することで、学習の困難を減らせる。ADHDというレッテルを貼って特別扱いしたり、区別して評価するのは不適切かもしれない。

とはいえ、ADHDへの対応が簡単だというわけではない。なぜなら、このような子どもたちは、授業中に立ち歩く・他の生徒とおしゃべりを続けるなど、教師や他の生徒にとって、ある意味で「迷惑な存在」になることが多いからだ。もちろん、ノートを取る・宿題をする・提出物を出すなどの作業は「退屈」に感じて、なおざりにするなど、学校秩序の点にも問題が生じる。

とくに、日本の教育現場では、生徒の能力よりも「授業態度」が評価に占める割合が大きくなるので、このような行動・態度は、一部の教師に嫌われるだけでなく、内申書でも低い評価に陥りがちだ。実際、教育現場で注目されはじめたきっかけも「学級崩壊」の原因と言われたからだ。つまり、たいていの教師にとって、ADHDとは、授業や学校の秩序を乱す「迷惑な児童・生徒」と意識されているのである。

日本の教育現場では ADHD が学校の秩序を乱す「迷惑な存在」として位置づけられている

どう解決するか

ノーマライゼーションの理念

しかし、日本でも、2005年に「発達障害者支援法」が施行され、学習障害・ADHD・高機能自閉症などに対しても、ノーマライゼーションの理念に基づいて、教育・医療・福祉・就労などでも特別の支援がされることになった。

ノーマライゼーションと包括教育

ノーマライゼーションの思想の前提は「ある社会からその一部分である構成員を締め出す社会は弱くもろい社会である」と表現される。したがって、あるべき社会では、**社会的支援の必要な人たちすべてに、市民の普通の生活状態を提供しなければならない**と考えるのだ。

たとえば、正常な生活リズムが保たれる・一生を通じての発達機会を保障する・知的障害者の無言の願望や自己決定の表現を尊重する・男女両性のある世界で暮らす・正常な経済生活や住環境水準を保障する、などが挙げられる。

従来、障害のある子どもに対しては、ほかの子どもと区別して「特殊教育」が行われてきた。これは、障害のある子とそうでない子では、それぞれに必要とする教育が違うので、教育の場自体を分けると考えるのである。しかし、ノーマライゼーションの理念に従えば、児童・生徒にはさまざまな特徴や偏りが存在するので、それぞれの必要に合った特別な教育支援Special Education Needsがあると言われる。

インクルージョンの思想

この解釈から、**統合教育**Integrationや**包括教育**Inclusionなどの試みが現れた。まず、統合教育とは、障害のある子もそうでない子も一緒の学校で一緒の教室で学習する、というやり方である。最近は、統合教育の主張が増えているが、特殊教育と統合教育には、どちらにもメリットとデメリットが考えられ、しかも、それぞれが表裏の関係にあることに注意しなければならない。

	統合・包括教育	特殊教育
メリット	地域の人々との自然な交流の中で互いに刺激し合う 通学が楽	障害の程度・実態に応じた環境・専門的教育が用意される いじめ・からかいの対象にならない
デメリット	障害レベル・種類に合った教育が受けられない？ いじめ・からかい・差別の対象になる？	地域から離れた場への通学→地域の子どもたち、人々との交流の絶対量が少なくなる＋通学面で苦労する？

包括教育では、さらに進んで、**障害を持たない児童・生徒など存在せず、むしろ、一人一人を何らかの障害を持ち、支援を必要とする存在ととらえる**。だから、通常は一緒のクラスだとしても、児童・生徒それぞれの必要に応じて、クラスから「取り出し」て特別の支援を行う。

つまり、統合教育では「健常児」と「障害児」を概念上分けたうえで、それを統合しようと試みるのだが、包括教育では、子どもはそれぞれニーズが違うのでそれに応じた支援が必要になる。つまり、教育は、それぞれの子どもの持っている特別な教育ニーズに対応すべきで、その意味では健常児も障害児も区別がないと考えるのである。

	Integration	Inclusion
特殊教育 ➡	統合教育 ➡	包括教育
分離・専門	融合	それぞれの特殊性に対応

理念と現実

たしかに、その構成メンバーが誰一人排除されない社会を作るのは、理想的であろう。だから、日本の教育が、隔離を主とする「特殊教育」から、障害者を健常者の中に組み入れる「統合教育」になり、さらには、そもそも障害者と健常者を区別しないで、一人一人のニーズに対応する「包括教育」へと進んだことは望ましい成り行きと言えよう。

日本では専門的対処ができていない

とはいえ、この理念を具体的に実行するには、種々の問題を解決せねばならない。たとえば、LDやADHDと診断された子どもには「専門の教育方法を習得した教師・セラピスト」が必要なのだが、日本では、まだそういう専門的技能を持った教員の養成が十分に行われていない。そこで、一般の教員が特別な訓練を受けないまま、自分の経験だけを頼りに対処する場合も少なくない。これでは不適切な対処が行われやすく、さまざまな問題が出てくるだろう。

よく言われるのは、他の生徒が「お世話係」に任ぜられて過重な負担を強いられる、という状況である。クラスの中で、優しく面倒見がよく思いやりもある生徒が、障害を持つ生徒のフォローを教師から命じられた結果、身も心も消耗する、という事態である。ノーマライゼーションの理念を理解しても、教師には、自分なりに具体的方法を形成するほどの技量がない。そこで生徒に「丸投げ」する。なまじ「障害者支援」という大義名分があるので、「お世話係」になった生徒が負担を訴えても、それを聞き入れず「障害者を差別するな！」と非難する、という場合さえある。

善意はあってもスキルが不足

Point 教師が理念ばかりでスキルがない➡「お世話係」が過重な負担を強いられる

知的障害でも状況は同じ

知的障害の場合でも、状況は似たようなものだろう。いかに**理念・目的はよくても、それを実現するための具体的メカニズムや環境調整が不十分だと、現場にばかり負担が行く**状況になる。

ある投書への回答

…教員は、基本的に迷惑を受けている側が意見を言うと、「障害者差別」とか「あなたは理解がない」と自分の無知や無能を棚に上げて言い切ります。そんな先生は多くの場合、障害のある子の人生やソーシャルスキルを身につけることはあまり考えません。障害のある子のすることは善であるか、仕方がないことだと決めつけ、彼らの行為に反対したり障害のある子に不利になることを言う人は敵とみなすのです。

これは、小学校時代に知的障害児から「被害を受けた」と訴える投書への回答内容である。投書主は、障害児に対する反感だけでなく、学校・教師に対する不信感まで持つ結果になった。統合教育や包括教育を実現するための具体的手立てが十分提供されていないため、本来なら、思いやりがある生徒に、かえって障害への反感を持たせる、という不本意な結果に終わっているのだ。このように、理想だけでは十分ではなく、そこにアクセスする具体的やり方が提示されないと、教師や児童・生徒の**「個人の努力」や「理解と善意」が一方的に要求される、という状況になりかねない**。主観的・精神論的に、問題解決をしようとするやり方は、かえって問題を悪化させる場合が多いので、気をつけなければならない。

個人的な努力を問われる傾向

この構造を反映してか発達障害を扱う問題では「あなたならどうしますか？」という形で聞かれることが多い。社会的サポートが少ないことが根本問題なのに、個人的努力を問われるのはおかしいが、現状の不十分さを考えれば、こういう形になるのは無理もない。

したがって、書き方としては、「発達障害」についていくつかの参考文献を読み、問題がどこにあるのか、具体的技術の例はどうなっているのか、をインプットしたうえで、その中のいくつかの方策を自分なりに具体化して提案することで切り抜けるしかないだろう。

ギフテッドへの手当ては？

それぞれの子どもは、それぞれ違ったニーズをかかえているという立場からすれば、逆に、**同年代の子どもと比べて、並外れた成果を出せる能力を示す子どもも、独特の学習ニーズがある**とも言えよう。このような子どもは、神からの贈り物をもらった、という意味で「ギフテッド」と呼ばれる。

●環境活動家グレタ・トゥーンベリ（左）もアインシュタイン（右）も学校嫌いだった（ABACA PRESS/時事通信フォト）

ギフテッドの生きづらさ

基準はIQ130以上と言われるが、知能指数は１つの基準に過ぎず、音楽･リズム、対人的、論理数学的、博物学的、視覚空間的、内省的、言語語学的、身体運動感覚的などの８つの指標が言われる。それぞれに並外れた才能を持つ子どもは意外に多く、その数は人口の2.5%と言われる。しかし、彼らも「生きづらさ」をかかえる。周囲と差がありすぎるため、対人関係がうまくいかないからだ。とくに、いくつかの能力だけが高い一方で、情緒などの発達が遅れる２E型、つまり二重に特殊なTwice-Exceptionalという「ギフテッド」と発達障害が合わさったような子どもは、その問題も深くなる。

こういう場合、**発達障害と同様、周囲の理解と配慮が欠かせないし、逆に、それがあれば生来の才能を伸ばすことができる**。実際、表情もなく、反応が悪いということで、自閉症と思われ、不登校になった子どもが、児童精神科のケアを受けたことで、特別支援学級に行き、そこで人間関係に習熟して、４年生からは通常学級に復帰し、結局、国立大附属の中学校に合格したという事例も報告されている。支援がなければ潰れたかもしれない才能が、周囲の適切な支援によって花開いた好例であろう。

Theme 5 発達障害と多様性

例題の研究

問題 福島県　高

文部科学省は、令和3年3月から厚生労働省と連携し、ヤングケアラー※の支援に向けた福祉・介護・医療・教育の連携プロジェクトチームを設置しました。ヤングケアラーの問題を解決するためには、子どもたちの心に寄り添うことに加え、家庭や友人関係を含めた環境へのアプローチが必要であり、学校内外の関係者が、望ましい支援体制を構築した上、それぞれの強みを活かしながら協働することが求められます。あなたは、そのような生徒の学級担任となった場合、問題解決のために、どのような役割を果たして他者と協働していきますか。具体的方法を挙げて900字程度で述べなさい。
※18歳未満でありながら、本来大人が担うべき家族の介護や世話をすることで、自らの育ちや教育に影響を及ぼしている子ども（50分・900字程度）

考え方のプロセス

定義から出発する

キーワードの定義から出発

「ヤングケアラー」については、設問の注にあるとおり、未成年にも関わらず、大人が担うべき家族の介護や世話を担っている人のことを言う。この定義を見ただけで、家庭が深刻な機能不全にあることが分かる。本来なら、子どもないし未成年は家族の保護下にあって、学業などに専念できるようでなければならないのだが、種々の理由でそれができない場合、子どもたちの中で比較的年長の者が、それに当たらなければならない状況が出てくる。

実際、死別・離別などで一人親家庭であり、兄弟に障害者がいたり、高齢の祖父母が同居したりする場合、親は生活費を稼ぐために、外に働きに行かねばならないので、障害を持つ家族の世話を年長の子どもがみる場合が出てくる。これは「問題点は何か」

が取り上げたADHD や自閉症児などとは違って、児童・生徒本人に問題があるわけではないが、彼らを取り巻く家庭が子どもの保護育成を担当できず、学校に通えないというような機能不全に陥っている状態と考えられる。

社会が問題を作り出す構造

このような問題は、個人が原因を作り出したというより、むしろ、それを取り巻く社会の矛盾が現れている点で、この項で取り上げた問題と共通性がある。実際、身体障害者の行動が制限されるのは、障害が原因だととらえられがちだが、むしろ、障害者を包摂できない社会の問題として考えられる。とすれば、**ヤングケアラーも、子どもがケアを担当せざるを得なくなるという異様な状態を生みだした社会の問題**、つまり、子どもを持つ家族に対する支援が薄いという日本全体の問題としてとらえることができるはずである。

ヤングケアラーは社会の矛盾

このような構造は他の問題でも見られる。たとえば、少子化は子どもを生まない女性の問題ではなく、むしろ、子どもを持つとさまざまな困難が予想される社会の問題だろう。日本では少子化が進み、2022年の出生数は、統計開始以来はじめて80万人を割った。このように少子化が進んだ原因は「子どもを持つ」ことで「子ども罰」と呼ばれる種々の困難が予想されることだと言われる。父親の育児休暇は取りにくく、母親が奮闘する「ワンオペ育児」になりやすい。困難を抱えてまで、誰が子どもを持とうと思うだろうか？　逆に考えると、一見うまく行っているように見える家庭も、その維持には多大の個人の労力がかけられており、いったんバランスが狂うと、家族の誰かに大きな負担が行って、本来のあり方ができないという脆弱性を抱えているのである。

Point ヤングケアラー＝子どもを守れない社会の機能不全

支援につながる難しさ

もちろん、こういう困難をかかえる家庭に対して、福祉制度がまったく対応していないわけではない。自治体によって違うが、申請すれば、ケアをしてくれるヘルパーの派遣など、何らかの対応を期待できる場合も少なくない。ただ問題なのは、問題を持つ家庭は、生活を維持する努力だけで手一杯で、自治体の救済システムにアプライする知識や気持ちの余裕がないことである。

行政支援とつながる難しさ

自治体から何らかの支援を受けるには、支援を受ける要件を確認し、書類に記入して提出する、などの作業が必要になるが、それにも相当の時間と手間がかかる。そういう家庭では、そもそも、手続きやシステムに対する知識が欠けていて、どういう風に申請書類を書けば通るのか、よく分からないという場合も少なくない。もちろん、生活を維持するために多大の時間を割かねばならないので、調べている余裕もない。結局、仕事に大部分の時間を使って、手近の指示しやすい家族に世話をやらせて当座をしのぐことになる。その結果として、困難が子どもたちに行ってしまう。つまり、ヤングケアラーがいるような家庭は**社会的なつながりが弱く、孤立しているので、子ども以外にケアをしてくれる人にアクセスできない状態にある**、とも考えられる。

学校関係者として何ができるか？

社会的孤立を解決する

こういう状況に対して、教師は何ができるだろうか？　少なくとも、社会的孤立に手をさしのべることはできるはずだ。たとえば、学校関係者は、書類を書くことや行政の指示を理解することにも慣れているので、ヤングケアラーのいる家庭を行政支援につなげる手助けができる。また、学校という組織も背後にあるので、たとえ自分が直接できなくても、他の人に支援を依頼するという手段も、当該家庭のメンバーに比べれば格段にとりやすいはずだ。

もし「私」が、そういう生徒の担任だった場合には、まず生徒の登校状況を見て､何らかの問題が生じたことが察知できるはずだ。不登校気味なら家庭訪問をして、子どもや親から様子を聞くことができる。そのうえで､「ヤングケアラー」の役割を担わされていることが分かったら、いったん学校に持ち帰って、他の教師とも相談して対策を考えるという方法をとる。

たとえば、行政に、何らかの当該家庭に対する支援を依頼する役目を一部代行することも可能かもしれない。不登校の児童・生徒たちには、個別の事情に応じた指導を行っているところが少なくない。「ヤングケアラー」も生徒の登校を阻害する何らかの家庭的な要因がある、と見なせば、支援につなげられるかもしれない。ただ、ヤングケアラーをしている子どもたちは、自分なりに使命感を持ってやっており、ケアを他人がすることに抵抗感を持つ場合も少なくない。そういう場合は、その気持ちを否定せず、しかし学業を続けた方が家族の状態も向上させられる、と伝えるべきだろう。

●解答例の構成

定義 ヤングケアラー＝大人がすべきケア・世話を子どもが担当

▼

分析 家庭に余裕がなく、手近な方法に頼る傾向

▼

展開 家庭の機能不全だけではなく、社会全体の支援不足

▼

対処 教師の役割＝行政に繋げる＋子どもの気持ちを支える

解答例

定義

ヤングケアラーとは、何らかの事情で、本来、大人が担うべき家族のケアや世話を未成年が担い、学業や育ちに影響を及ぼしている状況である。たとえば、親の死別・離別などで、障害を持つ兄弟や高齢の祖父母のケア・世話をせざるを得ない状況で、不登校気味になったり同年代との関係が築けなかったりする。心身の不調を来して将来の進路に影響を及ぼす場合もある。本来、子どもを保護すべき家庭が、子どもの犠牲のうえで家族を維持している状態である。

分析

しかし、この機能不全は、必ずしも個々の家族が原因ではない。たとえば、身体障害者の行動が制限されるのは障害のせいではなく、むしろ障害者を包摂できない社会の狭量さを示す。同様に、ヤングケアラーも、機能を果たせなくなった家族を包摂できずに困難の中に放置している社会の機能不全と考えられる。

展開

もちろん、行政も、適切な申請をすれば、さまざまな支援をする制

度が整いつつある。しかし困難の中では、それを利用する知識や余裕がなくなる。まず、どの制度を利用できるか判断し、要件を満たすことを確認し、申請書類に記入して提出せねばならない。窓口に足を運ぶ必要も出てくる。だが、親がこれらをクリアすることは難しい。経済的困難を抱えて家計を維持するために仕事にほとんどの時間を使い、とりあえず手近な子どもに指示して、しのいでいる状態だからだ。

対処

もし、私がヤングケアラーの担任なら、まず登校状況から問題を察知するだろう。家庭訪問をして具体的な状況を把握する。そのうえで、他の教師とも相談しながら、行政の支援につなげる方策を考えたい。幸い、教師は一般人より、行政の仕組みに通じており、書類記入にも慣れている。どういう部署に行くべきか、どういう要件が必要か、調べてから、実際に窓口に連絡を取ってみる。そのうえで、もう一度家庭訪問をして、親と会って、行政支援を受けるように説得したい。問題なのは、子ども自身も責任感を持っているので、他人にケアを任せるのを拒否する傾向があることだ。その気持ちを否定せず、学業を続けて自分の力を伸ばすことが、将来、もっと家族を幸福にする道だと伝えたい。社会の支援は受けてよいし自分たちは見捨てられていない、と感じることが大切だと思う。

●論点のまとめ

発達障害と多様性

定義	さまざまな先天的要因によって現れる発達障害→学習・学校生活が困難になる⇔「統合教育」「包括教育」の理念
背景	知的障害だけでなくLD・ADHDなど特別支援教育のニーズ→特別のケアが必要→ヤングケアラーも同様の構造
分析	×「健常児」と隔離　○通常学級に入れて対処→児童・生徒に過重な負担をさせない、ソーシャルスキルの向上
提案	理念だけではなく、現実的な技法の理解・認識が必要→現実の困難を変える専門的技法を学ぶ

●応用問題

相模原市　小学校（時間・字数不明）

特別支援学級のＡさんは、あなたが担任をするクラスを交流学級としています。普段は、好きな絵を描いて穏やかに過ごしているのですが、コミュニケーションをとることが苦手であるため、ときどき、大声を出したり立ち歩いたりすることがあります。５月のある日、Ａさんが授業中に立ち歩き、大きな声で話し始めました。すると、「いつもＡさんってうるさいよね。」「全然、勉強できないよ。」と不満の声がクラスの児童からでてきました。そこで、あなたは帰りの会で話をすることにしました。

クラスの児童全員に対して話をするつもりで書きなさい。なお、想定学年を解答用紙に記入しなさい。

※作文題に書かれている内容以外の設定は自由とする。

※箇条書きや要点ではなく、実際に話す言葉で書きなさい。

障害の包摂は社会の力

＊「Ａさん」のような児童も、通常の学級に入れて学習させるのが「交流学級」に代表される「インテグレーション」や「インクルージョン」である。したがって、「障害児」が通常の集団の中に含まれることが、社会が多様な個人を包摂する力を示すということを、児童にも理解できる言葉で話さねばならない。通常の学級の児童は、Ａさんの突発的な行動には慣れていないのだから、まず、その不満を受け止めたい。そのうえで「Ａさん」がどうして「立ち歩き、大きな声で話し始めた」か、を考えさせ、そのうえで、どう対処したらいいか、自分ができることは何か、など話し合って理解する方向でまとめるといいだろう。

◆◆残念な解答フレーズ

◇理想的主張に共鳴して、多様な異論を敵と見なす

◇理想を語るだけで、現実的条件・困難を考慮しない

◇ADHD、LDなどの実態に対する知識が乏しい

Theme 5 発達障害と多様性

想定面接のポイント

❶ノーマライゼーションの理念とその実際がイメージできる
❷教育では、統合教育から包括教育へと進んできた
❸ADHD・LDへの配慮は普通の子どもたちとも共通する

問： ノーマライゼーションとは何ですか？　具体的に説明してください。（埼玉県）

回答例： ノーマライゼーションは、障害を持つなど何らかの社会的支援を必要とする人も、普通の市民と同じような生活ができる社会であるべきだ、という思想です。一部のメンバーを排除しなければ成り立たない社会は「弱くもろい」。だから、**ノーマライゼーションができる社会ほど強じんでしなやかな社会**と考えられます。

障害を持つからといって、特別な暮らし方しかできないようではいけないと思います。たとえば、正常な生活リズムが保たれたり、一生を通じて発達できる機会があったり、言葉が言えなくても願望や自己決定を尊重されたり、男女両性のある世界で、経済生活や住環境水準などが保障されるべきです。

具体的取組を入れる

これは教育でも同じでしょう。LDやADHDでも、対処を工夫すれば普通の児童・生徒たちから離さなくて済みます。たとえば、「通級指導教室」では、言語障害・難聴・LD・ADHD等の児童・生徒たちに対して、一人一人の障害に応じた特別の指導を行っています。

最近では、**児童・生徒は障害のあるなしにかかわらず、誰でも特別な教育支援を必要としている**とも言われています。たとえば、LDでは「視覚、聴覚、触覚など、あらゆる感覚を使って教育する」「あらゆる物事を表面からでなく、その構造から教える」ことが大切ですが、これは普通の子どもも同じだと思います。その意味で、ノーマライゼーションは障害を持つ人たちを統合するだけでなく、障害を持つ人／持たない人を分け隔てしないあり方だと思います。

Part 2

【社会との関係】

未来に向けて社会が期待する学校の役割を、どう読み取り対処していくか。

Theme 6 コミュニケーションと他者理解

テーマの理解

【Introduction】

コミュニケーション力は「どんな状況でも、自己主張と傾聴のバランスを取りながら効果的に意思疎通ができ、双方の主張の調整を図り調和を図れる力」と定義されている。だから、子どもが教師・大人の期待に添えない行動を取ると「コミュニケーション力不足」と言われがちだ。しかし、意思疎通は相手が必要なのだから、個人内部の能力ととらえるのは不適当だ。むしろ発達段階を考えれば、初めから「自己主張と傾聴のバランス」「効果的な意思疎通」「主張の調整」などできるわけがない。能力があるかないかの評価より、学校・教師の側が多様な試みを通して、具体的なコミュニケーション・スキルを提供する機会をつくるべきであろう。

【Actors Map】

コミュニケーション力と自我の発達

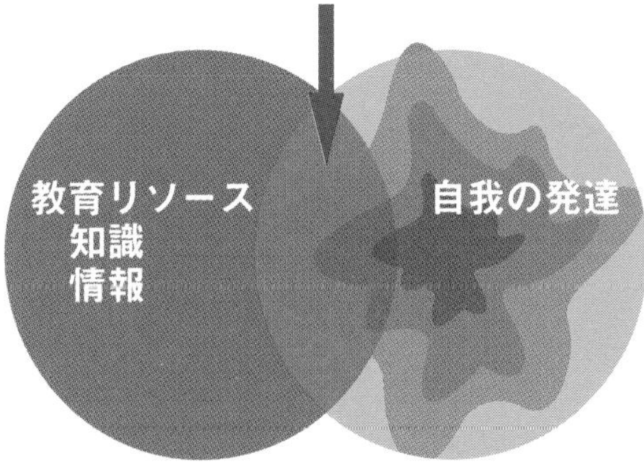

教育への期待 → 新たな問題化 → コミュニケーション力

問題点は何か

コミュニケーション力とは？

厚生労働省によれば、「コミュニケーション力」は「就職能力」の一つとして位置づけられている。主な中身は次の三つだ。

意思疎通	自己主張と傾聴のバランスを取りながら効果的に意思疎通ができる
協調性	双方の主張の調整を図り調和を図ることができる
自己表現力	状況にあった訴求力のあるプレゼンテーションができる

なぜ、このような能力が言われるようになったのか？　それは以下のような事情による。

就職能力の一環か？

…就職活動の採用基準も大きく変わってきている。今まで、若年者の能力を評価するツールとして機能してきた「学歴」も、既に評価の基準として機能しなくなっている

…「若年者の就職能力に関する実態調査」によれば、企業が採用時に重視する能力のうち、コミュニケーション能力、職業人意識、基礎学力、資格取得、ビジネスマナーの５つの能力で66％以上を占めることが明らかになっている。この結果を踏まえ、職業能力が適正に評価・公証されるといった仕組みを構築することが必要である…。（「若年者の就職能力に共通の評価基準を　厚生労働省の新しい取り組み『YES- プログラム』」）

●小学校でのプログラミング教育。グループワークをする子どもたち（時事通信フォト）

学歴の代用？

要するに、昔のように「学歴」が、能力の評価基準にならなくなったから、若者の就職能力を測る基準を開発し、そこに対応したプログラムに学生を参加させれば、企業の採用も楽になるはずだ、と言うのだ。しかし、企業は「学歴」だけで採用を決めていたわけではない。「学歴」に加えて面接を何重にも行って「人格」「資質」を見極めようとしていた。しかも、早慶東大京大などの有名大学の価値が下がったわけではない。ただ大学の数が増え「大卒」という肩書きだけでは、それに見合う能力が見込めなくなったにすぎない。

実際、上記プログラムは早々と廃止され、「評価基準」として定着しなかった。参加した学生も「大学評価・学位授与機構が定める大学評価基準を満たさない（不適合）」大学出身が多く、少しでも就職を有利にするアイテムとして「コミュニケーション力」を利用したにすぎないようだ。昔から、キャッチーな言葉で社会に介入する政府の試みはよく見られるが、実際の効果がどれほどあるのか、疑わしい。

バズワードか？

一部では「コミュニケーション力」は、単なるバズワードにすぎないとも言われている。つまり「何やら重大そうな感じがするのに、実質的意味が不明確な言葉」である。そもそも「どんな状況でも、自己主張と傾聴のバランスを取りながら効果的に意思疎通ができ、双方の主張の調整を図り調和を図ることができる力」という表現も曖昧さが際立っている。

コミュニケーションの基本に立ち戻る

なぜなら、そもそも**対話やコミュニケーションとは、相手がいてこそ成り立つ**のであり、自分だけではできないからだ。だから、意思疎通できるかどうかは、具体的な「相手」との出会いによる部分が大きい。だから、ある人とはコミュニケーションが成り立つが、他の人とはうまく成り立たなかったり、ある状況では意思疎通できるのに、違う状況では難しかったりする。というより、そんな状況の方が普通であり、「どんな状況でも…意思疎通ができ…調和を図れる力」など、かなり例外的だと分かるはずだ。

実際、外向的な人は、外からの刺激に鈍感で、たくさんの関係を通して初めて何かを実感するのに対して、内向的な人は外からの刺激に敏感なので、たくさんの関係を結ぶことに耐えられず、人間関係を少数に限定する傾向が見られる。しかし「刺激に鈍感」なら、相手とは深い関係を保てない。とすれば、個人と個人が深くつきあうなら「外向的な人」より「内向的な人」の方がよいということになりかねない。それなのに「コミュニケーション力」では、どんな人・場合でもコミュニケーションできる能力が個人に内在すると想定する。しかし、どんな場合もどんな人とでも、自己主張と傾聴のバランスを取り、効果的に意思疎通して双方の調和を図る人という想定の方がむしろ非現実的という感じがする。

Point 「コミュニケーション力」は偏った見方を前提にしている

社会と個人の境界

状況・相手を無視する「××力」

そもそも「××力」という表現には、本来、社会関係的な意味合いを持つものを不当に個人化する傾向が見られる。たとえば「人間力」「女子力」などはよく使われるが、それぞれ「人間としての魅力」「女子としての魅力」の意味だろう。

●コミュニケーションの形の二類型

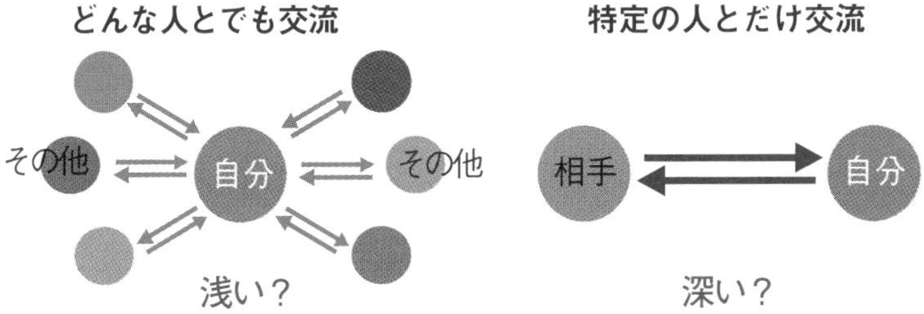

しかし、ある人に影響を与え、動かすという結果に到達するには偶然的要素も大きく、相手が誰か、どういうタイミングで出会うかが決定的な役目を果たす。これは、究極のコミュニケーションの一つである「恋愛」をイメージすれば、すぐ了解できるだろう。たとえば「恋愛力」がある人は、状況がどうあろうとも、人を引きつけ、その人との恋愛関係に持ち込む能力があるだろう。「明るい話し方」や「魅力的な化粧法」などのスキルを豊富に備えていて、それらを才能や努力によって、誰でもいつでも恋愛関係に持ち込め

る……。だが、そういう人は接客業としては有能でも、人によっては面倒に感じさせる存在になりはしないだろうか？

学校における使われ方

さらに問題なのは、学校における「コミュニケーション力」は、こういう「肯定的」文脈では、ほとんど使われないことだ。むしろ「人の気持ちが分からない」「他人の話を聞かない」「自分をうまく表現できない」という児童・生徒に「コミュニケーション力に欠ける」と**否定的なラベリングをする場合に用いられる**。つまり「正常」な児童・生徒は一定の「コミュニケーション力」を備えていると仮定し、そうでない子を「異常タイプ」として分類するときの命名なのである。

子どもはコミュニケーション不全が普通

しかし、生育途上の児童・生徒が、このような「コミュニケーション力」を十分持てると想定するのはおかしい。とくに青少年期は家**庭から自立して、将来の独立に向けて自己を確立する移行過程**であり、今まで親しみ慣れてきた人間関係が不安定化する危機の時期でもある。自立の試みは、家族との関係変化を要求する。他方で、将来の独立に向けて、友人・仲間などの新しい人間関係の構築も行われるが、これらも順調に形成されるとは限らない。対等な関係がとれずに支配や従属に陥ったり、対等に固執するあまり相手を受容できず極端な否定に走ったり、さまざまなコミュニケーション不全が出てくるはずだ。

Point 試行錯誤の時期にはコミュニケーションはうまくいかない

独我論と他者理解

とくに問題なのが、自我の確立にともなう他者理解である。青少年期には、自分が他の誰とも違うかけがえのない個人であることを自覚する必要がある。しかし、何となくの確信はあっても客観的な証拠はない。その矛盾の中で奇矯な観念も生まれてくる。たとえば、哲学には「独我論」という議論がある。簡単に言えば、他人の感じることなど分かるわけがない、他者と自分はまったく違う、とすれば、自分と同じ感覚を持つ他人など存在しないのではないか、という極端な主張だ。哲学者の大森荘蔵は「ロボットが痛みを訴えたら、その痛みを感じるべきか？」という問題を提起している。もちろんロボットなので、体の中を開いてみても配線や基盤が入っているだけだ。だから「どこに痛みがあるんだ？」と疑いを持つし、「痛みなんかない。単なる配線の故障だよ」と言いたくなる。

他人の痛みは分かるのか？

しかし、これは、相手が人間でも同じ構造になっている。たとえば、我が子が頭の痛みを訴えたら、親はすぐに医者の所に連れて行くだろう。でも、その痛みはどこにあるのか？　頭を開けてみても、ロボットと違って痛みのありかが明白に見えるわけではない。それでも「痛い！」という我が子の訴えを信じて医者に連れて行く。だとしたら、ロボットが「痛い」と訴えても、信じるべきではないのか？　もしそれを否定するなら「おまえはロボット差別をするのか？」と抗議されるだろう。（大森荘蔵『流れとよどみ』による）

個人性と他者の矛盾

奇妙な議論のようだが笑ってすませられない。なぜなら「自分だけの」感じや考えにこだわれば、それを他者と共有することは難しいからだ。同時に「他人が何を考えているのか分からない」という絶望も生まれる。だから表現もできず「自分の気持ちなど、どうせ他人には分からない」と思いやすい。このように考えれば、**独我論は青少年期の感じ方の哲学的表現とも考えられる**。逆に言えば、この議論を「ヘンな考え」としか感じられない人は、自分が、他人とは違う、かけがえのないものだと認識するプロセスを経過せず、自他の境界が曖昧なまま育っているのかもしれない。

独我論は青少年の自我感

むしろ、人間は、まず青少年期で自他の峻別を経験して、そのうえで他とのつながりをとらえ直すことで他者とつながり、共同して社会生活を送っていく、という順序をたどる。このように、人間関係は、自他の違いと重なりの微妙なバランスの上に立っており、それを達成するためには相当な心理的紆余曲折を経験せねばならないのだ。

Point 独我論の問題意識は個人の確立の本質をついている

実際、「なぜ、人間を殺してはいけないのか？」という問いを発なぜ人を殺してはいけないか？

する若者は少なくないが、彼らが、その後、実際に重大な罪を犯したという話は聞いたことがない。むしろ、問題を起こすのは、問題を起こすとは思われなかった「目立たない存在」であることが多い。根本的な問いを発する行為は、他者とのつながりをどう構築すればいいのか、と模索・探究している姿である。そういう模索の姿勢がある限り、他者と自分の関係を切ることはない。デカルトの「方法的懐疑」ではないが、すべてを疑って、内面的・倫理的危機を経験することで、逆に社会に適応すべく成熟していくとも考えられる。そういうプロセスを無視して「誰とでもどんなときでもコミュニケートできる力」などと楽観的に規定する方がおかしいのである。

どう解決するか

相手が「痛い！」と言ったから、即それを信じろというのは極端すぎるし、逆に「痛い！」と言っても、自分と他人は根本的に違うのだから、相手が何を感じているか全然分からないはずだ、と主張するのも奇妙だろう。そもそも「気持ちの分からない」相手に対して「他人の気持ちは分からない」と言葉で言っても伝わるはずもなかろう。とすれば、こんな主張を述べることで、独我論者は何をしようとしているのだろうか？

日常感覚に戻って考える

日常生活では「だいたい相手の感じていることはこうかな？」と推測しつつ行動して、相手の反応を見る。思った通りだったら、とりあえずその行動でよかったと安心し、意外な行動だったら修正する。そういう経験を蓄積するうちに他者への対処もきめ細かくなってくる。たとえば、子どもが頭の痛みを訴えたときに気にもとめず、後で大事に至ったら、以後「頭が痛い！」には気をつけるはずだ。その蓄積の中で、他者がどういう状態なのか、自分なりの感触が生まれる。それが「相手の気持ちが分かる」ということだろう。

了解のパターンを育む

とするなら「相手の気持ちが分かる」ということは、自分の感じ方を相手に押しつけるでも、以心伝心のように相手を直感することでもない。むしろ、試行錯誤する関係を経験する機会を得ることで、相手を了解するパターンを増やしていくことだ。

Point 試行錯誤を重ねて他者を了解するパターンを増やす

出会いのレッスンの意味

たとえば、演出家竹内敏晴が考案した「出会いのレッスン」では、部屋の隅に後ろ向きに立ち、合図で振り向かせて自由に動くことが求められる。筆者も、ある大学生の男女が組んだ「出会い」を見たことがある。男性がにこやかに女性に近づいて手を差し出したが、相手の女性は逃げる。男性がそれを追いかけて手を差し出す。女性はその手をかいくぐるように逃げる。その繰り返しが延々と続く。

後で感想を聞くと、男性は「仲よくなりたかっただけだ」と言う。ところが、女性の方は「そうかなとは思ったけど、相手がずっとニヤニヤしているのが怖かった」と言う。その反応は、男性にも見えたはずだが、そのサインに気づかず手を手を出す行動を繰り返したことが関係を悪化させた。「女性の反応に早めに気がついていさえすれば、自分の態度・行動が変わってきたかもしれない」と男性は最後に述懐していた。

ゲームの中での体験

ただ実際の生活では、たとえコミュニケーション不全が起こっても、それに気づくことはむずかしい。なぜなら、互いの利害が絡むので、自分の行動がどういうことなのか、客観的にとらえられないからだ。だから、実生活では、一方は「なんで、手をさしのべている俺の気持ちが分からないんだ！」と怒り、他方は「なんで、私がいやがっているのが察せられないのか？」と反発し、このような行き違いが積み重なって暴力に発展する可能性もある。出会いのレッスンのように、公平に見てくれる人も感想を述べてくれる人がいないと、当初の感じを修正する契機も存在しないのだ。

だが、**ゲームの形にして、相手がどう反応するか、見たり聞いたりする機会があれば、自他の関係性が実感できる**。さらに、他の人たちが苦労している姿を見れば、自分の行動が相手にどんな意味として受け取られているのか、自省するきっかけにもなる。多様なケースを体験すれば、判断するための言葉を磨くこともできる。

体感できるゲームを試みる

学校でも、こういうゲームができれば、それこそ「コミュニケーション力」の涵養（かんよう）につながるかもしれない。児童・生徒の年齢が低く言葉でフィードバックする手法がとりにくいなら、身体を通じて、相手の出方を体感しながら他者理解を促進するゲームもある。

ゲームの形にして相互理解を学ぶ

左下の写真は、棒を持って二人の人間が押し引きしている。しかし、右下の写真では棒はない。しばらく二人で一本の棒を押したり引いたりして、次に同じ二人が棒を持たないで、相手の動きを見ながら、まるで両者の間に棒があるかのように動く。相手が押している、と感じたときは自分は引く。逆に引いていると感じたときは、それに応じて自分が押してみる。

●棒を持っての押し引き（左）、棒なしでの押し引き（右）

そのうちに、自分から行動を起こして、相手に分かってもらおうとする気持ちも芽生える。もちろん、うまくいかない場合もあろうが、それでも試行するうちに、互いの息が合ってきて、相手がこうしたいという気持ちを表情や姿勢から読み取れるようになる。それどころか、自分がどうしたいのか、相手に対して身体的に表現することもできる。さらに、相手の意図にわざと対立したり先を読んで協力したり、と複雑で高度なやり取りもできるようになる。

このように、**コミュニケーションとは、具体的な経験から次第に発展させていくスキルであり、個人に内在する資質や能力ではない。**互いの間でコミュニケーションがうまくいかないのは、むしろ通常の状態であり、それにぶつかったときに突破する工夫が大切なのである。それを「コミュニケーションできる人とできない人もいる」と生来の能力に還元してとらえるから話が混乱するのである。

Theme 6 コミュニケーションと他者理解

例題の研究

問題 横浜市　中

コミュニケーション能力の育成が求められる現代社会において、子どもたちに必要なコミュニケーション能力とはどのようなものと考えますか。現代を生きる子どもたちが抱える課題や教育上の問題点に触れ、教員として進めたい取組も交えながらあなたの考えを論じなさい。。

（45分・800字）

考え方のプロセス

丁寧に考える

「コミュニケーション能力の育成」という表現は読み飛ばしがちだが、「コミュニケーション能力」とは何で、その能力はそもそも「育成」できるのか、などと考え直してみれば、いろいろ疑問が湧いてくる。その疑問に丁寧に答えていけば、それだけで書く手がかりになる。一般に、**常識と化している言葉でも、再検討すれば、それなりに問題が表出してくる**。その問題を解決しようとすれば、書くべき方向も定まってくるのだ。

常識的な表現を再検討する

「コミュニケーション能力」はバズワードだと言われる。つまり、一見重大そうなのだが、よく考えると意味内容が曖昧な言葉である。前述したように、厚生労働省はかつて「どんな状況でも…意思疎通ができ…調和を図れる力」などと規定したが、むしろ、人間は相互に「意思疎通ができない」のが常態であろう。だからこそ、「コミュニケーション・ギャップ」で苦しむ一方で、「意思疎通できる」人と出会った場合。その喜びが大きいのであろう。大人とて「どんな状況でも、意思疎通ができ、調和を図れる力」を持っている方が珍しい。「どんな状況」どころか、いくつかの状況でだけ通用する「部分的コミュニケーション能力」をやりくりして、なんとか毎日を送っているのが現状だし、それは教師も同じはずだ。

問題なのは「育成」となると、この構造が一挙に見えにくくなることだ。子どもたちは「意思疎通力」を備えていないか、または不足していると見なされる。それと対照されて、教師側が「コミュニケーション能力」を備えている側として意味づけられる。これでは、**「コミュニケーション能力」は、自分に理解できない言動をする児童・生徒を片付けるラベリングになりかねない。**

コミュニケーション能力の含意

定義に戻る

とはいえ、本テーマの冒頭で示した「自己主張と傾聴のバランスを取りながら効果的に意思疎通ができる」力が、生きていくうえで重要なスキルであるのは確かだろう。なぜなら、人間は「社会的動物」であり、相手がいる中で、自分が生きる関係を構築していかなければならないからだ。**相手の出方を見ながら、自分のやりたいことを表現し、相手にも分かってもらい、共同して実現できる方向をみつける。**このプロセスは、どんな社会でも必要になる。

コミュニケーション能力の本質

ただ、この過程は一気には獲得できない。人間の発達段階では、最初の世界は、自分の望むものは何でも与えてくれる親である。しかし、次第に自分と親は違うことが分かると同時に、自分以外の子どもの存在にも気づき、「自己意識」が生まれる。まず自分と他人は違うと確認・区別し、そのうえで相手と共同で何かできる場を発見する。しかも、その距離感は親子・家族・友人・社会などで異なる。その違いを見極めたうえで、それぞれの場合での自他の関係の調整をするのが「コミュニケーション能力」ということになるだろう。その作業が面倒くさい場合、一足飛びに他人の気持ちなど分かるはずがないと決めつける場合も出てくる。

独我論のロジック

前述した独我論もその一つだ。他人の感じていることなどそもそも分かるわけがない、と主張して、そこから相手が人間でもロボットでも変わりがないと言う。最終的には、自分以外の他者の実在も疑って、もしかしたら、自分はカプセルに入っていて、世界という夢を見ているのかもしれないと思う……まるでSFのようだが、これは人間の孤立を比喩的に表現している。「他者が何を考えているか分からない」「自分は何者か分からない」「自分の見ているものが本物かどうか分からない」という危機感が背後にあるのだ。

そう考えれば、独我論は、むしろ中学・高校などの青年前期などの混乱状況に対応しているかもしれない。この時期は、自我や性の目覚めや、将来の進路選択など、さまざまなことに迷って身辺がにわかに騒がしくなる。その中で、自分と他人の関係が不安定になる。親への反抗や友人との葛藤など、周囲との摩擦や断絶があり、大人の期待に添わない行動も出現する。

どうすればいいか？

経験不足と言語化不足が原因

混乱の中で試行錯誤をくり返すことで、人間関係の不全も生まれてくる。**原因は、経験不足と経験を言語化できないために、安心して迷えないことだろう。**だから、自分の都合だけで直感的に行動して、他者に迷惑をかけたり不興を買ったりして、自分もショックを受ける。しかも、そういう状況を自分が作ったことにも気づかない。「どうしていいか分からない」という状態から「人の気持ちがまるで分からない」という嘆きも生まれる。これを解決するには、何かがあったときに、それを自他がどう感じたのか、相互に確認しながら経験していく作業が必要だろう。

関係性のゲーム

「テーマの理解」では、作業例として「出会いのレッスン」を挙げた。ただ、言語でフィードバックするのは言語能力が必要なので、小学校では難しいかもしれない。しかし言語を使わずとも、身体的に相互理解が探れる方法は存在する。たとえば「想像腕相撲」遊びでは、腕相撲をほんのちょっとだけ手を離して行う。どう動くかは、相手の動きをよく見て合わせる。どちらが「勝つ」かも、双方で暗黙の合意をしなければならない。しかも、それを一瞬のうちに判断する。つまり、これは相手の言外の意図を読み取る訓練であるとともに、共同で関係を作る試みになっている。こういう身体的訓練を通して、相手の気持ちを表情や仕草から読み取る能力が付く。その基礎ができれば、自分からイニシアティヴをとることもできる。要するに、コミュニケーションとは共同作業のスキルの問題なのだ。コミュニケーションがうまくいかないときは、具体的手段として、それを突破する引き出しを提供することが大事なのである。

●解答例の構成

分析 「コミュニケーション能力」の意味と使われ方

▼

本質 重要視される理由と必要性

▼

提案 関係性を体験するゲームが良い ➡ やり方の説明
➡相手を観察することと主体性の両立

▼

結論 多様な人間関係を経験するゲームの効用

解答例

分析 「コミュニケーション能力」とは、どんな状況でも自己主張と傾聴のバランスを取りながら、人間関係を築いていく力と言われる。しかし、そういった力は、大人ですら持ち合わせていない。たいていは、乏しい持ち合わせをやりくりしながら、なんとかこの世を渡っていくのが現実だ。それなのに、この言葉が学校現場で使われると、まるで、そういう能力を十全に備える教師が、能力がない子どもたちを指導する、というニュアンスになる。だから、この言葉はむしろ問題がありそうな子どもを否定的にラベリングするときの表現になりかねない。

本質 とはいえ、この力が目標として重要であることは間違いない。たとえ、うまく言葉化できなくても、相手の出方を見ながら、自分のやりたいことを表現し、相手と共同して実現できる方向を発見する。このプロセスは、どんな社会でも必要になるからだ。

提案

このような問題に手がかりを見つけるには、関係性を体験するゲームが良いと思う。私は学生時代に演劇部にいたが、そこで「想像腕相撲」遊びをしたことがある。ちょっとだけ手を離して腕相撲を行うのだ。どう動くかは、相手の動きをよく見て合わせる。どちらが「勝つ」かも、相手と暗黙の合意を取る。しかも、それを一瞬のうちに判断する。こういうゲームを積み重ねることで、相手がどうしたいかという気持ちを表情や仕草から読み取る訓練ができる。そのうえで、相手に追従するだけでなく、自分からイニシアティヴをとるチャンスも出てくるだろう。自分の意図や考えを、相手によりよく伝える工夫もしだいに出てくる。そのようなスキルを蓄積すれば、自分なりのパターンもできるはずだ。

結論

子どもも人間関係が不安になることはよくある。それだけに、共同性を実感できる場を少しでも広げて、学校や家庭の常識だけにとらわれず、多様な人間関係を経験させたい。その意味でも、こういうシミュレーション・ゲームは役に立つはずである。

●論点のまとめ

コミュニケーションと他者理解

定義	どんな状況の下でも、他人と積極的に関わりつつ、ものごとをまとめていく力
背景	産業構造の変化とともに、企業が求める人材が変化した→コミュニケーション力で採用を決める
分析	個人の感覚・才能ではない→多様な状況で相手の気持ちを推測し、自他の区別をしながら反応していくスキル
提案	関係性を体験できるゲームなどに親しませる→言葉の洗練・言外の意味の読み取り能力・自己表現力の増大

●応用問題

東京都　小学校全科以外　（70分・910～1,050字）

あなたは、生活指導・保健指導部に所属している。年度初めの生活指導・保健指導部会で、生活指導主任から、「昨年度に実施した生徒アンケートで、話合いで自分なりの意見を言うことが苦手な生徒が多いことが分かりました。」と報告があった。また、各学年の生活指導担当の教員からは、「話合いがまとまらないことがよくあります。」や「自分の考えと異なるさまざまな意見を比較しながら、新たなものを協力して生み出していくことも大切ですね。」という意見もあった。最後に、生活指導主任から、今年度の生活指導・保健指導部の重点事項の一つとして、「多様な考えを認め合い、合意を目指して話し合う態度の育成を図る」が示された。部会終了後、生活指導主任からあなたに、「先ほどの重点事項に基づいて、どのように指導に取り組んでいくか、具体的に考える必要がありますね。」と話があった。

この事例の学校において、あなたはどのように指導に取り組んでいくか、志望する校種に即して、課題を明確にしたうえで、具体的な方策を二つ挙げ、それぞれ10行（350字）程度で述べなさい。

＊「自分なりの意見を言う」は、生徒にとって、他人と区別しつつ、自己を主張するという難しい課題だ。しかも「協力」まで要請される。その意味では、気持ちが主題ではないが、例で挙げたコミュニケーションの問題と共通する内容である。

◆◆残念な解答フレーズ

◇「コミュニケーション力」を個人の能力の問題ととらえる
◇「コミュニケーション力」の定義を検討しないで議論する
◇他者への共感能力を「人の気持ちが分かる」力と単純化する

国際化と異文化共生

テーマの理解

【Introduction】

グローバル化は、コロナ危機で一時的に減速したように見えたが、再び、世界をヒト・カネ・モノが自由に行き来しだした。それに対応して教育現場でも「国際化」が進行している。「小学校からの英語教育」もこの国際化への対応の一つだろう。３・４年生では、成績や評価よりも外国語に親しませて興味を喚起する目的で、教育内容も細かい知識より「英語が使える喜び」を体験させる。５・６年生になって「教科化」しても、英米の文化を学ぶという方向ではない。現在のアジアでの英語の使われ方を見て分かるように、むしろ、英語を利用することで、相互コミュニケーションを図るべき時代になりつつあるのだろう。

【Actors Map】

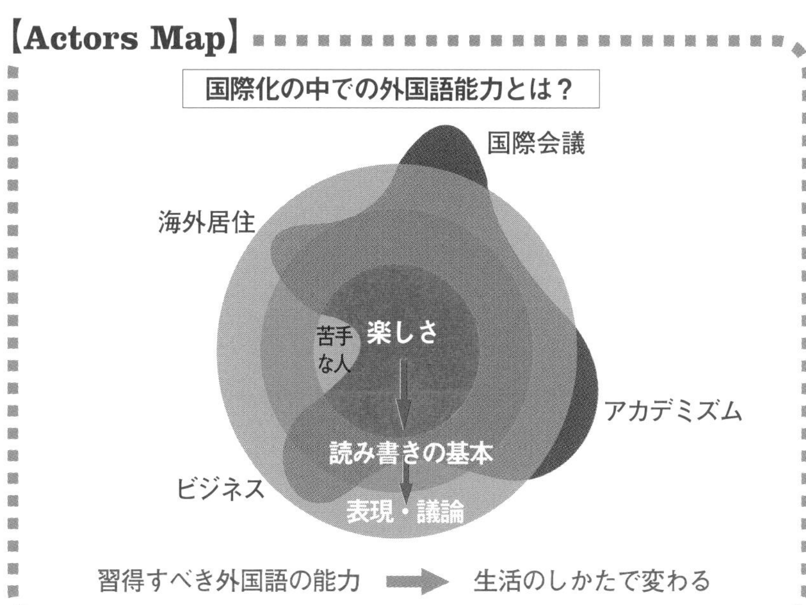

問題点は何か

国際化の本質は？

「国際化」と「国際貢献」は混同されがちだが、まったく違う概念である。後者は、外国で戦争や災害、あるいは社会問題などが起こった場合、日本から援助グループや救助隊、あるいはお金を出して、外国で苦しんでいる人々を助ける行為を言う。それに対して、**「国際化」とは、むしろ日本の社会において外国および外国人との接触が多くなった結果として、さまざまな問題が起こってくる現象**をいう。

●高校の国際科の生徒たちが楽しそうに集っている

国際化のいい面と悪い面

日本国内で、外国や外国人との接触が多くなるのは多様性の拡充という点からすれば望ましいようだが、社会が変化するときには、いい面ばかりでなく悪い面も出てくることが多い。「国際化」のいい面は、社会が多様化して活性化すること、それに対して、悪い面は、社会が動揺して一時的に不安定化することだろう。しかし、実はこの「多様化」と「動揺」、「活性化」と「不安定化」は実際的には、ほとんど同じことなのである。

なぜなら、社会が多様化すれば、いろいろな場合や人間が増えるのだから、今までのやっていた方法では間に合わなくなって変えなければならなくなるので動揺するし、活性化すれば「何か新しいことをしなければ」と人間が動き出すので、今までの「安定」した状態が崩れ、新しい安定ができるまで、不安定に陥らざるを得ないからだ。結局のところ、多様化と動揺、活性化と不安定化は同じ一つの現象の盾の両面にすぎないのである。

Point 国際化 ＜ 多様化・活性化 / 動揺・不安定化

外国・外国人との付き合いが頻繁になるので、今までの日本人中心の人間関係も仕事内容も変わらざるを得ない。当然、そういう変化に耐えられない人も出てきて、あちこちで問題が起こる、という状況になるのだ。

たとえば、教育系出版業界などでは、新学期の始まりから夏までの間に売上げが伸び、それ以外の時期はあまり売上げが上がらない。これは日本の学校の区切りに影響されている。ところが、外国資本が入って社長も外国人になると、日本の教育状況をあまり知らないので、「四半期ごとに利益を上げろ！」などと「グローバル基準」に基づいて指示を出す。現場を担当する社員が、日本市場の特徴を説明しようにも、英語力が足りないので、社長が納得できる説明ができない。一方、英語が堪能な社員は、社長の機嫌を損ねたくないので、現場の困難を伝えようとしない。

これでは、せっかく外国資本が入っても、事業を大きくすることができない。国際化は日本社会の発展のきっかけになるべきなのに、むしろ障害になっているのだ。

教育への諸々の影響

教育のさまざまな面への影響

学校でも、もちろん国際化の状況は進行している。たとえば、外国人労働者が入ってきた結果、その子弟が学校に入学することは少なくない。筆者にも「インドネシア人の児童が入学してきたのだが、児童の名前をどう呼んだらよいか？」などという相談がときどき寄せられる。日本の名前のように、名字と名前という仕組みになっていない場合も多いし、パスポート上の名前と呼び名が異なる場合も少なくない。

さらに、宗教的な禁忌にも気をつけなくてはならない。たとえば、イスラム教では豚肉が食べられない決まりになっている。以前、味の素に豚の脂が入っている、というデマが広がったために、インドネシア全土で激しい不買運動が起こったほどである。日本では食事のタブーがほぼ存在しないので理解しにくいのだが、ムスリム以外の宗教においても、食事のタブーは厳格なので、受け入れる側でも意識して尊重しなくては、トラブルの種となりかねない。最近では「ハラル認証」がよく言われるが、「ハラル」とは「許された」という意味であり、逆に許されていないのは「ハラム」と呼ばれ、豚肉、酒などが「ハラム」に当たる。さらに牛肉などでも、イスラムの教えに沿って処理されたものでなければならない、という場合もある。「ハラル認証」とは、このタブーに配慮した食品基準で、食事をともにするときには、この基準を参照するのがいいかもしれない。

ハラルとは何か？

●ハラル認証をされた食事の例（時事通信フォト）

外国につながる子どもへの配慮点

バイリンガルの問題点

国際化が進行する状況では、もちろん日本語以外の言語のスキルもより強く求められるようになる。だから、日本で「英語教育の必要」が声高に言われるのだが、日本社会の「国際化」という側面に注目すれば、必ずしも英語が必要になるとは限らない。むしろ、日本に入ってくる外国人は、圧倒的にアジア出身が多いのだから、彼らとコミュニケーションするには、日本語の方が「共通語」になる。とすれば、外国につながる子どもに対して、十分な日本語教育の機会を与える仕組みを作る必要があろう。

子どもの時から外国に住んでいる人は「バイリンガル」と言えば聞こえはいいが、家庭では日本語を使わない一方で、学校では日本語だけで授業がなされるので、日本語でも母語でも高度な内容を学べないことになりかねない。その結果、両方の言語ともに十分に使えない、という「ダブル・リミテッド」という状態に陥る。そうすれば、上級学校への進学や将来の就職にも悪影響を及ぼす。何より、学校に興味をなくして「不登校」になったら、後が大変になる。初めから、**言語の壁が高いことを予想して、日本語能力**

を上げるとともに、言語と学習内容を補習する体制を組まなければならないだろう。

英語教育の必要性とは？

他方、日本人の「国際化」への対処は、英語スキルばかりが強調されるが、その必要が言われるわりには、教育効果には疑問符がついている。実際、日本人の英語能力が高くないことはよく知られている。たとえば、アメリカの大学入学の基準として使われるTOEFL(Test of English as a Foreign Language)では、日本の順位はアジアでの中で27位でネパールよりも低い。これでは、国際化時代に対応できないと危機感が高まるのも当然だろう。

しかし、この評価は額面通りには受け取れない。TOEFLの受験料は高額で245ドルもする。円安が続く現在では37,000円超(2023年11月時点)。日本人でも高いと感じるのだから、途上国で試験が受けられるのは一部の特権階級に限られる。だから受験人数は数十人から数百人とであり、家庭教師など特別な教育環境を持つ人々しか受けられない。日本のように、受験者数が８万人を超えるなど、普通の家庭環境の人までが受ける国とは事情が違う。単純に数字だけ比べるのは意味がないのである。

●TOEFL の日本とアジア諸国の順位･平均得点表 (ETS"Test and Score Data Sammary")

順位	国名	Reading	Listening	Speaking	Writing	Total
1	シンガポール	24	25	24	24	98
2	インド	23	24	24	24	95
3	マレーシア	23	24	22	23	91
9	香港	21	23	22	22	88
10	韓国	22	21	20	20	83
26	ヴェトナム	21	21	21	22	84
27	日本	18	18	17	18	72

英語に慣れる政策？

かつては、英語を効率的に習得させようとして「英語公用語論」の主張もなされた。公的な文書や掲示などで、日本語と同様に英語も必ず使われるように法律で定めたら、日常的に英語に触れる機会が増えて、全体としての英語能力が増すはずだというのだ。

英語公用語論の勘違い

だが、残念ながら、その効果は何とも言えない。世界の中で、複数の公用語を定めている国は、そもそもの成り立ちから多民族・多文化国家が多く、「日本語公用語論」で言われたように、**国民を外国語に親しませせる目的で制度化されている国など存在しない。**たとえば、カナダにはフランス語圏と英語圏が並立している。だから、フランス語使用者と英語使用者で差別が起こったり、格差や不利益が出てこないように、公用語が英語とフランス語の二つになったのである。インドやフィリピンなどの旧英米植民地も英語が通じると言われるが、実はインドは地域で言葉が大きく違っているので、20以上の公用語が決められている。だから、英語が「準公用語」として共通語として使用されているのである。フィリピンも島ごとに言語が違うので英語しか共通の言語がない。でも、日本は近代化したとき、すでに共通語を作っているので、その必要はないはずだ。

Point 英語に親しませるために二カ国語表記する国は存在しない

シンガポールはモデルになるか？

「英語公用語論」が出てきたのは、日本経済失速への不安と関係しているかもしれない。たとえば、シンガポールはアジアの小国なのに急激に経済発展して、一人当たりGDPでは日本よりはるかに上だ。これは、国民のほぼすべてが英語を操れて、グローバル経済に適合しているからだ、などと言われた。

多様な英語が存在する

ただ、実態はそうシンプルではない。シンガポールの英語はSinglishと言われ、アジアの商業語であるマレー語や中国語の影響を受けている。たとえば、時制を使わない。“I go to school yesterday.”と言う。主語も省略可能で「これ、少しまけてよ」と値段交渉するときは“Can discount?”、答えは当然“Can!”ないし“Can't!”。近頃は、高い教育を受けた人は正統的な英語をしゃべるように訓練されているのだが、庶民の英語はこんなレベルなのだ。

こういう英語は「ピジン・イングリッシュ」の一種と言われる。昔は文法を知らない「現地人」の使う未熟な英語としてバカにされていた。しかし、このようなSinglishには、シンガポールが属するマレー文化圏で使われる言語が影響している結果であり、欧米を基準や手本にして、「おかしい」とピジン・イングリッシュをバカにするのは植民地主義的偏見にすぎないのだ。実際、日本語をはじめとして、アジアの言葉にはたいてい時制はないし、英語に比べれば文法もシンプルだ。そんな中で英語を取り入れると文法も「アジア化」されるのは当然だろう。

●銀座にもさまざまな人種の人々が歩いている

アジア英語と日本の英語教育の乖離

だが、日本の英語教育は、残念ながらその方向に進んでいない。それどころかますます「英米（native）並み」を要求するようになった。たしかに、習得の難しい方が教え甲斐はあるし、教育の需要も多くなる。だから、教師側には文法・語彙を簡単にする動機がない。その結果、英語教育が盛んになる一方で、ほとんどの学習者は十分に習得できず途中で挫折する。結局、国民の英語レベルは上がらないという悪循環になる。

外国語が必要な状況とは？

身も蓋もない言い方をすれば、**英語が上達するインセンティヴが高まるには、自国語だけでは情報取得がしにくい状況が必要**かもしれない。たとえば、オランダ・北欧などは人口が400万～ 1,600万人と少ない。自国語で翻訳本を出しても採算が取りにくい。たとえば、日本でも2,000部売れる本は、オランダ・北欧では70部から200部しか売れない。出版して採算が取れる書物は限られるので、英語など外国語を習得しないと、必要な知識情報が得られないことになる。実際、筆者は、ヨーロッパを旅したとき、チェコ出身の女性と知り合いになった。筆者とは英語で話したが、彼女の母語はドイツ語で、夫はフランス人なので独仏の通訳になり、退職後はスペインで暮らしているという。東京に行ったときに乗ったはとバスではスペイン語を選んだそうだ。このようにヨーロッパでは数カ国語を操る人が仕事の幅を広げるのである。

幸福な教育状況？

英語が上達する皮肉な条件

それに対して、日本は、例外的な状況を除き、ほぼ外国語を使わなくてすむ状況にある。大学教育レベルも自国語で行え、日常生活でも英語を使わなければ困る状況にはない。英語に触れる時間が少なくなるので、大学卒業生もうまく使えない。ただ、この状況は、日本語が自国民に平等に開かれているという「幸福な状況」の裏返しでもあるのだ。実際、自国語で高等教育までできる国は、英米仏独など先進国のごく一部にすぎない。たとえば、マレーシアは数学をマレー語ではなく英語で行っている。アフリカ諸国では中等教育以降が英語か仏語だ。結果として、エリート層は外国語の方が得意になり、国際的な活躍の場も広がるのに対して、非エリート層は自国語（ないし地域語）しか使えないので、高等教育の与える知識から疎外される。

Point 英語を使えない＝教育が国民に平等に開かれた幸福の裏返し

だが、日本では、日本語で高いレベルの知識にアクセスできるので、非エリート層でも比較的高度な知識を持てる仕組みになっている。だから、国民の中に分断と差別も起こりにくい。どちらを評価すべきかは難しいところだろう。

どう解決するか

ただ、現在の社会情勢では、外国語を使う必要性が高くなることに変わりはない。日本では消費の伸びは期待できず、商品の販売先を見つけるためには新興国の市場に期待せざるを得ない。オフィスが海外にも散らばり、Zoomなどで多国間を結んでコミュニケーションを図る必要も出てくる。外国資本で働く場合も次第に多くなる。日本語しか使えないのは大きなハンディになるだろう。

小学校からの英語教育

英語だけが学習内容ではない

こういう流れの中では、小学校からの英語教育も受け入れざるを得ない。とくに、言語と音楽は耳と手と口で慣れる体験が大切で、早くから始めた方が圧倒的に有利である。実際、筆者も小学校5年から英語の発音などを練習したことが、今でも役に立っている。

ただ、問題なのは、学習内容は外国語以外にもたくさんあることだ。算数・理科・社会などの時間が、英語のおかげで減少するのでは、科学立国や情報化に反する。総時間数を増やすには限界があり、経済合理性があっても無限に増やせるわけではない。他方で「豊かな人間性」も涵養しなければならない。その意味で、**文部科学省が「小学校の英語で成績をつけず、英語に親しませるのが目的」と言ったのは、妥当なポリシー**だったのである。

トレード・オフの関係

外国語の必要性  他教科の修得時間確保

⬇

小学校の英語には限界があるべき

リンガ・フランカ(Lingua Franca)を目指す?

英語教育は変わらねばならない

もし英語を国際共通語として使うなら、現在使われているアジア英語のようなものを目標とする発想も必要だろう。英米文化の細部までを伝えるための表現や語彙ではなく、商業語として通用しやすい形にするのだ。実際、マレー語は、東南アジアで広く使われてきたので、時制や人称による語形変化がなく、極めて覚えやすい構造になっている。**英語も、自国語の範囲に合わせて作り直して世界共通語(リンガ・フランカ)として使えばいい**はずである。

もしそうなら、日本の英語教育も劇的に変わらねばならない。英米を手本に細かな文法・表現にこだわるのをやめ、シンプルな表現を活用して意思を伝えることを重視すべきだ。実際、イギリス以外のヨーロッパ知識人の英語はその方向に進化している。小学校からの英語で、中学以降の英語を先取りして学習させるという発想では、今までの過ちを繰り返すだけだろう。

Theme 7 国際化と異文化共生

例題の研究

問題　青森県

本県の目指す教師像の一つに、「豊かな人間性や社会性を持ち、多様な他者と関わることができる教員」があります。この教師像に向かって、あなたはどのように取り組んでいくか、自身がこれまで培ってきたことに触れながら具体的に述べなさい。（時間不明・600字〜800字以内）

考え方のプロセス

設問の表現を解釈する

抽象的な理念の具体化

一読すると、この問題は「教師の資質と能力」の項目の方に相応しい話題のように思える。しかし、「豊かな人間性や社会性」「多様な他者と関わる」という言葉は美しい理念だが、いささか抽象的でつかみどころがない。しかも、設問には「自分がこれまで培ってきたことに触れ」とあるので、抽象的な議論に終わらず、具体的な場面や体験に落とし込んで書くことが求められている。

とすれば、**この理念を具体的な状況に適用すれば、さまざまな分野で書けることになる。**たとえば、この場面を、多様な国籍の人が日本に入ってくる現象に応用すればどうか？「国際化」という問題に、教師が自分の「人間性や社会性」をどう持って対応すれば「豊かな」と評価されるか、という問題に読み替えられる。「多様な他者と関わる」も、外国に出自を持つような児童・生徒がクラスの中に入ってくる事態と考えれば、具体的な問題としてとらえ直すことができる。

実際、現在の日本は「世界第四位の移民国家」と言われるほど、

「移民国家」の教育

外国人労働者が増え、生産に不可欠な存在となりつつある。それにともなって、学校でも、さまざまな外国を出自とする児童・生徒が増えている。筆者も、知り合いの幼稚園から、インドネシア生まれの園児が入って来たが、名前をどう呼んだらいいか、読み方を教えてほしいと相談を受けたことがある。幸い、インドネシア語の発音はローマ字とそう違わないので、簡単だったが、それはさておき、外国人の児童・生徒が入ってくることが普通の状態になっているのは確かだろう。

言語と学力の問題

日本語力が他教科に影響

ただ、問題なのは、このような児童・生徒は、教育施設・学校では日本語環境なのだが、家庭では母語で話すので、どうしても日本語の上達が遅くなるということであろう。そのため、日常会話はできても、教科書や授業の中での説明や教示が十分に伝わらない。それが、すべての教科に影響して、成績が低迷するという結果になる。実際、外国人の親を持つ中学の生徒たちの40%近くが不登校になる、という衝撃的なデータも存在している。

しかも、問題が発見されたときは、すでにある程度時間が経過していて、つまづいたところに戻って学習し直すには、かなりの手間と時間がかかることが多い。つまづきも各自違うので、児童・生徒ごとに問題点を見いだし、個別に補習をすることが必要になる。適切な態勢が学校全体で取れないと、なかなか効果は上がらない。

もし、こういう難しい状況に対応できる教師がいれば、その人は、「外国で暮らす」という、複雑な境遇にある「多様な他者」の事情を考慮しつつ、それと関わるうえで、適切な対応をできていることになるし「豊かな人間性や社会性」を備えていると言えるだろう。

人間性とは理解力と実行力

しかし、その「人間性や社会性」は単なる生来の資質や能力だけで出て来るわけではない。むしろ、児童・生徒の置かれている**固有の状況を深く理解して、それに対して学習効果が上がるようなプログラムを考案する**など、個人の具体的な事情に辛抱強くつきあって、一つ一つ理解を深めていく時間を積み重ねられる理解力と実行力が伴わなければならない。

現代の状況を理解する

つまり「豊かな人間性や社会性」や「多様な他者と関わる」力とは、単なるモラルの問題ではなく、現代社会でどんな事態が進行し、それが教育という場面でどんな現象として表れるのか、を正確に理解し、自分の立場から適切に介入するという具体的行動の中で現れるのだ。

「できない」ことへの理解

実際、**学業に困難を抱える児童・生徒は、教師には思いもよらないところに困難を感じる**ことが少なくない。たとえば、数学が出来ない子どもは、数学の教科書の「…せよ」という命令口調だけで、怒りを感じて勉強が進められない。だから『中学数学をやり直す』などという参考書では、「…せよ」を使わず、わざわざ「…してください」という丁寧口調を使う。そうしないと、過去の「屈辱」を呼び起こして学習を妨げられるからだ。説明や証明も「前述したように…」などと省略せず、繰り返しになっても、いちいち初めから説明し直す。「ここまでならできるはずだ」という教師側の思い込みに頼らず、抵抗なく理解ができるように工夫するのだ。こういう配慮をすることで、生徒の学習意欲を引き出せるのである。

論理と構成の重要性

無意識から意識化へ

言語は日常生活で会話できればいいのではない。むしろ大事なのは、今まで無意識に馴染んだものを意識化して、世界を深く理解することにつなげることだろう。たとえば、内容を変えないで、他の表現を使って言い換えたり、具体的なイメージを抽象的な概念に直したり、逆に抽象的な概念を具体化して効果的に伝えたりしながら、一貫した内容を表す。このような訓練は、言語が違っても同じである。相手が外国語・外国人だからといって、特有の論理や構成があるわけではない。そういう世界共通の言語的能力を身につけ、それを操作して理解を深める。言葉の成り立ちから日本語をとらえ直して学習し直せば、もののとらえ方を深化させられるのだ。

分かる楽しさを感じさせる

どんな学習分野でもそうだが、何か一つ分かって来たり出来た

分かる経験の大切さ

りすると、それだけで面白くなって弾みがつく。前よりも分かってきた、前進している、という感覚に自然に鼓舞されて、先に進もうという気持ちになるからである。もちろん、その先にまた新しい課題も見えてくるが、問題を解決する喜びを知っていれば、課題があっても苦にならない。「前のはできたのだから、これもできるかもしれない」という希望がチャレンジする気持ちを支え、それが叶えられることで、また希望が育てられるのだ。

ただ、自分の達成を他人と比べると、その希望が毀損される。比較することで自分の足りない部分が否応なく自覚され、劣等感が刺激されるからだ。結果として、自分ができたという感覚に集中できず、できないことに注意が向く。たしかに、競争心をかき立てられることは、自分を向上させるうえで大切な役割も果たすが、劣っている自分を自覚しすぎると、努力や学習自体を否定してしまう可能性もある。

過度な競争意識から守る

そういう過度な競争にさらされないように、**教師は、子どもたちが自分の努力と達成自体に集中できるように、他者との比較から守らなければならない**。比較は、他人と自分の違いを無視して、「成績」とか「才能」とか、ある一元的な基準や価値観を設定することから始まるが、学習に困難を感じる場合は、他人より、過去の自分と現在の自分との比較で考えるべきであろう。過去の不自由な状態から解放されて、新しい課題に直面する自由と喜びを味えるように配慮するのが、教師の「豊かな人間性や社会性」なのだ。

●解答例の構成

問題を具体化 設問のキーワードを具体化する

▼

本質と焦点 外国につながる子どもたちの困難を理解する

▼

体験と方法 自分の体験➡困難への理解

▼

取組の方向 「多様な他者」への援助➡人間性・社会性が問われる

解答例

問題具体化

「豊かな人間性や社会性を持ち、多様な他者と関わることができる教員」という理想は具体的な状況の中で行動として表される。たとえば、現代日本社会では国際化が進んでおり、学校の中にも外国につながる児童や生徒がしばしば入学してくる。実際に、こういう「多様な他者」とどう関わるか。そこに「豊かな人間性や社会性」が問われるのだ。

本質・焦点

とくに、これら児童や生徒が抱えやすい問題は、日本語の言語運用力だろう。学校で日本語を使っていても、家庭では母語を使っているので、日本語の運用が日常会話レベルから先に進みにくく、親も援助できない。そのため、子どもが孤立して状況に適応できない。日常会話レベルはできても、その先の抽象語の理解や具体化、言い換えなどがうまくいかない。その結果、教科における説明や指示が分からず、成績が低迷することになる。

体験・方法

教師を志す人は、自分も含めて、教育に困難が少なかった傾向があるので、この辺の事情が分かりにくい。実際、私も以前学業に困難を抱える外国生まれの生徒を教えたことがあるが、数学の「…せよ」という命令口調が嫌いで、学習を進められないと訴えられて、一瞬言葉を失ったことがある。学習過程で、どんなトラウマを抱えたのかが想像されて、あわてて「…してください」という文体の参考書を探して、なんとか勉強を続けられるようにしたことがある。

取組・方向

このように、それぞれ固有の事情を抱える「多様な他者」の状況を理解し、解決策を一つ一つ提示し、適切な援助を工夫できることが、「豊かな人間性や社会性」として結実する。外国人も経済やコミュニティの不可欠な一部となりつつある中、学ぶことが苦しさではなく、楽しさの発見であるように、今までの教え方や教材を工夫していきたい。

●論点のまとめ

国際化と異文化共生

定義	日常に外国出自の人々が増える→さまざまな問題が生じる＋外国に興味を持って交流する→外国語の必要
背景	日本経済の沈滞→外国市場への進出→グローバル人材への期待＋外国人の流入→外国につながる子どもを教える状況
分析	Englishes 英語の多様化→使いやすい英語へ、外国につながる子どもの固有の状況への配慮
提案	「正しい英語」より交流のメディアとしての利用＋日本語の理解は他教科の理解の基礎にある

●応用問題

神戸市　一般選考（時間・字数不明）

神戸市の求める人物像として「自律心を備え、多様性を尊重し、協調・協働できる人」を掲げています。あなたはこの「多様性」をどのようなものと考えますか。学校園における多様性について大切にすべき点を、子どもたちに対して、および同僚に対しての二つの視点から具体的な例を挙げて論じなさい。

＊「多様性」を、国際化にともなう諸問題と考えれば、出自の違う者同士の協調･協働の問題とすることができる。とくに神戸市は、昔から国際性豊かな地域である。その中で「自律心を持つ」とはどういうことか？ 「自立心」でないことに注意したい。

◆◆残念な解答フレーズ

◇英語力をつけるために教育時間の延長を提案する
◇言語の複数性・多様性に気づかない
◇外国人の日本への「同化」を前提にする

Theme 8 学校の安全と危機管理

テーマの理解

【Introduction】

「学校の安全」というと、世間・社会に潜む危険から学校内の児童・生徒をいかに守るか、と考えがちだが、学校には特有の「教育リスク」がある。とくに「教育は善なる行為」だという前提が強いと、何らかの教育効果さえあれば、学校で行われることは何でも肯定され、現実にリスクがあっても見落とされがちだ。近年も「組体操」のリスクについて学校の外部から批判が起こったが、現場では「危険ばかり気にしていては何も教えられない」と反発の声が相次いだ。しかし、データを揃えた疑問に対して、漠然と想定された教育効果だけで反論するのはおかしい。まずリスクの正確な評価をし、危険が認められる場合は躊躇せず、対処・改善すべきなのである。

【Actors Map】

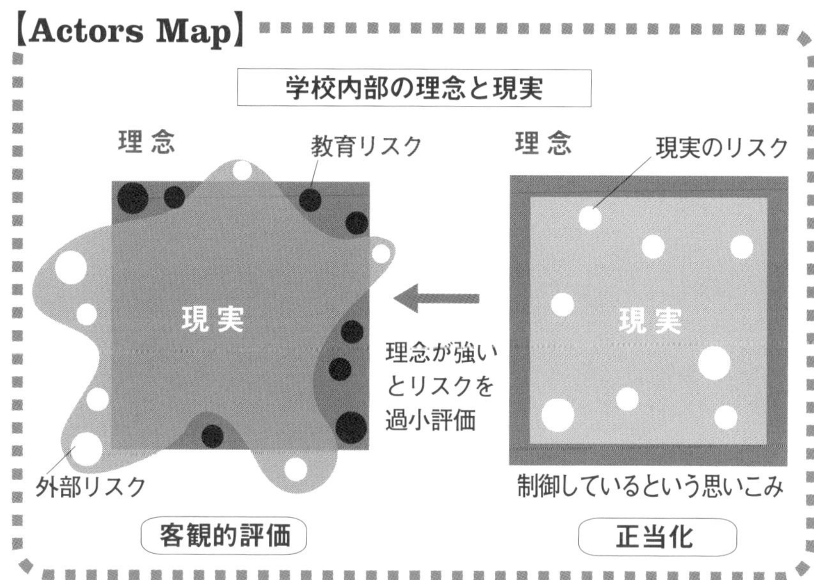

問題点は何か

学校特有の危険に気づく

学校特有の危険の存在

学校は、実社会に比べれば安全な場所と考えられやすいが、**学校の活動にはそれ特有の危険も存在する**。たとえば、「組体操」や「プールの飛び込み」「柔道の組み手」などの身体活動は容易に危険に変わる。かつて盛んに行われた「組体操」は多人数の児童・生徒が身体を組み合わせ、さまざまな形を表現する競技だ。実際、「ピラミッド」では人が四つん這いになり、そのうえの二段目、三段目と人が乗って、高さと段数を競う。

●人間ピラミッド（10段）を横から見た図
（内田良『教育という病 子どもと先生を苦しめる「教育リスク」』）

高い「ピラミッド」を成功させるには、練習して集中力を高めなければならない。そのプロセスは、児童・生徒の団結心と信頼感を育み、いったん成功すると感動を与えるとして一時は運動会の目玉にもなった。

組体操は感動を引き起こす？

組体操には、関わっているものすべてを「感動」に包み込む力を持っています。そして、その「感動」は、深い信頼関係によりもたらされています。…最も大きな負担のかかる子どもたちは、外からはその姿を見ることはできません。それでも、その子どもたちは、歯を食いしばりピラミッドの完成を願っています。そんな彼、彼女らを信頼しているからこそ、最後の１人は、勇気を出してピラミッドの頂上で両手を広げることができるのです。(「組体操の魅力はズバリ『感動』だ！」)

しかし、このような教育効果が期待される一方で、下の段が重みに耐えかねて崩れ、児童・生徒が骨折する事故も相次いだ。たとえば、熊本県の中学校では 10 段ピラミッドが崩れ、生徒の一人が全治一ヶ月の腰椎骨折を負った。脊髄損傷で全身不随に至って裁判に持ち込まれ、学校側が敗訴したりという例もある。

危険が指摘されても受け付けない

だが、学校現場からの反省の声はなかなか聞こえてこなかった。むしろ「運動には怪我がつきものだ」「何でも危ないと言い出したら、何もできなくなる」「恐怖に打ち勝って成し遂げてこそ達成感が生まれる」など、教育効果が高いから多少の危険があっても実施すべきという意見が当初は大勢を占めていたのである。

Point 組体操の擁護論＝運動には危険がつきもの

教育リスクの概念

だが、教育効果の素晴らしさを信ずるあまり、もたらすリスクに鈍感になるのでは、子どもを預かる環境として本末転倒だろう。

「善きもの」であるがゆえに歯止めがかからず、暴走していく。「感動」や「子どものため」という眩い教育目標は、そこに潜む多大なリスクを見えなくさせる。(内田良『教育という病　子どもと先生を苦しめる「教育リスク」』)

教育リスクに気づくべき

教育分野では､行為の動機に遡って「子どもが本当に良いと思ってその行動を選ぶ」ことが望ましい効果とされる。しかし、このような評価の特徴は、逆転して「動機さえよければ、その結果を問わない」姿勢にもつながるだけでなく「子どもにとって大切な達成感が得られるのなら、多少の危険には目をつぶるべき」という主張にもなりかねない。学校での活動に教育効果を重視するのは当然だが、少なくとも、そのもたらすリスクに対して教師は自覚的であるべきであろう。

教育リスク＝教育の善を信じて客観的に評価しない

柔道事故の教訓

このような「教育リスク」の構造は「柔道事故」でも同様だった。柔道は身体の接触が多いので、ラクビーに次いで死亡事故が多く、30年間で約120名もの生徒が死亡している。とくに初心者が大外刈りの練習をして、頭を強打して死亡するケースが目立つ。

●運動部活動別の頭部外傷による死亡率
(中学校・高校 1994～2013年)

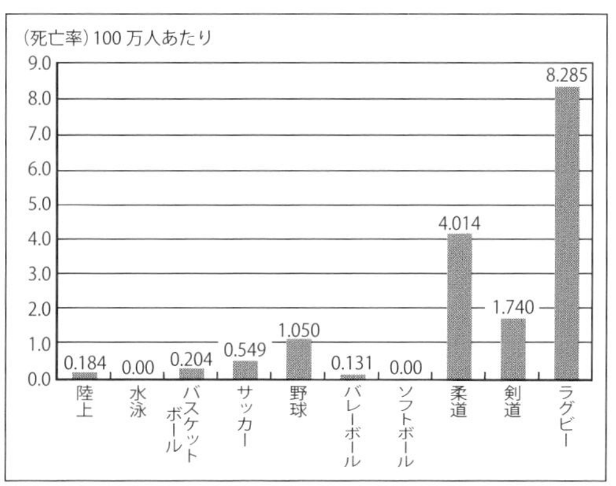

しかし、客観的なデータを示されても、当初、柔道界の反応は「そんな事故を恐れていては十分な指導ができない」「柔道は、そもそも人が死ぬ覚悟を持ってやるものだ」などと鈍かったという。むしろ「柔道の意義を強調することと、安全指導をすることは相容れない」（内田）とすらとらえられていたようだ。

海外では「死亡事故」はなかった

だが、スポーツに「覚悟」や「精神」を強調する傾向は、日本特有のようだ。実際、欧米では、柔道での死亡事故はほとんど起こっていない。たとえば、フランスでは柔道人口は約60万人と、日本の三倍なのに死亡事故はほとんど報告されていない。これは、欧米では、練習時に安全対策に十分な注意が払われているからだろう。

教育効果は危険に優先するか？

指導者が新しい投げ技を教える場面があった。細かく投げ方の指導があり、…新しく習得した技を用いて、高校生は切れよく相手を投げようとした。ビュンと相手の身体が勢いよく畳に沈みかけたその瞬間、投げ手の動作は急に緩やかになった。そして、最後は相手を畳のうえに、やさしく落とした（置いた）のである。(内田前掲書 p.229)

技の習得にはタイミングさえ掴めばよいので、相手を力任せに叩きつける必要はない。このように安全に配慮した合理的指導法と「死ぬ覚悟を持つ」という「精神論」では、**スポーツへの認識が大きく異なり、結果として死亡事故率で差が出てくる**と考えられる。

状況はどうやって改善されたか？

しかしながら、この状況は大きく変化し、最近は死亡事故が減ってきた。これは、2011年に「柔道事故」がマスコミでも取り上げられ、社会問題化したからである。全柔連（全国柔道連盟）も事態を重く見て、頭部外傷の予防を中心とした安全対策を策定した。

●柔道中の頭部外傷時対応マニュアルの一部（全柔連「柔道の安全指導」）

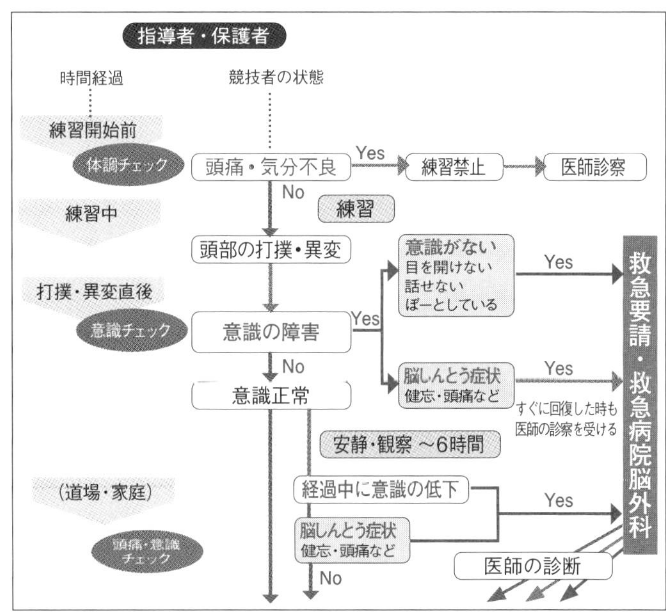

前ページに見られるように詳細なパンフレットを作り、試合や練習の現場で守るべき「安全対策」として定められ、実行させたのだ。この対応マニュアルでは、ちょっとした異変の徴候でも軽視せず、救急要請や救急病院へ搬送するように指示されている。さらに意識があっても、すぐに練習に復帰させるようなことはせず、安静・観察を徹底させる。これは、外見的に異常がなくても、すぐ練習に復帰させた結果、数週間たって死亡したケースが実際にあったからだ。このような対応の変化が、具体的な数字という結果となって表れたと考えられる。

Point 精神論＝危険を放置するリスクがある

データに基づき具体的に対策する

このように、安全を守るには「精神論」や「鍛錬」を叫ぶだけでは十分ではない。むしろ、**事故の背景と原因を、データに基づいて確認して、危険が現実化しないように、原因を除去するなど具体的な対策をとる**必要がある。その結果として、事故も減るのである。前述した「組体操」でも、大阪市教育委員会はタワーとピラミッドを禁止する通達を出した。実際、大人でも「2m以上」の高さで作業するときは、落下時の安全措置を取ることが定められているのに、危険に対する措置なしで「感動」のために学校の活動が実行されるとしたら、「教育自体がリスクだ」と言われても仕方がないだろう。

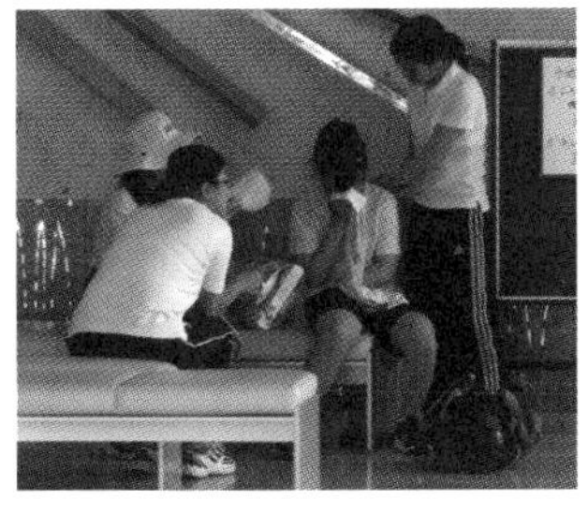
●熱中症で倒れた女子生徒を介抱する学校関係者（時事通信フォト）

最近は温暖化の急激な進行とともに、夏場の体育の授業自体が危険になる場合が出てきた。そういうときは、柔道の対応マニュアルに倣って、こういう時はこうする、等の対応を定める必要が出てくる。「暑いけれどがんばろう！」などと精神論に頼ってはならないのである。

教師も教育リスクに晒される

実は「教育リスク」は、児童・生徒だけが直面するわけではない。**教師も別な意味での「教育リスク」に晒されている。**なぜなら、日本の組織では、パワーハラスメントやいじめが存在するが、それらが「善であるべき教育現場」の印象を崩すまいと、見逃されたり隠蔽されたりしやすい構造にあるからだ。

●教師に対するいじめ事件で会見する神戸市立東須磨小学校の校長たち（時事通信フォト）

教師にも教育リスクは存在する

たとえば、2019年には、神戸市東須磨小学校で、新任の教師が先輩教師四人（女性１人、男性３人）から暴行を受けていた、という事件が明らかになった。「役立たず！」などと暴言を浴びせたり、辛いものが苦手なのに激辛カレーを食べさせたり、車で送り迎えを強要したり、さらには、児童に「あの先生の授業を潰せ！」とけしかけていたともいう。カレーの件は録画もされた。このような行為は、生徒間で行われている「いじめ」と何も変わりがない。犯人の一人の女性教諭は、校長の信頼が厚く、他教諭から不適切な行為を告発されても対応が遅れた、という。

それどころか、処分の過程でも謹慎のための休職が「有給休暇」扱いになるなど「内輪でのかばい合い」と見られかねない扱いが目立った。組織の不祥事が明らかになった場合、**不公正や隠蔽という印象を抱かせてはならないのは**危機管理の鉄則だ。それなのに、市教育委員会の前例に従って、漫然と「有給休暇」扱いにしたことで、世間からの強い非難を浴びた。結局、神戸市は一転して「有給休暇」を取り消す羽目になった。

どう解決するか

「教育リスク」では、教育や家庭が「善であるはず」という前提があるので、その前提に惑わされて問題が見過ごされる、という構造になっている。これはGroup Thinking（集団愚考）として知られている現象に似ている。

集団愚考を避けるには

「集団愚考」は、集団としてのまとまりがよい時に出やすい。なぜなら、異質な意見が出て来にくい環境が生成されるからだ。問題が起こったときに、集団の結束を最優先するバイアスがかかり、その結果として、当然考えねばならない条件を無視したり、してはならない決断をしたりして、最悪な結果を招くのである。

たとえば、「柔道は人が死ぬ覚悟を持ってやるものだ」という主張は、武道に人生を捧げる専門家という特殊な倫理･行動様式を持つ人ばかりの集団の中で醸成される。人生を捧げたものを正当化したいのは自然な心理であり、その中で「柔道の権威」を守ることが最大の使命になり「子どもの命が大切だ」という一般社会の倫理と乖離する。当然、さまざまな場面で判断が狂うことになり、「死ぬかもしれない」場面を気にしなくなるので、事故も起こりやすくなるのだ。

学校と社会との関係

教師も武道家などと同様に一種の専門職なので、その活動には外部からはうかがい知れない事情や状況も存在している。そういう中で「教育界は一般社会とは別だ」と思い込むと、危機やリスクの対応において、地域や社会とはかけ離れた意識を持ちやすいし、自分たちの集団を守るために、常識とかけ離れた判断や行動をしやすくなる。学校の独立は大事だが、だからといって一般社会から完全に遊離していいわけではないのだ。

外部性を尊重する

「集団愚考」を避けるには、外部からの意見を積極的に取り入れ、客観的なデータを参照し、まとまり･結束を尊重しすぎないことが大切だ。リスクを感じたら躊躇なく中止すべく発言することが大切だし、学校が、そういう発言を抑圧しないような環境でなければならないのである。

Theme 8 学校の安全と危機管理

例題の研究

問題

さいたま市　小・中・養・栄

学校は、児童・生徒にとって安全･安心な場所でなければなりません。あなたは、このことをどのようにとらえていますか。また、あなたが考える児童・生徒にとって安全･安心な学校を実現するために、どのように取り組んでいきますか。具体的に述べなさい。(45分・800字)

考え方のプロセス

答えるべきポイントはどこか？

「安全・安心」と言っても、さまざまな場面が考えられる。たとえば「いじめ」があれば「安全」ではないし、不登校の子どもにとっては学校が「安心」な場所ではない。その意味で「安全･安心」は、いろいろな項目に関連して書けるかもしれない。だが、ここでは子どもの身体的な安全を脅かす、という視点から考えてみよう。

教育リスクというアイディアを利用する

「学校」とは、当然身体的にも「安全・安心な場」であるべきだが、それは理想を表しているだけで、現実的に「安全」「安心」であることを意味していない。これは、学校を取り巻く社会･世間が危険だからだけでなく、学校内部にも、「危険」を生み出す要素が存在するからだ。しかも、不注意や過失から危険が生まれるだけでなく、むしろ確信と善意によって危険になる、という構造をしているのである。こういう**教育に内在するリスク**を「教育リスク」と呼ぶ。

教育の前提には、子どもを「成長させる」という善なる理想がある。教師を目指す人なら、その「善」を疑うはずはないし、その理想に自分も与(あずか)りたいと思うはずだ。しかし、その理想への信頼が強調されすぎると、かえって問題を生み出すという場合も出てくるのである。

Point 教育リスク＝教育の善を信じる⇒リスクを生ずる

「柔道事故」の対応

教育リスクの典型的な反応

「柔道事故」は、その顕著な一例だろう。もちろん武道には一定の危険が存在する。実際、学校柔道では、30年間で約120件の死亡事故が起きるなど、その危険性が際立っていた。だが、そういう「危険性」は、伝統的に、武道に伴う避けがたい事情として片付けられてきた。

それどころか、外部からリスクの存在を指摘されても、柔道界では「危険であること」自体に価値や教育効果があるような主張を繰り返してきた。実際、「柔道は死ぬ覚悟を持ってやるもの」というような極端な意見が言われていたのである。もちろん、プロの柔道家なら、そのような「決死の覚悟」も必要かもしれない。だが、それを武道必修とする学校の現場で主張するのが相応しいとは言えない。生徒が死亡しても「柔道だから仕方ない」という責任逃れになりかねないからだ。

対応の結果は劇的だった

しかし、そのような傾向は、最近、劇的に変わった。外国と比較すると、日本だけが突出して事故が多いことがデータによって認識されると、事故時のマニュアルが作成されたり、安全についての講習会が開かれたり、積極的な対策が取られた。その結果、ここ数年で死亡事故は少なくなった。内部の感覚だけではなく、**外部の客観的なデータによって、問題点が明確にされ、具体的な対策が取られたからだ。**

教育リスクの認識

Point 外部のデータとの客観的な比較⇒問題が明確化し、具体的な対策が取られる⇒状況の変化

反対に「組体操」で見られたのは、事故を招く危険が認識されても「教育効果」を述べる声が強く、危険性が指摘されても「素晴らしい教育効果」を持つものがつぶされていいのか、という教育者からの反発であった。これは「教育リスク」の典型的な表れである。こういう**「安全」「安心」の問題の底に「教育リスク」があるという構造を認識することが大切である。**

たしかに、「組体操」に「教育的意味」があることは否定できない。実際「子どもたちは、歯を食いしばりピラミッドの完成を願っています。そんな彼、彼女らを信頼しているからこそ、最後の１人は、勇気を出してピラミッドの頂上で両手を広げることができる」という主張は、道徳教育としても魅力的である。なぜなら、「努力」「信頼」「勇気」などという徳目がいくつもにちりばめられているからだ。その結果「組体操」は、互いに信頼して結束することで目的のために頑張るという誰も反対できないイメージを喚起する。

だが、こういう「集団的なまとまりのよさ」は、しばしば逆効果も生むことが知られている。なぜなら、内部の結束が強くなりすぎると異分子が存在しにくくなり、集団優先の決定が暴走して、決定的間違いを起こすからだ。

警告者は秩序を乱す者ではない

とくに日本社会は保守的な傾向が強く、構造的な不具合が発見しても、今までのやってきたやり方をなかなか変えられない。そういう集団にいる人々にとっては、「ここに問題がある！」という個人の警告は、集団への反逆や批判に聞こえてしまう。だから「余計なことを言うな！」と抑圧する結果になりやすい。本来、間違いを改善する警告者は、集団が危機に陥らないように貢献しているはずなのに、**異を唱えること自体が集団の結束を乱す逸脱行為だと非難されてしまうのだ。**

そういう状況が今でもしばしばあることを考えれば、道徳で教えるべき徳目は「集団への献身」だけではなく、むしろ、集団が暴走しそうな場合に、個人として孤立を恐れずに批判・警告することかもしれない。そうすることが、結局は集団の維持や利益にもかなうはずだ。実際、「いじめ」問題でも、集団のノリで「いじめ」る人間に対して、自分独自の判断に基づいて、集団に異議を唱えて「いじめを止めろ！」と言う人間がいることで、はじめて「いじめ」は止まる、と言われる。

教師の役割はどこにあるか？

どんな善も裏面がある

現実では、どんな「善」でも、状況次第でリスクや悪を抱え込む。たとえば「安心」すると気が緩んで「不注意」になるし、「注意深さ」も過剰になれば「ストレス」に変わる。「慎重」な性格は、現実に何も起こらなければ「心配性」にすぎないし、逆に「迅速」な決定は、結果が悪ければ「軽率」になるだろう。こういう現実の複雑性や多面性を理解することも教育の目的だろう。

もし、集団と個人との関係を、「組体操」のように「互いの信頼」や「集団での協力」「感動の共有」などと一面的に考えると、それに従わない人を「エゴイスト」呼ばわりすることになりかねない。むしろ教師がすべきことは、事態を冷静に認識・評価して、児童・生徒の安全・安心を確保しつつ、自分で判断していく成長の機会を与えることである。

客観性を無視すると現実の危険となる

これは、外部からの指摘に耳を傾けられる力と余裕を持つことでもあろう。教育に関わる人が、教育という営為の素晴らしさに疑いを抱かないのは、職業的プライドとしては当然だが、その態度が外部からの批判や指摘を無視することにつながってはならない。**客観性を尊重しないで自己の正当化に一生懸命になるばかりだと、結局、事故や不祥事となって表れて責任を問われる羽目にもなる。**善なる目的にプライドを持つのはいいが、それが現実的にもたらすかもしれない危険についても、十分に検討しておかねばならない。その意味で、教育リスクについて自覚的であるためには、教師も精神的に成熟している必要があるのだ。

決意表明の結論は有効か？

設問の最後では「具体的に述べなさい」と聞いているが、どこに着目して、どういう方向で行動するか、が分かっていれば、十分「具体的」になるだろう。たとえば「客観的な意見に耳を傾ける」と書いても、例示でサポートしてあれば、十分具体的になるはずだ。

「教育リスク」を叙述してきたことの結論は、そのリスクを避けるためにどこに気をつけるべきか、論じることになる。だが、本当の具体策は教師になったときに実行すべきことであろう。**現在のところは、問題のありかが分かっていれば十分**なのである。

●解答例の構成

主張 学校の内部の「危険」を指摘する

▼

例示 「組体操」の説明とその広がり、批判と反発

▼

背景 「教育リスク」概念の説明

▼

分析 集団愚考➡逸脱が貢献になる逆説

▼

結論 教師としての使命➡外部に耳を傾ける「安全・安心」な教育

解答例

主張

学校の「安全・安心」とは「社会や世間の危険から児童・生徒をどう守るか」と解釈されやすい。たしかに、学校の安全を揺るがすさまざまな事故･事件が起こってきた。だが、学校内部にも、児童・生徒の心身の安全を脅かす「危険」は存在する。それは注目されにくいが、件数としての関係はむしろ多い。

例示

近年､この「危険」に関連して注目されたのが「組体操」であった。運動会などで、多人数が参加して人間の体を使って構造物を作るというパフォーマンスなのだが、崩落すると骨折のリスクがある。それにも関わらず､「皆で協力してなしとげるので、感動を共有できる」と言われ、全国的に広がりを見せた。

これに対しては、教育現場では、なかなか批判の声を上げられず、外部から警告されたことで、規制に向けてやっと事態が動き出した。それでも「これだけ教育効果のあるものをなぜ批判するのか？」という反発の声があるという。

背景

教育では、とくにこういう事態が起こりやすい。なぜなら、教育の本質は「善きものだ」という前提があるので、現実的なリスクに気づきにくい状況があるからだ。結果として、外部からの客観的な指摘や

データに対しても、軽視したり否定したりする。

分析

これは「集団愚考」と言われる現象に似ているかもしれない。まとまりのよい集団では、異なる発想･意見が出て来にくいので、偏った判断をする可能性が高くなるのだ。内部で「説得的な意見」とされても、外部から見るとおかしい。そういうときに「私はおかしいと思う」と言えるメンバーが出てこないといけない。そういうメンバーも、最終的には集団をよくすることで、集団に貢献することが認識されねばならない。

結論

柔道でも、かつて30年に120件もの死亡事故があったが、丁寧な事故防止策がなされたおかげで、最近は死亡事故がなくなったという。見えやすい教育効果だけにこだわることなく、細心にデータを見て安心な教育を実施していきたいと思う。

●論点のまとめ

学校の安全と危機管理

定義	安全・安心＝外部からの脅威＋内部の危険→教育を善とする前提→現実的リスクを軽視する→児童・生徒の危険
背景	「教育効果」しか眼に入らない教師→外部からの批判を否定⇔柔道事故についての関係者の態度と似ていた
分析	例＝組体操についての論争→他者と協働＋感動を体験→大きな教育効果が期待できる→競争・過熱化→児童・生徒の事故・怪我の危険
提案	高さを規制すれば解決するわけではない→外部／データによる批判を聞く、教育リスクに自覚的になる 普遍的ルールでは妥協しない＋「同調と傾聴」を行う

●応用問題

福島県　小（50分・1,000字）

防災は、生活安全・交通安全を含め、安全・危機管理の基本です。自分（たち）のことは自分（たち）で守る。つまり、自分自身で危機を予測したり、危険を避けるための判断に基づいて行動したりすることは、すべての安全についても共通です。このことから、あなたは、「防災への意識を高め、安全な行動ができる子ども」を育てるために、担任としてどのように防災教育に取り組んでいきますか。あなたの考えを述べなさい。

＊集団愚考を避け、個人の判断力を高めるには、どうすればよいか、が問われている。これについては釜石市で行われた「津波てんでんこ」教育などが参考になるだろう（p.13参照）。

◆◆残念な解答フレーズ

◇教育効果を強調する＋気をつける・練習するなどの精神論
◇客観的データより主観的な熱意や効果を重視する
◇「外部」からの指摘に対して、学校内部の秩序を優先する

Theme 8 学校の安全と危機管理

想定面接のポイント

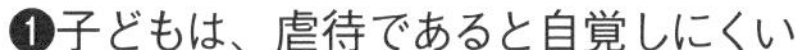

❶子どもは、虐待であると自覚しにくい
❷傾聴という信頼関係を作ることから始める
❸家庭は善だというイメージに頼らない

問： 虐待が疑われる生徒が保健室に来室した場合、どのような言葉をかけますか。（栃木県・養護）

回答例： 養護教師が虐待ではないかと疑うのは、身体を見せてもらって傷やあざがあることに気づくときだと思います。でも、たとえ親から虐待されていたとしても、自ら進んで教師に話す生徒はそれほど多くないでしょう。なぜなら、家庭内では親に決定権があるので、学校の場とは違う秩序に属する、と子どもは無意識に判断しているからです。だから「虐待されているの？」とストレートに聞いても、はかばかしい答えは返ってこないと思います。

子どものとらえ方の特徴

それどころか子どもは、自分にされていることを「虐待」ととらえていない可能性さえあるでしょう。自分の振る舞いが悪いから「お仕置きされている」とか、「躾をされている」とか、とりあえず、今のあり方を正当化できる理由を探すのが普通でしょう。

そういえば、フロイトは「お父さんが私を殴るのは、私を愛しているからだ」などという奇妙な理屈を考え出す女性の症例について述べています。不思議な心理なのですが、子どもは家庭の中で自分が形成されてきたので、それを基準として物事を考えます。家族を正当化するのも当然で、人間関係をきちんと作らなければ、虐待についても話し出してくれないのです。

傾聴の関係を作る

まずは「自分の言うことを丁寧に聞いてもらっている」と感じる関係を作りたいです。この先生なら、いろいろ感じていることを、正直に打ち明けても大丈夫だ、どんなことがあっても絶対自分を守ってくれる、と感じてもらう。だから、虐待が疑われる児童や生徒がいたら、はじめは「何か気になっていることない？」とか「最近面白かったことある？」などと、世間話のような何気ない内容から、相手が話し出すきっかけを作り、そのうえで「疲れている」「身体が痛い」など反応があったら、身体をさりげなくチェックして、あざや傷跡があったら「どうかしたの？」などと聞きます。そこで、説明が矛盾したり動揺があったりすれば、虐待の可能性が大きい。親の関与をほのめかす表現があった場合は重大な事態でしょう。家庭や生活の状況もあわせて聞いておく必要があると思います。

問： **なぜ、生活状況を聞くのですか？**

回答例： 残念なことですが、虐待が起きやすい客観的状況が存在するからです。**家庭が経済問題や人間関係など、複雑な事情を抱えてうまく機能しないときが**、そういう場合ですね。たとえば、親が失業中とか、離婚して不安定だとか、自分自身が大変な状況にあって、親としての責任の重みに耐えきれないような状況にある場合に虐待も起きやすい、と言われています。

虐待に通じやすい家庭環境がある

現代では、親はさまざまな役割をこなさなくてはなりません。経済も安定させなければならない、子どもの学習の疑問にも答えなければならない、黙っていてもその心理を読み取らなければならない、など、すべきことがたくさんあります。生活状況が悪化すると余裕がなくなるので、そんな心配りができにくくなります。それどころか、自責の念や不満が子どもに向けられて、虐待につながる例も多く聞きます。親もパニックに陥っているのかもしれません。そういう場合は、親子の愛情や教育力には頼れません。むしろ、愛情や教育力に期待しすぎると、かえって悪い状況を招きかねません。

だから、学校には、困難な状況にある家庭から子どもを引き離して、よりよい環境を提供する役割も期待されます。「格差」や「貧困化」が進んでいる現代、その役割は積極的な形で期待されると思います。

「虐待」が疑われる場合は、児童相談所に通報して、親や家庭から一時的に引き離すことを考えねばなりません。もちろん、そういう場合、誤認リスクもあるので、**対処後の説明もきちんとできなくてはいけません**。私一人だけの判断では無理なので、まず担任に状況を話し、校長とも連絡を取って、学校全体としての方針を速やかに決めたいと思います。

家庭は善だというイメージに頼らない

キャリア教育と主体性

テーマの理解

【Introduction】

かつては、学校は一定の職業へとつながるパイプラインとしての役割を果たしていた。しかし、IT化・グローバル化が進む中、「標準的な能力・スキル」への需要は減り、学校と職業との対応関係は薄れてしまった。その結果､生徒の学習意欲にも影響が出て「キャリア教育」の必要性が言われるようになった。これは、仕事・職業に対する自覚を高め、不安定な雇用にも適応する「生きる力」をつけるための試みだとも言われる。必要とされるのは、問題を見つけて柔軟に考え、解決につなげる能力。これは今までの学校制度が苦手とする分野だろう。外部の人々と協働しつつ、学校の教え方にも工夫が必要とされているのだ。

【Actors Map】

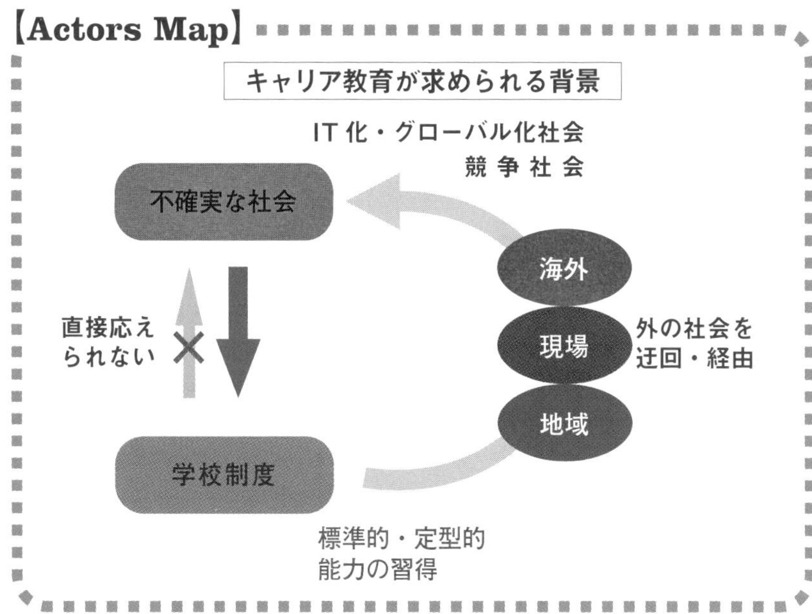

問題点は何か

キャリア教育の経済的背景

パイプライン不全

社会学者山田昌弘は、現在の教育では「パイプラインシステムの漏れ」が生じていると主張する。パイプラインシステムとは、特定の職業に就くには、対応する学校のラインに乗らねばならず、逆にそれに乗りさえすれば、それなりの職業に就ける仕組みだ。たとえば、かつては、工業高校に在籍すればそこそこの企業の工場に勤められ、大学を出ればホワイトカラーの事務職になれた。学校は職業に直結し、学習の行き着く先がある程度見えたので、学習意欲も保持される。一方で、うまくラインに乗れなかった人はあきらめて、自分の進路に納得するという利点があった。

ポスドクも同じ構造

ところが、1990年代から、ある**教育ラインに入っても出口の職業までたどりつけない**事例が増えてきた。典型的なのはポスドク問題である。1980年代までは大学院博士課程に進学する者は少なく、多少の遅れはあっても、修了後は大学の教授職を見つけられた。ところが、企業での博士号取得者採用増加を見込んで、大学院の増員が決められてから。年間10,000人の博士が社会に送り出される一方、企業の博士求人は伸び悩み、少子化の影響もあって大学教員の新規需要も3,000人程度に縮小した。結果として、博士号をとっても、7,000人が教授職に就けないという状況に陥った。

●パイプラインシステム
（山田昌弘『希望格差社会ー「負け組」の絶望感が日本を引き裂く』）

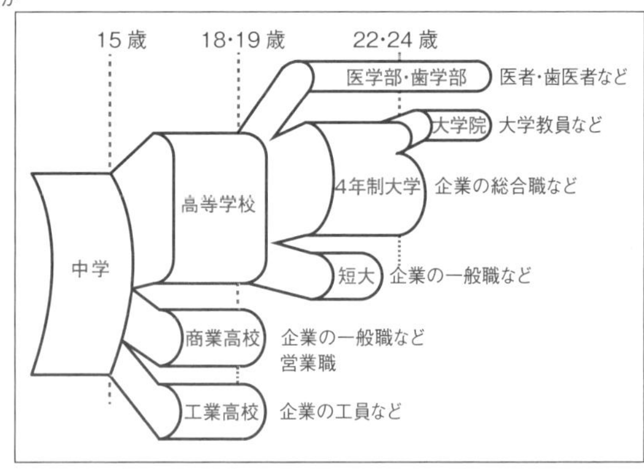

ラインからは降りられない

同様の状態は文系大学や工業高校でも生じた。つまり、大学を出てもホワイトカラーの事務職に就けず、やむなく修士課程に進学したり就職浪人したりする。工業高校を卒業しても企業に勤められず、非正規のアルバイトしか見つからない。当然、生徒・学生は学校にいる意味が見いだせず、学習意欲も減退する。

拒否すると可能性ゼロ

それでも、**このシステムを拒否することはできない**。なぜなら、そこにいなければ、目的とする職業にたどりつく可能性がゼロになるからだ。博士号を取っても教授職に就けないかもしれないが、博士号がなければ教授職には就けない。つまり、以前は一定の教育ラインにいることが職業に就くための十分条件だったのに、今は必要条件に変わり、個人の引き受けるリスクが高くなっているのだ。

ただ、ラインから職業に就ける人も一定程度は存在するので、**望む職業には就けなくても自己責任とみなされる**。職業に就けた人とそうでない人の間では利害が正反対になるので、組合を作って「この状況を何とかしてくれ！」と団体交渉もできない。「社会的弱者」は他人と連帯もできないのだ。

ポスト産業主義の必然

これは時代の必然かもしれない。重工業を中心に経済が発展した高度成長時代には、大量の人員が雇用されたので、進路はある程度予測できた。男性なら大企業に就職すれば、年功序列で収入も高くなり、生活も安定した。逆に、女性なら安定的職業に就いた男性と結婚すれば、生活の心配をしなくて済んだ。

ポスト産業主義の必然

ところが、ポスト産業主義時代になると、終身雇用・年功序列の日本型雇用が崩壊し、企業もグローバル化・自由化にさらされて競争が激しくなり、労働コストをなるべく削減しようとする。一方で、産業もサービス業が中心になり、労働力が流動化するので、熟練労働者の需要も少なくなる。結局、非正規雇用で十分なので、労働者の失業リスクが増大して、家庭生活も不安定化する。つまり、**企業・家庭の個人を保護する機能が減少し、リスクが個人に直接降りかかる不安定な構造になった**のである。

●ポスト産業主義時代の労働環境

競争激化 ➡ 労働コスト削減 ➡ 失業リスク増大 ➡ 不安

仕事への不安とキャリア教育

他方で、余剰労働力を解消しようと、企業は新規採用の抑制を行うので、他世代と比べて若年世代の失業率が高くなる。

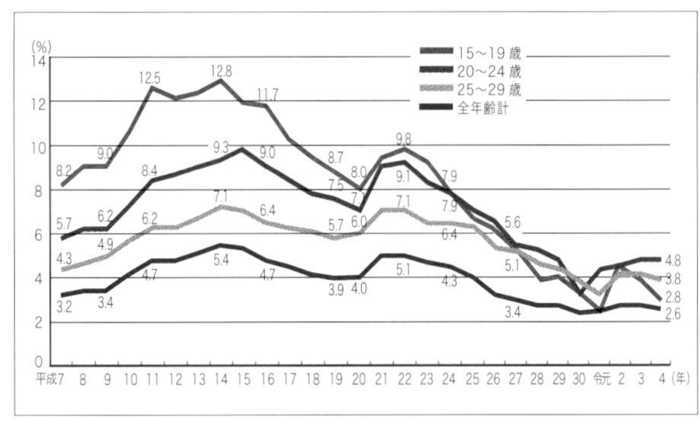

●年齢別完全失業率の推移（総務省統計局「労働力調査　長期時系列データ」）

仕事と教育の対応をつける

グラフでは、10代後半から20代前半の失業率は３～５％前後だが、日本で「失業」と認められる条件は厳しいので、欧米並みに計算すれば、数値は２倍以上になると言われる。しかも、コロナの影響で倒産・失業が広がった。教育が仕事に直結しないと「仕事への不安」がさらに広がるので、教える方でも**「キャリア教育」、つまり教育と仕事との対応をつける試みが増えてきた**のだ。

実は、かつて行われた「ゆとり教育」も、このような社会に適応する試みの一つであった。一定の知識や労働倫理をインストールした労働者を大量に作るのではなく、むしろ、自発的に問題を見つけ、その解決策を見つけられる創造性を持った人材を育てる。そのためには、教科の枠を取っ払って「総合的学習」「体験学習」などを取り入れる一方、円周率3.14などの細かい知識はあえて捨てる。経済情勢の変化に対応した教育界の工夫だったのである。

しかし、その工夫が「格差を広げる」と批判されて見直されたので、今度は「仕事について意識を高める」という形で対応しようと「キャリア教育」が構想されたのだ。

「ゆとり教育」と「キャリア教育」は、ポスト産業主義社会に対する対応としては同じ

ポスト産業主義社会では、仕事ができる能力・スキルは従来の「読み書きそろばん」のように標準化されていない。技術革新も激しいので、最先端のスキルを伝えても、あっという間に陳腐化し、一定のパターンが確立した「コモディティ」となり、労賃の安い海外に移行する。そのため、カリキュラム化するのは難しく、むしろ**必要とされるのは、まだ明確になっていない需要に対応できる能力・スキル**になる。どういう能力・スキルが将来必要になるのかハッキリしないままに、とりあえず「こういう能力が大事になるかな？」と仮想したスキルを身につけるしかないのである。

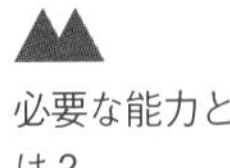
必要な能力とは？

> 新たな消費需要を不断に掘り起こす必要性が高まった現段階では、独創性や創造性、ネットワーク形成力や交渉力、敏感なサービス精神などの「非標準的」で柔軟な「能力」が…要請されはじめている…。
>
> こうした…「能力」が、…どうすれば…習得できるのかについてのノウハウは明らかではない。独創性や交渉力を「ガリ勉」によって身につけられるはずもない。それゆえにこうした柔軟な諸「能力」は、必然的に個々人の素質や幼いころからの家庭環境に規定される部分が大きくならざるをえず、「生まれ」と「育ち」の両面からの格差を強く反映したものとなりがちである。(本田由紀「『ガリ勉』よりも『専門性』」)

こういう不定形の「能力」は生まれついた環境による格差の影響を受けやすい。豊かな文化資本を持つ家族に生まれた子どもは「ネットワーク」「感覚」「コミュニケーション力」などを自然に身につけられるだろう。それに対して、貧困などの事情がある家庭では、それらにアクセスしにくい。実際、政治や伝統芸能を生業にするには、それを家業とする場所に生まれることが決定的だと言われる。つまり「仕事」能力は、本人の努力より環境で決定されるのだ。

その意味で言えば、キャリア教育とは、本田の言う**「生まれ」**

と「育ち」でほぼ決定される「非標準的で柔軟な能力」を、教育の側から少しでも是正しようとする努力と言えるかもしれない。

どう解決するか

外部世界と関わる

キャリア教育でどういうことが行われるべきかは、文部科学省による次のような表にまとまっている。

小学校	中学校	高等学校
〈キャリア発達段階〉		
進路の探索・選択にかかる基盤形成の時期	現実的探索と暫定的選択の時期	現実的探索・試行と社会的移行準備の時期
●自己および他者への積極的関心の形成・発展 ●身のまわりの仕事や環境への関心・意欲の向上 ●夢や希望、あこがれる自己のイメージの獲得 ●勤労を重んじ目標に向かって努力する態度の育成	●肯定的自己理解と自己有用観の獲得 ●興味・関心に基づく勤労観・職業観の形成 ●進路計画の立案と暫定的選択 ●生き方や進路に関する現実的探索	●自己理解の深化と自己受容 ●選択基準としての勤労観・職業観の確立 ●将来設計の立案と社会的移行の準備 ●進路の現実的吟味と試行的参加

これを見ると、職業への意識を高めることが取り入れられているが、後は他者への関心、自己理解、自己有用観などの内面的成長に関わる内容で、格別目新しいものではなく、とくに「非標準的で柔軟な能力」的な内容が焦点になっているわけではない。

教育制度との相性は？

これは仕方のないことかもしれない。そもそも、教育とは「標準的な能力」を多数の児童・生徒の身につけさせる面が強いので「非標準的で柔軟な能力」は扱いにくいからである。学校の教師も若い頃から教育職を目指す場合も多く（それだけ職業として魅力のある証拠だが）、必ずしも多様な職業経験を持っているわけではない。キャリアについての教育を実感を持って行える状況ではないのだ。

職場体験は盛んである

最近では、中学校レベルでも「職場体験」が盛んに行われている。たとえば、ある中学生は入学時に買ってもらった自転車に興味を持ち、購入した店に出入りするうちに店員と親しくなって「職場体験」をさせてもらった。新製品の発表会に連れて行かれたり自転車の修理の方法を教わったり「学校公認で遊びに行ったみたいで楽しかった」と言う。

●職場体験で税務調査を体験する小学生

職場体験だけではイメージが深まらない

しかし、このような直接的な「職場体験」だけが、「キャリア教育」ではない。なぜなら、現在存在する職業をいくら体験しても「変容する世界に柔軟に対応して仕事をする能力」にはつながらないからである。AIの登場で近い将来には職業のかなりの部分がなくなると言われている。しかも、その中には税理士、公認会計士など、所謂「よい職業」も含まれている。せっかく体験しても、大人になる頃には、その職業自体がなくなっている、ということになりかねないのだ。

金融を媒介にした外部との関わり

これに比べて、比較的変わらない仕組みはといえば、お金の扱いであろう。大人になったら、社会に参加し、お金を稼いで自分と家族を養うことが求められる。言い換えれば、お金を適切に稼ぎ、適切に使うというマネジメントを媒介にして、我々は世界や社会と関わるのである。しかし、その割には、学校で、その方法や意義

お金を考えることから人生を考える

について明示的に学ぶ機会は少ない。お金と教育は相容れないがごとくに無視されてきた。だが、お金に関わることが、人生の方向を定めることと密接に関係するなら、このような扱いは適当とは思われない。そこで、令和４年から金融教育が始まった。

●ゲームでお金の仕組みを学ぶ子どもたち（時事通信フォト）

お金を適切に扱うには、自分のイメージを整理して、その価値付けや順位付けをすることになる。そのうえで、そのイメージを実現するには、お金をどのようにして稼ぎ、どう使えばよいのか、事実や知識に基づいて判断する必要があろう。

児童・生徒の主体性を育む

その意味で、**金融教育は、自分を振り返りつつ、未来へのビジョンを持ち、社会の中で活かす、という人間の根本的な営為の具体的なシミュレーション**になるはずだ。金融教育が脚光を浴びているのも、その教育効果と関係しているかもしれない。

試行錯誤の能力が重要

実は、この本の主題である「文章を書く」ことも、またイメージを現実化する試みである。現実の中に「問題」を見つけ、それを他の知識と関係させ、分析して可能な解決法を提案する。実際、「文章の書き方」が分かると、生徒・学生は異口同音に「考えるのが楽しくなった」と言う。現代の技術変化は激しく、青年時代に学んだ技術でも、あっという間に「時代遅れ」となる。学校で確立された技術を習っても、その有効期間は短い。具体的な職業への適性をあれこれ考えるより、社会の需要の方向を見極めつつ、収入と支出バランスを見極めつつ、自分の生き方を模索する能力を育むことが大切になるはずだ。

Theme 9 キャリア教育と主体性

例題の研究

問題 福島県 （中学校）

児童・生徒が、学ぶことと自己の将来とのつながりを見通しながら、社会的・職業的自立に向けて必要な基盤となる資質・能力を身に付けていくことができるよう、キャリア教育の充実を図ることが大切です。あなたは、自分らしい生き方を実現する力を育むため、どのようにキャリア教育を進めていきますか。あなたの考えを800字程度で述べなさい。（50分・800字程度）

考え方のプロセス

設問の意図を分析する

言葉の表現から方向を探る

問題の前半では、「キャリア教育の充実」が話題とされ、後半では「どのような教育を進めていくか」と聞かれるストレートな設問である。「問題点は何か」で述べたように、キャリア教育が言われた背景は、現在の教育システムが、将来の職業まで一直線につながらなくなった、という矛盾にある。つまり、従来なら農業高校なら農業へ、工業高校なら工員へ、大学文系なら事務職へなどと、学校のコースで将来の職業の方向もだいたい決まっていたのだが、現代では、そういう「パイプライン」が奏功しなくなっている。たとえば農業高校を出ても、そもそも農業に就くルートが限られている。工業高校を卒業するだけでは、現代工業の高度な技術には対応できない。大学文系も事務職に就ければ良い方で、非正規のサービス業に就くことも多い。これでは、学校の授業に熱心に取り組む、という動機付けがしにくい。そこで、**職業と学校教育を結びつけ**

るために「キャリア教育」の必要性が言われるようになったのだ。小学校段階から「職業」や「キャリア」のイメージを深めるとともに、経験・体験をすることによって、現実社会との架橋をしようというのである。

自分で考える技能

とくに、現代社会の変化は速い。AIの発展なども急激なので、現在ある職業のかなりの部分が取って代わられる、と言われている。そういう時代状況では、一定の知識体系を詰め込んで、質のよい労働者を育成する、という教育法では間に合わない。むしろ、知識・情報自体はインターネットを介して容易に手に入る。とすれば、教育で大切なのは、知識・情報自体の取得より、そのマネジメントということになるだろう。

問題の分析 ➡ メカニズムの解明 ➡ 対応した対策

したがって、教育も「どんな知識・情報を教えるか？」ではなく、「変化する知識・情報の中で、自分で考え、判断して生きていく技能（ジェネリック・スキル）」を教える、という方向に変わってくるはずである。このようなことを目指すのが、アクティブ・ラーニングである。教師が一定の知識を一方的に教えるのではなく、むしろ問題を与えて、児童・生徒に調査・討論させて、自ら考えて分析させ、さらには提案を発表させる。教師は、その作業の手助けをする役割に徹する。もちろん、手持ちの知識を教えるのではないから、相応の準備をするなど負担は大きくなるかもしれない。

社会背景 ➡ 変革する理由 ➡ 予想 ➡ 具体的提案

社会背景を考える

求められる能力は学校で得られる？

解答例では、現代社会では、従来の「知識伝達」モデルが破綻したことを「キャリア教育」の背景と分析した。つまり、一定のパターンの知識を持っていれば一定の職業に就ける構造が成り立たなくなって、能力・スキルのイメージが混乱したのだ。そのため、現代社会で求められる能力は「非標準的で柔軟な能力」となった。

しかし、この能力は非定形的で「生まれ・育ち」で決定される傾向があって、一定の能力・スキルを、多数の児童・生徒に一斉に身につけさせる「学校教育」と相性がよいとは言いにくい。とくに、教員は従来の教え方に慣れているので「アクティブ・ラーニング」の採用には混乱があるかもしれない。

教育の外の世界との関係

したがって「アクティブ・ラーニング」を行うには、伝統的「教育」のイメージから離れる必要がある、むしろ**教師に、教育の外の世界との関係がどれだけあるか、が試される**かもしれない。実際、学校にさまざまな職業の人を招いて現実社会に対するイメージを持たせる試みは至る所で行われている。

解答例では、提案の一つとして、学生時代に経験した「講演」を例として挙げた。もちろん、自分が学生時代に外国放浪をした経験があるのなら、似たような内容を体験として書けるだろう。また、教員の仕事に就く前に、いくつか他の職業の経験があるなら、失敗体験も含めて触れることもできる。「非標準的で柔軟な能力」は、必ずしもうまく行った体験だけが参考になるわけではない、むしろ問題に対峙するときに生まれるからである。

●解答例の構成

定義と背景 社会の変化と学校の関係

▼ 能力・スキルの混乱

抽象化 定型的な知識から非標準的で柔軟な技能へ

▼

本質と例示 非定型的な知識＝外の世界との連携の重要性

▼

まとめと抱負 自分の現状と未来への展望

解答例

定義背景

キャリア教育が注目される背景には急激な社会の変化があろう。かつて、学校がそのまま仕事に結びついていた。たとえば、工業高校で勉強すれば工場に勤められる、など知識習得は職業と結びつき、社会の中での自己確立につながった。ところが、現代では、AIなどによって定型的業務の大部分が取って代わられるようになり、学校で得た知識が職業を保証する、という構造ではなくなったのである。

抽象化

むしろ必要なのは、技術や情報が急激に変化するので、それに応じて自分で問題を発見して適切に分析・判断するとともに、それを周囲に伝えて協力して解決していく創造的な能力である。そのためには、児童・生徒も自ら積極的に問題を見つけ、グループで調査して、相互に討論・検証しつつ、一定の解決法を見いだし、それを他のグループの前で発表する必要がある。

本質

これはアクティブ・ラーニングのプロセスであろう。つまり基礎学力や組織との協調より、独創性、ネットワーク形成力、社会への敏感さなどの非定型的な能力が要求されるのだ。他方で、教師は、そのプロセスがスムーズに進むようにマネジメントする。自ら考えを深めるとともに、経験・体験をすることで、現実社会で実践性の高い汎用的な能力を育成するのである。

例示

こういう学習法では、むしろ学校外との連携が大事になる。私は高校時代に「Independentな生き方」という講演を聞いたことがある。講演者は母国を離れた生き方を実践し、その過程で知り合った世界の多様な生き方を紹介してくれた。私もアジアの国の可能性に興味を持ち、いろいろ自分で調べてみた。その結果、グローバル化の中で自分の進路にさまざまなイメージを持つことができた。相互に発表する機会などがあったら、さらに思考が深められたはずだ。

抱負

小さい頃から教師にあこがれ、一直線に努力してきた私だが、別な世界への好奇心を深めることで教育への情熱はさらに高まったと思う。教師になっても見聞を広め、子どもたちとともに、さまざまに試行錯誤したい。

●論点のまとめ

キャリア教育と主体性

定義	キャリア教育＝児童・生徒の職業に対する意識を高める試み
背景	急激な社会の変化＝競争の激化・産業構造の変化・パイプラインの破綻・失業率の増大・求められる能力の変化
分析	非標準的で柔軟な能力スキルが求められる⇔従来の知識伝達型教育では対応しにくい→アクティブ・ラーニング
提案	教育以外との積極的連携＋教師が非教育的な体験も語る

●応用問題

熊本県　中（60分　字数制限なし）
「B　書くこと」〔第2学年〕の指導事項の一つとして「目的や意図に応じて、社会生活の中から題材を決め、多様な方法で集めた材料を整理し、伝えたいことを明確にすること。」が挙げられている。このことについて、どのような言語活動を通して指導を行うか、具体的な授業を挙げて述べなさい。

＊「社会生活の中から題材を決め…整理し…明確にする」のは、まさにアクティヴ・ラーニングやキャリア教育の目指すものだろう。とくに、自分の将来する仕事のイメージを媒介にして、「なぜ」「どのように」を明確にすれば、言語とイメージと社会生活のつながりは明らかになってくるはずだ。

◆◆残念な解答フレーズ

◇夢や希望、前向きな学校生活など抽象的標語でごまかす
◇「外部から講師を呼ぶ」提案だけで意義づけが不明
◇フリーターやニートはいけないという前提から議論を始める

Theme 9 キャリア教育と主体性

想定面接のポイント

❶「真の学力」が必要とされる背景を押さえる
❷問題や課題に気づく、学校外との連携を強調する
❸外との連携ができる自分をアピールする

問： さいたま市では、「人生100年時代を豊かに生きる『未来を拓くさいたま教育』の推進」を掲げ、やり抜く力で「真の学力」を育成することを進めています。あなたは、このことを踏まえ、教師としてどのように取り組んでいきますか（さいたま市）

回答例： この中には、いくつかキーワードが含まれています。まず「人生100年時代」では、寿命が大きく伸びて人生設計が変わってきた事態を言います。今までのように、若い時に身につけた知識・スキルを活かして職業に就き、60歳前後の定年まで勤めて、後は年金と貯金などで暮らす、というあり方は成立しません。学校で知識・スキルを身につけてもすぐ古び、職場での身分も不安定になるので、積極的に仕事を変化させねばなりません。仕事の間にリカレント教育などで学習を重ね、次のキャリアへと踏み出す。それを数度繰り返しつつ80歳ぐらいまで働き続ける、というイメージです。

人生の設計が変わる

そういう時代での「真の学力」とは、職業に役立つ「標準的な知識とスキル」ではなくなります。むしろ、技術や社会がどう変わっても、それに適応して教育と訓練を受け直して、次の時代に適応していく力でしょう。それどころか、次の変化をいち早く見越して、新しい問題や課題に気づいたり、その解決を考えたりする能力かもしれません。

問： 具体的にはどんな能力をイメージしていますか？

「標準的な知識とスキル」なら講義形式でも伝えられます。問題や課題に気づいたり解決を考えたりするためには、実際に対話して、初めて「他の人は、そういうことを問題として考えるのか？」

という体験をする必要があります。自分では、見逃していたことでも、他人は疑問を持ったり問題を感じたりする。そういう経験を重ねて、世の中にはさまざまなもののとらえ方があると分かるし、自分のとらえ方の独自性や特徴も見えてきます。

緊張関係に注目する

私は、大学の文学の授業で、問題を見つけるときは、テンション、つまり、ある箇所と別な箇所の緊張関係に注目せよ、と教わりました。ある人物が「私は平気だ」と言いつつ涙していたり「もう放っておく」と言いながら拘ったりすると「なぜ、そうなったのか？」と考えが展開します。でも、それも意識的に探さないと見えてきません。題材は何でもよいですが、「対立」や「疑問」あるいは「矛盾」という観点から眺めると思考が始まるのだと思います。

教育は、経済的・社会的自立を高める活動です。IT化・グローバル化など急激な変化の中で、特定の学校教育と職業の結びつきが解体してしまいました。古い仕事のイメージが廃れる中、生徒たちも主体的に自分たちの進路について考えねばならないのです。

問：　それには、どのような取組がよいと思いますか？

回答例：　現在、社会で求められるのは、独創性や創造性、ネットワーク形成力や交渉力、敏感なサービス精神など「非標準的で柔軟な能力・スキル」だといわれています。今までの学校は、汎用的な基礎学力をつける場所であり、非標準的な能力・スキルを身につける場所ではありませんでした。学外との連携を深めて、いろいろな人を呼び込み、社会の中にある問題を具体的に考えてみるのがよいと思います。

学外と連携して社会問題を考える

幸い、私の友人たちは多様な職業に就き、私自身も学生時代に××の体験もあります。そんな中から、貧困とか移民とか社会的題材を取って、生徒に議論してもらい、社会の問題に気づく経験が大切だと思います。教師はすばらしい職業ですが、私も、それを一筋に目指す中で、つい経験が狭くなった弱みもあるかもしれません。あえて他の世界を経験したり体験したりする必要もあると思います。私はたまたま学生の時、１ヶ月ほどアジアを旅する機会があり、枠にとらわれていた自分の考え方を広げて成長できたように思います。生徒たちにもそういう経験をしてもらいたいです。。

Theme 10 ＩＴ教育と情報社会

テーマの理解

【Introduction】

教育と新興メディアは相性が悪く、新しいメディアは「教育に悪い」と非難されることがしばしばある。しかし、その批判は思い込みにすぎず、メディアが道徳的退廃をもたらすという解釈も偏見にすぎない。それどころか、新しいメディアを使うことで、教育的効果は飛躍的に上がる可能性がある。それを見越して、GIGAスクール構想など、メディアを教育に積極的に活用する動きも広がっている。新しいメディアは、遊戯的な使い方をされる内に広まるので、教育的に「好ましくない」と決めつけられがちなのだが、むしろ、子どもには、新興メディアに積極的に触れさせて学びを深めさせるべきなのだ。

【Actors Map】

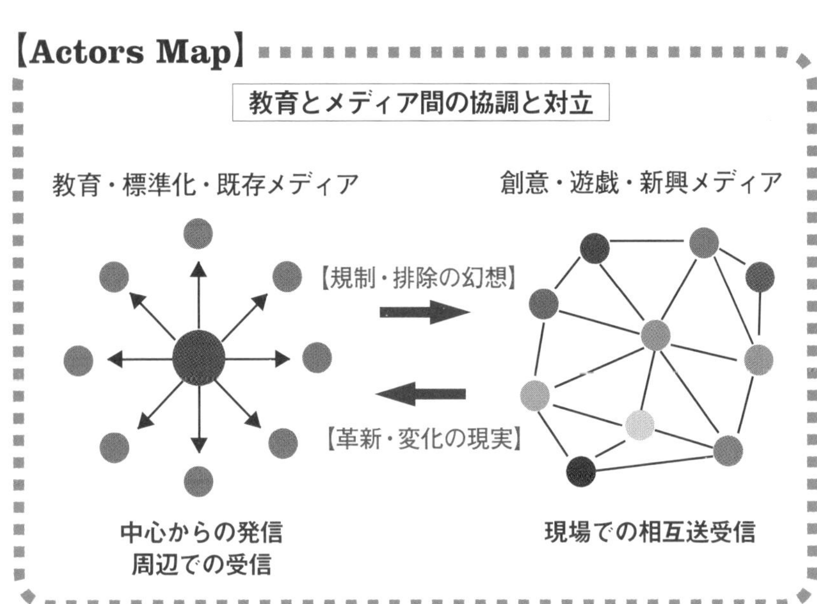

問題点は何か

コロナで進んだ情報化

コロナ禍における変革

2020年コロナ禍で学校が休校になると、児童・生徒たちを教室に集めて黒板とチョークで伝える教授法に頼れなくなった。リモート授業も模索されたが、学習用端末はまだ普及していなかったので、結局、プリントやメールでの対応がほとんどだったようだ。

すでに2019年には文部科学省が「GIGAスクール構想」を打ち出していたが、2020年時点では普及に至らず、コロナ禍から各地で推進されるようになった。GIGAとはGlobal and Innovation Gateway for Allの略。児童・生徒の各々に専用端末を与え、今までの授業形態を根本的に変える試みだ。2022年度には外国語のデジタル教科書を全国の小中学校に無償配布することも始まった。

Point GIGA スクール＝一人一台の端末＋高速通信ネットワーク

メディア変化が主体性を生む

一人一台の端末を持つと、学習アプリを使って、**児童・生徒たちがより主体的かつ協働的に学べる**。たとえば、一人がアイディアをクラウド上のボードに書き込んで教室中が共有する。病気などで学校に来なかった児童・生徒も自宅から参加し、過去の学習も振り返って参照する。その場にいなかった児童・生徒も、他の人のやったことを見ることで、自分が何をすればよかったか、ヒントを摑む。つまり、端末からインターネットを通して授業に参加することで、**相互に参照し、教え学び合うという関係が成り立つ**のだ。結果をまとめてグループごとに議論すれば、よりよい解決に結びつく。つまり、情報化は時間･空間を超えて互いの考えが結びつくと同時に、その考えがさらに高度なものに練り上げられるチャンスにもなる。

相互レビューの関係

情報化を否定する言説とは？

コロナ前までは、子どものスマートフォンやインターネット利用に、懐疑的な意見が少なくなく、「現実感が希薄化する」「現実と妄想の区別が付かなくなる」などの批判も絶えなかった。しかし、こういう批判は根拠に乏しく、論理的にもおかしかった。

●学校でダブレットを使って勉強する子どもたち（時事）

たとえば「暴力ゲームばかりすると本当に暴力的になる」と言う一方「恋愛ゲームばかりすると本当の恋愛ができなくなる」とも言われた。前者は、メディアへの耽溺が現実にも反映されると言い、後者は、メディアに耽溺すると現実に行動できないと言う。両立しない矛盾した内容が同時に主張されたのである。

メディア批判に根拠はあるか？

だが、このような錯誤は、過去に何度も繰り返されてきた。たとえば、かつては、ポルノ的情報に影響されて青少年が堕落すると言われた。しかし、日本で性犯罪が最多だったのは昭和30年代初頭で、ポルノも少なくインターネットのアダルトサイトも存在しなかった。現代ではポルノもアダルトサイトも膨大にあるのに、性犯罪は激減している。**メディアが問題行動の原因になるという主張は実証できないのである。**

Point メディアが問題行動の原因という言説は実証されない

メディアの影響力とは？

メディアを主犯にする言説

だが、偏見を持つと認識も歪む。たとえば2004年には佐世保の小学校６年生が同級生をカッターで切りつけて死亡させる事件が起こった。加害者と被害者は互いにホームページを作ってチャットや交換日記をしていたが、互いを傷つけるやり取りが高じて殺害に至ったと言われる。その殺害方法が当時の暴力的映画に似ていたことから「メディアが原因だ」と大騒ぎになった。しかし、二人は同級生でインターネット上の知り合いではなく、犯罪のきっかけも交換日記という昔ながらのコミュニケーションだった。それなのに、子どものインターネット利用を規制せよ、という主張があふれたのである。

教育とメディアとの関係

たしかに、その後、自殺サイトから起こった連続殺人なども出てきたが、これも、ことさらインターネットと結びつける必然性はない。なぜなら、自殺志願の人が一定数存在し、「きっかけ」を求めてさまよう状況は昔から見られたからだ。真の原因は自殺志願の人々の存在であり、インターネット自体ではない。だが、**教育はすでに確立された価値観やメディアを使うので、新興メディアにはまず不信感を抱いて攻撃する傾向が強い**。たとえば、小説は現在、国語教材に使われているが、明治時代には「反教育的」メディアと見なされ、「現実と妄想の区別が付かなくなる」と批判されていた。

かつては小説も批判された

蓋し小説に耽溺するものの常として、自ら其書の主人公となりて、一喜一憂、必ず主人公と一致に出づ。…而して探偵小説の主人公を問えば…暗に法網を遁れ不正事を行へるを称美せるが如き跡ありて児童の之を読む者をして知らず其の風に感化し去るの患あらしめ遂に自ら強盗たらんことを欲し…。

（「探偵小説の流行」教育時論 289 号、明治 26 年）

荘重な漢文読み下し調だが、中身は「探偵小説は反法律的な内容なので、子どもが影響されて強盗になる」と他愛ない。かつて盛んに行われたインターネット批判もこれと似ていそうだ。

新しい社会の可能性？

GIGA スクール構想の目標

今やインターネットも「既存メディア」になりつつある。「GIGA スクール構想」でも、メディアを積極的に取り入れることで「Society 5.0」、つまり、狩猟社会（Society 1.0）、農耕社会（2.0）、工業社会（3.0）、情報社会（4.0）の次の段階にある、デジタル革新によってイノベーションを引き起こす社会が目指され、一人一台の情報端末と高速大容量の通信ネットワークを整備したのである。

GIGA スクール＝新しい社会を作る試み

後に取り上げる「かわさきGIGAスクール構想」では「３つのステップ」の効果が唱われている。最初は、インターネットで検索したり文書を作ったり、教師と児童・生徒の間で双方向のやりとりをする。次にクラウドを活用して、過去の学習を振り返ったり互いの対話を進めて、学習を深める。最終段階では、各教科での学びをつなげて、自分や社会の課題を解決し、進路や考えにつなげる、というのだ。つまり､端末とインターネットをICT（情報コミュニケーション技術）として使いこなすことで、**主体的で自立した学習・生活態度、他者と協働して社会的課題に取り組む**姿勢を育てる。彼らが成長すれば、自分の知識を主体的に使って、他者と協働しつつ社会的課題を解決する「よき市民」になるはずだ、と言うのだ。

主体性と協働性の涵養

Point **主体的・協働的に社会課題を解決＝よき市民の育成**

もちろん、 教師の子どもたちに対する関わりも変化する。彼らが主体的に工夫するプロセスを教師は見守り、失敗からも学んで、自分たちで工夫する力を信頼する。ただ、ときどき助言を与えて**子どもたちの主体的な学びの道筋を付ける**。だから、授業も大まかなプランを立てて、具体的な進行はまかせるようになるのである。

メディアを使うと共同性が深まる？

政治人類学者ベネディクト・アンダーソンは『想像の共同体』で、国民意識形成にはメディアが大きな役割を果たすと主張した。たとえば、新聞が発達すると、自分の知らない場所にいる人々に起こったことでも細かく報道され、自分の生活圏で起こったように感じられる。このような経験が積み重なると他者との一体感が醸成され、国民国家のまとまりが生まれると言うのだ。

同様に、インターネットを通じて、他人の行動や考えに強い関心を持ち、**他者を深く気にかけるという共同体意識が成立する**かもしれない。実際、内閣府の世論調査では「友人や知人と会合・雑談している時」に充実感を感じる割合は、集計方法が変わった最近数年を除くと、ここ二十年ほど緩やかな上昇傾向にあり、インターネット上で熱心に意見・情報のやりとりをする姿と重なる。

メディアの中では他人への関心が高まる

●充実感を感じるとき（内閣府「国民生活に関する世論調査」）

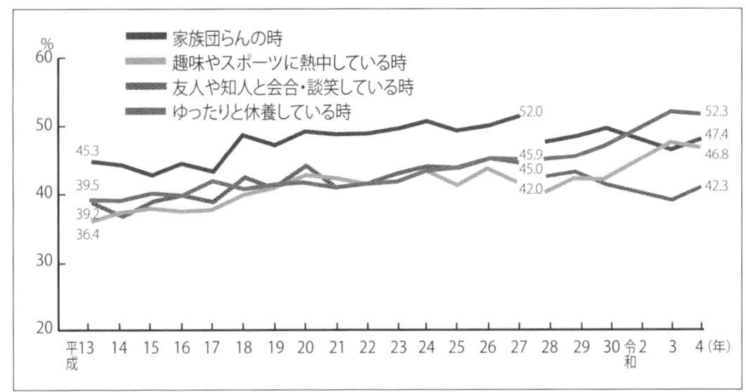

つまり、新しいメディアは「人間関係を希薄にする」どころか、むしろ濃密にする可能性が高いのだ。他の調査でも、80年代から中学生、高校生の友人の数は一貫して増大し、国際比較でも少なくない。この間に、スマートフォン・SNSなど、次々に新しいメディアが登場してきたことを考えれば、**情報社会での児童・生徒の人間関係は希薄化・非現実化どころか、むしろ一貫して濃密になってきた**とさえ言えそうだ。

Point インターネットは人間関係を濃密にする

遊びによる展開

メディアは遊戯から普及する

ただ、**新しいメディアは、教育より遊戯的な活動に活用されて広まる**。たとえば、電話は、当初、情報伝達や放送のために発明され、電話を使った学校やコンサートなども構想された。しかし、実際には「おしゃべり」の道具という思いもよらぬ形で普及したのである。同様にインターネットも、最初は**学者・研究者同士の意見交換の場**として考案されたが、社会に普及したのは掲示板・チャットなどの役割が大きい。メディア学者マクルーハンが言ったように、メディアを使ってコミュニケーションするだけで人間は快楽を覚えるのだろう。

メディアを使ってコミュニケートできるだけで快楽がある

だから「端末を一人一人に配ると、それを悪用する子どもが出て来るのではないか？」という心配も理由のないことではない。実際、インターネットでも、有益な情報のやり取りの一方で、相手を揶揄したり噂を広げたり、という「低劣なやりとり」が広がった。大人の中でさえ、疑わしいインターネット情報を信じて、荒唐無稽な「陰謀論」にはまる人もいるのだから、子どもへの影響に対する懸念が出て来るのも、当然かもしれない。ただ、「低劣なやり取り」も、必ずしもメディアが原因で発生したわけではない。むしろ、コミュニケーションには、そもそも「低劣」な要素が含まれ、それがメディアを通して可視化されてきただけ、というのがより正確だろう。

濃密な人間関係と加害性

メディアと空気を読む

社会に変化が起こるときには、望ましい結果だけが起こることはなく、今までは隠れていたネガティヴな要素も噴出する。インターネットは発信が容易なので、思いもよらない効果を生む。この効果を知る若い世代は、コミュニケーションのあり方を細かく気にし、「空気」や「あや」を認知できない人間を嫌う。これは「日本社会の同調圧力」だけでなく、メディアを通した密な関係性に敏感になった姿ともとらえられる。前述の佐世保の事件に対しても、インターネットで異様な関心が見られた。未成年が起こした犯罪なのに、加害児童の写真・実名などが氾濫し、多数がコメントするなど「祭り」「炎上」状態を引き起こした。その結果、未成年は名前を特定しないという少年法の精神が踏みにじられた。今まで縁がなかった他人に、一時的にしろ強烈な興味を抱き、「わがこと」のように探索や意味づけに熱狂する。情報空間には強い共同性が成立しているから、このような加害的な行動も出て来るのだ。

どう解決するか

情報技術を積極的に活用する動きに対抗して、メディアに不信感を表明しても意味はない。すでに情報に受動的に流される段階は過ぎており、むしろ、クラウドやアプリを積極的に使って、さまざまな情報やアイディアを比較・検討する中で、情報の扱い方も自然に習熟する段階になっているからだ。実際、GIGAスクール構想でも、情報を検討したり評価したりする方法が用意されている。インターネットのネガティヴな「共同性」から逃れるには、無自覚に接するのではなく、自らメディア上に存在しているさまざまな情報を適切かつ冷静に判断するスキルを身につける必要があるのである。

メディア・リテラシーの必要性

情報を積極的に評価判断する

「メディア・リテラシー」は本来「読み書き能力」だが、情報を取り入れるだけでなく、与えられた**情報を適切に批判しつつ個人の判断の独立性を確立する技術**も含んでいる。玉石混淆（ぎょくせきこんこう）の情報が溢れるインターネットで「都合のよい方向に騙して導こうとするフェイク・ニュースに惑わされないために、読み取り方を身につける」と考えると、このリテラシーの必要性が分かるはずだ。

①メディアはすべて構成されている
②メディアは「現実」を構成する
③視聴者がメディアを解釈し、意味を作り出す
④メディアはイデオロギーや価値観を伝えている
⑤メディアは商業的意味を持つ
⑥メディアは社会的・政治的意味を持つ
⑦メディアは独自の様式…技法・約束事を持つ
⑧批判的にメディアを読むことは、創造性を高め、多様な形態でコミュニケーションを作り出す

（鈴木みどり『Study Guide メディア・リテラシー入門編』）

情報を意図されたものとして解釈する

情報は自然環境と違い、意図を持って操作されている。だから、見る側が分析・解釈して是正し、自分の考えを発展させるのに役立てねばならない。教育界では、児童・生徒をメディアから隔離して「純真さ」を保つ傾向があるが、そのような隔離的措置が成功したためしはない。むしろ**メディアの性質を知って、よりよく活用するための技術を手に入れるべき**なのである。

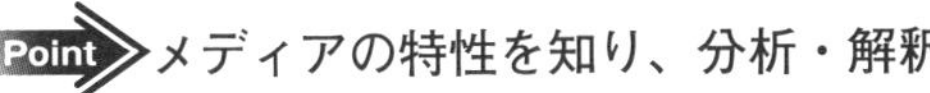

メディアの特性を知り、分析・解釈をほどこす

Theme10 ＩＴ教育と情報社会

例題の研究

問題 川崎市　小・中・高・特別支援学校

「かわさきGIGAスクール構想」では、「３つのステップ」で段階的に学びを変容させていきます。このことを踏まえて、子どもたちにどのような力をつけることが大切だと考えますか。またどのような取り組みを行いますか。具体的に600字以内で述べてください。
（時間不明・600字）

考え方のプロセス

GIGA スクール構想とは？

川崎市の取り組み「かわさきGIGAスクール構想」が、設問で言及されており「このことを踏まえて…」とあるので、この構想がどういうものなのか、何を目指しているのか、どんな効果があるのか、など基本的な知識を持たないと、書きようがないだろう。

一般的に、自分が目指している教職が属している自治体が行っている教育政策・教育目標については、受験の前に下調べをしておくべきだろう。とくに情報教育など、新しい試みが取り入れやすい分野では、毎年のように変化があるので、今何が行われているか、確認しておかなくてはならない。

Point 自治体が行っている教育政策を確認する

幸い、「かわさきGIGAスクール構想」については、ホームページ上で詳しく説明されているので、それを事前に確認しておけば十分だろう。GIGAとは、世界とイノベーションに向かって、すべての人を導く入り口という意味になりそうだ。具体的には「インターネット環境が整った社会に生きる子どもたちに必要な資質・能力を養うために、一人一台の端末と高速大容量の通信ネットワークを一体的に整備することで、協働的な学びや、個別最適な学びを目指す取り組み」だと定義される（かわさき市政だより2021年6月1日）。

GIGA スクール＝一人一台の端末＋高速通信ネットワーク

メディアと共に学びも変わる

児童・生徒の一人一人に専用の端末を配ることで、今までの授業形態を根本的に変えて、これからの時代に即応した人間を育てようという野心的な試みなのである。なぜなら、メディアが変わると伝達のあり様も根本的に変わってくると考えられるからだ。たとえば、黒板とチョークを使った授業だと、教師が知識やスキルを逐一教えて、児童・生徒は、それを教室で受容し、ノートに写して活用する、という一方向的なあり方になりがちである。しかし、メディアが情報端末に変わると、そこにあるアプリを活用することで、**児童・生徒たちが主体的かつ協働的に学ぶ姿が見られるようになると期待されている。**

Point **人と人をつなげて、主体性と協働性を涵養（かんよう）する**

たとえば、課題に対して、一人の児童・生徒が何かアイディアを書き込む。今までだったら、それは自分のノートに書き付けられ、共有するにはいちいち手を上げて発言するか、ノートを回覧するかしかなかった。しかし、学習アプリを使えば、それを教室中のメンバーがすぐさま共有するだけでなく、メンバーのアイディアを集めて、それぞれ評価することができる。

もちろん、これは時間・空間に縛られない。具合が悪くて、教室に来られなかった児童・生徒も自宅から参加できるし、過去に自分や他人が書いたものでも参照できる。それどころか、その場にいてうまく課題ができなかった児童・生徒も、他の人の書き込みを見ることで、自分が何をすれば良かったか、ヒントを摑むことができる。

つまり、個人が端末を確保することで、クラスメートの考えたことが、**相互に参照される関係が自然かつ即時的に成り立つことに**

思考の相互参照

なる。そこで出てきた結果を集めて比較して、グループごとに議論すれば、さらによりよい解決に結びつけることもできるかもしれない。つまり、一人一台の端末は、単に扱いが便利になるだけではなく、それぞれの思考を、共同的関係の中で、より練り上げて発展させる役目も果たすことになるのである。

「３つのステップ」の意味

一方、この「GIGAスクール」設問の中で「３つのステップ」への言及もあるので、これについても知っておくと同時に、それを利用して文章を展開することも要求されている、と見てよいだろう。「３つのステップ」は以下のように書かれている。

３つのステップとは？

ステップ１：インターネットにつながることで〝いつでも〟〝どの教科でも〟使えることを実感する
ステップ２：既習や他者とつながることで主体的・対話的で深い学びの視点からの授業改善ができ、資質・能力をより確実に育成する
ステップ３：各教科の学びが、他教科や生活につながることで、社会課題の解決や一人一人の夢の実現に活かす

ステップ１は、インターネットで検索したり文書を作ったり、教師と児童・生徒の間で、場所・時間を問わずやりとりができる、ということであろう。一方、ステップ２は、主にクラウドを活用して、過去の学習を振り返ったり子どもどうしの対話を進めたりして、さらに学習を深めることを言う。ステップ３は、これらの各教科での学びをつなげて、自分や社会の課題を解決し、自分の進路や考えにつなげる、という目標が掲げられている。

これらの目標を考えれば、GIGAスクール構想によって、主体的で自立した学習・生活態度につなげるとともに、それを他者と共有することで、社会的な課題にも協力して取り組んでいけるような人間として成長させることが目標になっていると思われる。

今まで「情報教育」と言えば、端末の使い方を教えたり慣れさせたりするという技術の伝達であるか、インターネット上の情報に

どうアクセスするか、あるいは、その評価や選別をどうしたらいいか、という内容が主であった。

情報教育を超えた効果

ところが「GIGAスクール構想」では、それを一歩進めて、端末を使ってさまざまな情報に触れるだけでなく、ICTを使いこなし、自分の考えやアイディア・構想を共有して、**教師や他の児童・生徒とコミュニケーションすること**で、自分の得た知識やスキルを深化・発展させるだけでなく、他者と共同作業しつつ、課題に取り組む経験を積む。つまり、子どもたちが将来成長して、自分の知識・スキルを主体的に使って、他の人々と協働しつつ社会的課題を解決する力を持つ「良き市民」を作る、という方向が、明確に構想されているのである。

Point 主体的・協働的に社会課題を解決する良き市民の育成

教師の役割の変化

これはICT(Information and Communication Technology)の本来の使い方と言えるだろう。情報機器をどう使うか、インターネット上の情報をどう受容・判別するか、という受動的な次元から、それを積極的に活用して発信するだけでなく、その発信を相互に参照し合うことで、全体としてより望ましい知と行動へと統合し、他者との協働の契機にするという積極的・社会的次元に変化しているのである。

教師はファシリテーター

当然、教師の児童・生徒に対する関わりも大きく変化するはずだ。子どもたちがアプリを使いこなしながら主体的に工夫して学びを進めているなら、教師としては、細かいところまで正確に伝えることに注力するより、彼らの試行錯誤を見守り、失敗から学んで、自分たちで膨らませていくのを見守り、ときどき助言を与えて、**子どもたちの主体的で活発な学びを助ける**べきだろう。その結果として、当初の教師の指示と違う方向で決着したとしても、それはそれで尊重する。大まかな授業プランは立てるが、その中での具体的な進行は児童・生徒に任せることが可能になるのである。

もちろん、このように、主体的な学びを深めるには、児童・生徒側も端末の利用に熟知しなければならない。たとえば、タイピングも一定以上の速度で行えないと、自分の考えるスピードに合わせられず、機器の扱いがかえってブレーキになってしまう。しかし、入力さえできるようになれば、児童・生徒はさまざまなアプリを使いこなして、自分で工夫するようになる。どうしても入力が難しい場合は、音声入力などの方法を利用すれば、スムーズな活動につなげられるだろう。

家庭と学校も連携させる

GIGAスクールでは、端末を学校において利用するだけでなく家庭にも持ち帰ることも推奨されている。なぜなら、端末は、学校と保護者の連絡ツールとしても、復習・予習など家庭での学習と学校の学習の連携にも便利だからである。

学校と家庭の連絡にも活用

たとえば、学校から保護者へ連絡したいときでも、以前なら口頭やプリントで伝達するしかなく、なかには伝えるのを忘れる子がいたり、注意しても正確に伝わらなかったりして、さまざまな支障が生じていた。しかし、ICTを使えば、連絡したい事項を確実に伝えられるし、学校でやり残した学習でも、家庭でやってくる課題とすることもできる。とくに、端末にはカメラもついているので、体育の課題などなら、やっている様子を保護者に撮影してもらってUPすれば、それに対して教師・学校側からのアドバイスもでき、学習効率が上がるだろう。

GIGA スクールは学校と家庭を連携させる

そんな調子なので、保護者の方も、端末の画面を見れば、今学校で何をやっているのか、が確認でき、連絡事項も分かる。何より子どもが端末を使って一生懸命、学習している姿が見えるので「端末をゲームの道具に使ってしまう」などの余計な懸念もなくなるだろう。端末と言えば「ゲーム」と短絡してとらえるのは、ICTを使った学習に保護者世代が慣れていないだけなのだ。このように子どもが直面している時代と自分の時代の違いも見えるという効果も得られるだろう。

●解答例の構成

定義と目標 GIGA スクール構想➡主体的・協働的な「市民」の育成

▼

理由 ３つのステップから読み取れる目標

▼

重要点 自主性・自律性を妨げない➡教えることの変化

▼

例示 「言い訳表現」の収集から言葉を考える

解答例

定義

「かわさきGIGAスクール構想」とは、学校に高速ネットワークを配備し、児童・生徒に一人一台の端末を渡すことで、主体的・協働的に社会的課題を解決する「よき市民」を作る試みと言えるだろう。

理由

なぜなら、その「３つのステップ」を見れば、端末を使いインターネット情報を利用して「調べ学習」ができる段階を超え、自分の得た知見やスキルを他者と共有しながら評価し、それをまとめて議論し、さらに深める方向だからだ。実際、最終ステップでは、各教科の学びをつなげて、自分の将来や社会課題への取り組みができることが目指されている。

重要点

ここで、何よりも大切なのは、子どもたちの自主性・自律性の涵養だろう。端末を与えると、子どもたちはさまざまに工夫する。それを「あれはいけない」などと、細かくルールを作ると、その動きを阻害してしまう。教師は目標やそこに至る方法を提示しても、細部については子どもたちに任せたい。その試行錯誤を見守り、問題がありそうなときだけ介入する。「教える」ことが、大きく変わってくるのだ。

例示

たとえば、国語でよく使われる「言い訳表現」をいろいろ集めて、なぜ、その表現が使われるのか、などを考えさせたい。そのうえで、収集した代表的な言い訳にツッコミを入れさせる。たとえば「真摯に受け止めたい」なら「どう改善するのですか？」などと反問する。曖昧表現に対して適切なツッコミができれば、言葉を深く考える態度も身につくだろう。

●論点のまとめ

ＩＴ教育と情報社会

定義	メディアが非行・犯罪などの問題を発生させる？→実証的でない→むしろ、主体性と共同性を育む
背景	教育はつねに／歴史的に新興メディアを敵視する→「子どもをインターネットから隔離する」主張が生まれやすい
分析	新興メディアは遊戯から大衆化→非教育的なものが含まれる＜真の問題＝発信が容易→内容を吟味しない→悪い結果
提案	日常モラルではダメ→インターネットの特性を理解したメディア・リテラシーを身につける

●応用問題

群馬県　小・中・養護（30分・400字以上500字以内）

群馬県が求める教員像においても、情報化やグローバル化など社会の変化をとらえ、専門性を高めるために日々努力し、学び続けることができる教員が求められている。そこで、学び続ける教員であるための具体的な取組についてまとめなさい。。

＊情報化への対処については「学び続ける」ためには、情報化のもたらす事態や問題、効果についての正確な考察が欠かせない。

◆◆残念な解答フレーズ

◇「希薄な現実感」などの常套句を危険として議論する
◇時事的問題を十分に検討しないまま危険の例にする
◇インターネットが非行の温床になるという俗説を疑わない

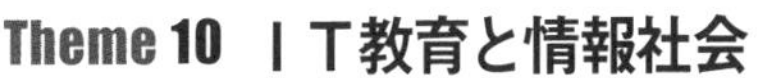

Theme 10　IT教育と情報社会

想定面接のポイント

❶インターネットの危険性をアピールしすぎない
❷高度な判断力が必要であることを述べる
❸具体的な事例から健全な警戒心を持たせる

問：　情報化社会になり、出会い系サイト等が一般化していますが、その危険性をどのように教えていきますか？（秋田県）

回答例：　出会い系サイトは悪いイメージが先行しましたが、次第に便利なツールという認識も出てきました。たとえば、吉原真理『ドットコム・ラヴァーズ―ネットで出会うアメリカの女と男』という本では、大学教師の著者が、オンライン上に写真やプロフィールを載せてデート相手を探すシステムを利用して、出会った男性とのデートの感想を書いています。これはアメリカ版「出会い系サイト」です。

現代社会に適合したシステムでもある

アメリカでは、人種・宗教・生活習慣などの問題が複雑に絡み合い、配偶者を探すのが難しい。たとえば、宗教右翼と言われる人とリベラルな思想の持ち主が出会ってたまたま恋愛関係になっても、価値観が違いすぎて一緒になるのは難しい。そこで、インターネットを利用して、自分の指向を明らかにして「こういう人とおつきあいしたい」とあらかじめ明らかにして相手を探す。**多様な価値観が混在する社会では合理的なシステム**なのかもしれません。実際、日本でもそういう方向に進んでいきつつあります。

ただし、これは、あくまで自分なりの世界観や好みを自覚的に構築できる大人のための道具だと思います。実際、吉原は「トニ・モリソンが誰かを知っているひと」という条件をのせたそうです。トニ・モリソンはアメリカのノーベル賞作家で黒人問題を書いています。この人を知っているなら、社会問題に関心があり、リベラルな思想の持ち主だと判断できるわけです。

しかし、若い人は自分がどういう人間でどんな指向を持つか自体が曖昧です。これは教養や経験によって決定されますが、中学・

高校生は教養・経験が少ないので、他人と出会っても適切な判断ができない。でも「出会い系は危ない」というぼんやりしたイメージを伝えるだけでは不十分です。中学・高校生の場合は「危なさ」も魅力になりえるからです。むしろ、どういう「危なさ」なのかを具体的に伝えた方がいいでしょう。たとえば、インターネット上の情報では、相手の人間性がよく分からない。実際、前述の本でも「アジア人女性ばかりを好む人」が出てきます。彼らは自分の偏愛するイメージを相手に求め、期待が裏切られると怒り出したり暴力に走ったりする。でも、そういう人格の偏りは実際の経験がなければ分かりません。その意味で、インターネットを介した出会いには情報リテラシーが絶対に必要だし、人間性への的確な判断力も必要です。高校生では使いこなすことが難しいでしょう。

周囲からの手助けが得られにくい

しかも、**判断を間違ったときに、インターネットでは、周囲の人間がサポートできる手段が限られる**のも問題です。たとえば、近所や学校内の人間関係なら、何かまずいことが起こっても、周囲が「あの人はちょっとヤバイよ」「こういうときには、こうすればいい」とアドバイスできます。でも、インターネット上では、問題が起こっても、情報が周囲に共有されない限り、一人ですべて解決しなければなりません。相手とのやりとりや自分の写真など個人情報がインターネットに残ったまま拡散し、それを知った学校の友人がいじめにかかる、という例さえありました。アメリカでは、転校してもネットを介して「いじめ」が継続したために自殺した人もいます。自分の身に降りかかるトラブルは、自分で解決できるという自信がなければ「出会い系サイト」は避けた方が無難でしょう。

問：　具体的な危険を示すのがいいというわけですね？

回答例：　印象論や一般論を述べるだけでは、好奇心旺盛な年頃だけに、生徒は納得しません。むしろ「本当はどうなのか？」と関心を持つかもしれません。**教えるなら、あくまで事実に基づいて、インターネットによる出会いの利点と欠陥を冷静に分析・説明していくべき**だと思います。そのためには、トラブルの事例を集めておくことも重要でしょう。「公平」に話しているという印象があれば、教師の言葉は信頼され、その危険性も自然に伝わっていくと思います。

Part 3

【制度と教師】

変化の途上にある現代の学校制度の中で、教師はどう考え、どう行動していくか。

Theme 11 心の発達と社会化

テーマの理解

【Introduction】

「心の発達」は、しばしば緊密な母子関係をモデルにして記述されがちだが、学校現場において大切なのは、保護する／される関係より、むしろ対等な者どうしが距離を取りつつ共存することであろう。学校は、家族関係から自立して社会関係へ入る移行段階にある。したがって、愛情や憎悪という家族的な感情より、多種多様な人間が存在する前提で、「正義」「公平」という基準を使って周囲と共存する方法を見出すべきであろう。社会では、複数の「正しさ」が対立して一概に決められないという状況がよくある。そのような対立をどう仲介・解決していくか、合意を得つつ自分の見方を主張する筋道を考えられるのが「心の発達」なのだ。

【Actors Map】

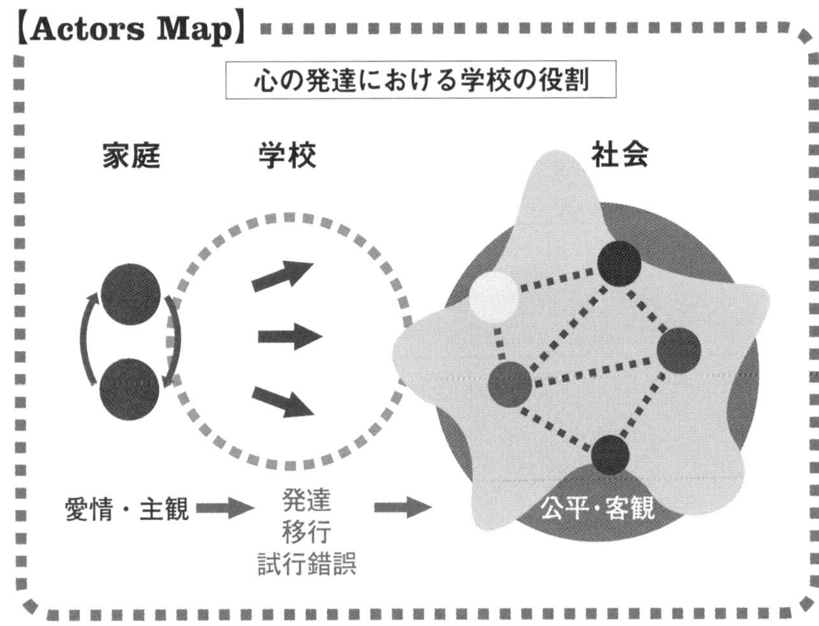

問題点は何か

心の発達とは何か？

普通、臨床心理学や精神分析学などでは「自我の発達」「内面の発達」という表現が言われる。たとえば、下の「自我の発達」の図式などは、子どもたちの行動を理解するための目安となっている。

●M. マーラーによる乳幼児期の分離個体化

年齢	発達期			状態
	正常な自閉期			自己と外界の区別がない
1〜2月	正常な共生期			自己の内界（あいまいなもの）へ注意→ 緊張状態では外界へ関心を払う
4〜5月	分離個体化期	分化期		母の顔、衣服、アクセサリーなどへの手探り（外界への興味） 受身的な〈いないいないバァー〉
8月		練習期	早期練習期	母親の特定化 はいはい、おもちゃへの関心、一時的に母から離れる
10〜12月			固有の練習期	気分の高揚―自分の世界に熱中 積極的な〈いないいないバァー〉 母を忘れるが、ときおり母に接近し補給する。よちよち歩き 気分の落ち込み、分離不安
15〜18月		再接近期		積極的に母に接近―後追い（まとわりつき） 飛び出し（母は自分を追いかけてくれる） 言語による象徴的接近（象徴的プレイ）　〈世界の征服〉
25月		個体化期		現実吟味・時間の概念 空想と言語の交流 建設的あそび―他の子への関心　反抗
36月＋α月	情緒的対象恒常性			対象恒常性の萌芽 対象と自己の統合→全体対象へ

心の発達は母子関係で説明できる？

ここでは、自我の発達段階が、母親から子どもが分離していく過程として説明されている。子どもは、自己と外界が未分化の自閉期から、外的刺激を感じ、反応することで、母子共生状態を経て、分離個体化期に入るとされる。分離個体化期は分化期・練習期・再接近期・個体化期に分かれる。

まず、分化期は母親を非自己としてとらえ始め、親と親以外の人の区別がつくようになる。練習期は自立歩行し始め、母親から離れた行動に喜びを感じる。しかし、母親は安全基地でもあるので、離れてもすぐにその身体に密着する。

一方、再接近期には、自分と母親は別の存在であるという意識が高まるとともに、分離不安も出現して、母親の不在に敏感になる。さらに個体化期では、母親の心的表象を不在時にも保持できるようになるので、母子の区分が明確になり、身体的な接触がなくとも絆を確信できる自律的自我が基礎づけられる、などと分析するのである。

Point 精神分析的見方＝母子関係➡自律的自我の基礎づけ

母子関係が原因？

もちろん、こういう精神分析／心理学的な説には一定の有効性があろう。マーラー自身も自分の子どもを観察しながら、この図式を思いついたので、現実の人間の発達段階ともだいたい合致している。しかしながら、この図式は三歳で完結してしまうので、学校で問題とされる社会的自立や社会的適応までを説明するわけにはいかない。複雑な現代社会では、大人でさえ、社会の中での自分の生き方に迷うことが少なくない。それなのに、三歳までの育ち方によって、人間的な自律／自立性の基礎のすべてが形成されるという議論は、やや無理があるだろう。

単純すぎる理解の危険

しかも、こういう図式に頼りすぎると、人間･社会関係がうまくいかないのは、母子関係に問題があったからだ、という極端な説に陥りやすい。実際、それぞれの過程で「こうあるべき」という心理的モデルが提供されるので、それに基づいて、ある特定の時期に、母子間コミュニケーションが適切に行われなかったから、子どもの発達に支障をきたした、という理屈が簡単に立てられる。

たとえば、現代の子どもたちが問題を起こすのは「分離個体化期」に到達するのが遅いからだとか「共生期」で母親との一体感が得られなかったからだ、などと、現にある問題行動を、過去の母子関係に帰着させる言説は少なくない。もちろん、マーラーの図式が、こういう解釈に使われるのは、学問的にもおかしいが、「母親からの分離･独立」というストーリーを援用すれば、責任追及できる構造にはなっているのである。

Point 「心の発達」図式は、問題を母子関係に帰着させやすい

どう解決するか

だが、学校現場で起きる人間関係は、母子関係に見られるような保護と自立のストーリーというより、異質かつ同等でもある者どうしが、どういう関係を築くべきか、という問題と関わっていることが多い。たとえば、次のような事例を見てみよう。

> 問題例（2012 年度・岐阜県）
> 学級の中に、友だちになじめず、ひとりぼっちでいるＡさんがいます。あなたはいつもＡさんに寄り添い、学習や活動の場面で励まし、支えてきました。ある日、そんなあなたの姿を見て、Ｂさんが次のように言いました。
> 「先生は、いつもＡさんのことばかりひいきしている。みんな大切だと言っているのに、Ａさんばかり手伝ったりしてひいきをしている。」
> 周りにいた子どもたちも、「先生は、Ａさんをひいきしている。」と言い出しました。あなたは、こうした子どもたちの問いかけに対してどのように説明・対応しますか？

この問題に、母子関係や育て方という理屈が入る余地があるだろうか？　たしかに「Ａさん」は母子関係や育て方が原因で「人間関係が不得意」になったなどと、一応の説明はできるかもしれない。しかし、このような説明では問題解決に役立たない。生育過程で「Ａさん」がそういう性格になったとしても、「Ａさん」をどういう風に学校で処遇し、ケアしなければならないか、という問いには答えられないからだ。

「正しさ」の原理の対立

むしろ、この問題の本質は「公平な処遇とは何か？」に対するとらえ方の対立にある。教師は「弱者は助けるべきだ」という原理を担って行動しているつもりなのに、児童には、その行為は「えこひいき」として映り、公平の原則に反すると批判するのである。つまり、弱者を助けるべきだという原理に対して、立場が同じ者に対しては「同じ処遇をすべきだ」という平等の原理が立ちはだかる。一つの原理と他の原理の対立が起こるのである。

対立に直面して解決する

したがって、これはどちらかというと、「人間は他者をどう感じるか」という心理問題ではなく、「人間は他者の中でどう行動すべきか」というの倫理問題である。学校は、家族関係から社会関係へ入るための移行であり、母子関係に代表される保護と被保護という関係から、対等な他者と公平に関わる行動を学んでいく準備期間である。とすれば、子どもの「心の発達」とは、家族とは異質な公共的人間関係をどう築いていくか、に関わると言えよう。

対等な関係の中でどう行動すべきか？

もちろん、神とか道徳、真理などが解決の方向を示してくれるわけでもない。むしろ「正しい原理」が上から与えられて行動が決められるというあり方は、絶対的な保護を旨とする家族関係と同じ構造をしている。だが、互いに対等な関係では、複数の「正しさ」が互いに並び立ち、「何が正しいか」を一義的に決められない状況では、そういう対立をどうとらえて、どう仲介して処理していけば妥当な解決になるのか、相互の合意を図ることができなければならない。そういう社会的・公的行為ができることが、学校における「心の発達」や「心の成長」なのである。

中間的距離の人間関係

かつて、劇作家・批評家の山崎正和は「中間的距離の関係」の大切さを主張した。現実の人間関係は、愛と保護を基本とする家族と冷徹な運命や法則が支配する宇宙・全体社会の中間にある。それを認識しつつ、コントロールしようとする人間的な技法を復活すべきだというのである（山崎正和『社交する人間—ホモ・ソシアビリス』）。

演劇的状況における倫理

イメージの元にあるのは、いわゆる演劇的な人間状況であろう。目に見える範囲に複数の異質の人間が現れ、それぞれがまったく別の原理で行動する。それらがぶつかり合って対立が生まれ、「どちらが正しいか」を巡って、登場人物の間で、取引・交渉・戦いなどが行われて、最終的にどこかに決着する。これは、現実の社会・人間の状況そのものだ。演劇では、そういう社会状況を具体的イメージを使って提示する。別な人間が、それぞれ別の立場から協力したり対立したりして、全体としての効果を生もうとするのである。

下の写真は、公園にいる子どもたちを撮影したものだが、一人があるポーズや動きを取ると、それを見て次の子どもは自然に別の動きを取り、それが全体として調和する。ところが、学校教育では皆同じ姿勢を取らせる機会が多く、全体と同調するか／しないかという二者択一ばかりが強調されがちだ。これでは、それぞれが違ったり対立したりしながらも全体として調和を取れるようになる、という社会的な感覚は育たないだろう。

●それぞれ別々のポーズを取る子どもたち

原理のもたらす結果を予想する

対立する原理をどう調停するかか？

先述した岐阜県の問題例では、二つの対立する主張が表れ、どちらも正しく見えるとともに、どちらも正しくないように見える。もし「弱者でも特別視しない」のなら強い者に有利な環境になる。だが、弱っているときに助けてもらえないのでは、そもそも集団にいるメリットはどこにあるのだろうか？　一方で、同じ集団のメンバーに対して「不公平」な処遇をするのは、集団の中に一種の身分制や特権集団を作り出して全体の統合を妨げかねない。さて、どちらをとるべきか？

このような場合、シンプルに、どちらか一方に肩入れすることでは問題を解決できない。ここの「あなた」も、よかれと思って取った行動が周囲から非難される。しかも、その根拠は「あなた」の日頃言っている言葉との矛盾だと批判される。いったい、どう考えたらいいのだろうか？

不平等はどういうときに許されるか？

不平等が許される場合があるか？

こういう場合は、対立ばかりに目を奪われず、対立を成り立たせてる根本状況を俯瞰すると解決が見えてくる場合がある。たとえば、アメリカの政治哲学者J.ロールズは、「もっとも不遇な立場にある人の利益を最大にする」なら、不平等も許されると考えた(ロールズ『正義論』)。つまり、社会は本来平等が望ましいが、もし不平等であることで、もっとも不遇な立場にある人の利益が大きくなる見込みがあるなら、むしろ不平等な方がよいのである。

たとえば、頑張った人には、頑張らなかった人よりよい評価をする。もし、頑張った人も頑張ってない人も平等な扱いを受けるとすると、誰も頑張ろうとはしなくなる。頑張って何かをすることを奨励しないと社会はよくならない。社会がよくならないと、もっとも不遇な立場にある人の立場もよくならない。だから、頑張った人には、それなりのよりよい評価をすべきであるし、その不平等は受け入れるべきだという結論になる。

公平・平等のより深いとらえ方

多様な人間をどう平等に遇するか？

別な考え方をしてみよう。社会には多種多様な人が存在する。たとえば、勉強ができる人も、運動が得意な人も、友達づきあいがうまい人もいる。もちろん、その逆に勉強が不得意な人、運動が苦手な人、友達づきあいが下手な人、あるいは、それらすべてが苦手な人、障害を持つ人などもいる。これらは環境・学習次第で改善する場合もあるが、生まれつきで決まる部分も少なくない。いわば、我々は生まれたときに「おまえはこういう人間になる」という「くじ」を強制的に引かされているようなものである。

このように多種多様な特徴を持つ人々の集団に、あくまでも平等な扱いを貫いたらどうなるか？　勉強が不得意な人、運動が苦手な人、友達づきあいが下手な人、障害を持つ人は著しく不利になるだろう。だが、その特徴が生まれつきなら、その不利な扱いを受けるのは公平だろうか？　むしろ、自分がどういう境遇に生まれるのか事前に分からないなら、もっとも自分が不遇な状態に、たまたま割り当てられたとしても、それほど「ひどい扱いを受けない」社会を「公平な社会」として感じるはずではないか？

Point **正しい社会＝もし自分がもっとも不遇な状態だったとしても、それほど「ひどい扱いを受けない」社会？**

事例に当てはめて考える

他人の立場が自分にも起こったら？

この考えに基づけば、Ａさんを「ひいき」することは正当化できるはずだ。なぜなら、その「ひいき」が、クラスでもっとも不遇な立場にある彼／彼女の立場をよくする見込みがあるからである。クラスの他のメンバーも、転校すればＡさんのような「友だちになじめず、ひとりぼっち」になる可能性がある。それなのに「皆平等だから」とケアされなかったら、精神的にかなり辛いはずだ。

あるいは、自分の「友だちとすぐなじめて、仲良しが多い」という性格が努力の結果ではなく、天から与えられた偶然だと想像してみる。もし自分が「友だちになじめず、ひとりぼっちになりがち」という性格に生まれついていたとしたら、そういう人には、より沢山のサポートがさしのべられるのが正しくはないだろうか？　このように考えれば、Ａさんに対する「不平等な扱い」は、より高い立場からの「公平」な扱いと考えることができる。

正しさを考える機会

模索していける状況を作る

それぞれの人間の身体や姿勢には生まれつきの偏りがある。人間社会では、それを否定しないで、全体として統一されたイメージを作ることが望ましい。これが個別性を抱えながら全体として統一性を形成することである。大切なのは、さまざまな機会をとらえて、多種多様な人とどう共存できるのか、どう考えれば妥当な対処になるか、と模索していくことだ。その能力が拡充することが、児童・生徒における「心の発達」「心の成長」なのである。

Point **「心の発達」「心の成長」＝多種多様な人とどう共存するか、どうすれば妥当な対処になるか、と模索できる過程**

グローバル化した現代社会では、人間は多種多様で考え方も感じ方も違う。そういう人々に対して、一つのシンプルな原理を適用すれば物事がおさまる、ということはありそうにない。それは、全体主義や権威主義的な発想であり、対等な個人がどう共存していくのが正しいのか、という「公平」を模索する思想ではない。

愛情に頼らない結びつきを作る

家族は愛着や愛情で結びつくが、犯罪社会学では「殺人は家族間で最も起こりやすい」とも言われる。愛着や愛情は相手との同一化を求めるために、同一化が実現しないと、逆に憎しみや亀裂も生まれ、自分と考えや感じ方が違う他人と深刻な対立にもなりやすい。むしろ、社会では必ずしも好きでない人間でも、とりあえず平和にやっていき、自分が相手に過度に従属しないようにすることが社会的な自立の内実なのであって、家族における愛着とは違った形で、相手と共存していく手続きを学ぶのが、学校という場なのである。

文化や習慣とのつながり

この「共存」の仕方が社会的に確立すると、一定の文化や習慣となって定着する。それらを身につけることで、我々は、自分と異質の他者とも何とかうまくやっていく。あらためて、その役割を考えると「なるほど、こういう意味があったのか」と気づくが、ふだんは無意識にやっている。つまり、文化や習慣は、ある程度の「時間の検証に耐えた」妥当な行動の基準として学ぶ価値があり、拙速に変更するのは適当ではないのだ。

Point 文化や習慣となって定着するには、それなりの理由がある＝学ぶ価値がある

だが、文化や習慣は必ずしも固定されたものではない。それは、ある社会的条件の下で、最適な人間関係を実現しようとした解決の一つでしかなく、社会的条件が変われば解決の仕方も変わってくるからだ。たとえば、教育人間学の高橋勝は、「農耕社会→産業社会→消費社会」という近代日本社会の変化とともに、子どもの「育つ空間」が変わり、教育の機能やとらえ方も変化したという。

1950年代までの農耕社会では、子どもは見よう見まねで農作業を手伝う。その中で人並みの作業ができる人間が「一人前」と見なされる。逆に言えば、他者と協力する能力が期待され、個人の能力を磨くことは重視されない。

農耕社会 vs. 産業社会

それに対して、1960年代以降の産業社会では経済成長とともに、個人の卓越性や成長への期待が強くなる。親の学歴より、自分の学歴がよければよい生活ができると考え、学習意欲も強くなる。実際、中国や韓国などでは「国民生活は今より豊かになる」「自分の能力を今より発揮できる」と答える割合は8割以上だ。このイメージは、学校や教育の持つ社会的な価値・役割と一致している。

将来的不安の中での学校教育

ところが、1990年代以降日本の成長率が鈍ると、学校の象徴する価値も変わる。経済規模が拡大しないので、親よりよい地位に就けない。実際「自国の将来が良くなる」と答えた割合は13.9%、「経済の競争力が強くなる」と答えた割合は1.4%である。（日本財団「18歳意識調査 第46回 国や社会に対する意識 6ヶ国調査」）。これでは「努力」「達成」などの学校的価値にコミットできない。

社会の変化と青少年の心情

将来のヴィジョンも悲観的になる。たとえば、日本の青少年は、「将来の夢を持っている」(59.6%)、「自分の将来が楽しみである」(57.8%)、「社会がどのように変化するか楽しみである」(54.0%)「多少のリスクがあっても新しいことに沢山挑戦したい」(49.0%)「自分の行動で国や社会が変えられると思う」(26.9%)が、いずれも6ヶ国中で最下位になっている。「個人の成長・発展」が期待できず、将来の見通しも持てないという心理状況がうかがわれる。

こういう調査では、日本は悲観的傾向が強く出がちだが、それにしても極端だろう。社会の変化とともに行動様式や心理は大きく変化するが、その社会変化が見通せない中、将来の不透明感が増しているのだ。ただ、不安を直接変えられなくても、少なくとも、そういう動きを認識しながら今できる最善を目指すことはできる。**社会の進む方向を見極めつつも、今何ができるか、何をすべきか、どう変えるべきか、を日常の課題に即して吟味する。それが学校教育でで求められるポイントなのだろう。**

Theme11 心の発達と社会化

例題の研究

問題 青森県　全校種

他人への思いやりの心が乏しく、自己中心的な生徒への指導への難しさが指摘されています。このことについて、あなたはどのように対処するか具体的に書きなさい。(50分・601 ～ 800字)

考え方のプロセス

通常のとらえ方

通常の「思いやり」の考え方

「思いやり」という表現は、本来「思い」を向こうに「やる」こと、つまり、「他人の気持ちをわがことのように想像する共感の能力」とされている。普通、人間は自分の気持ちは分かるが、他人の気持ちはよく分からない。しかし、心が発達していけば、次第に他人の気持ちも想像できるようになり、他人への共感＝「思いやり」も自然にできるようになる、と考えられる。

もし、このように考えるならば、「思いやり」がない／少ない児童・生徒への対処については、他人の心情を想像する能力が未発達なのだから、心の発達を促すような指導をすることで、想像力や感情移入を発達させて「思いやり」ができるような段階に導く、という指導でよさそうだ。

想定は正しいか？

だが、この想定は果たして正しいか？　と改めて考えてみると、いろいろ疑問も湧いてくる。たとえば、まず、他人の気持ちを、自分のことのように想像して共感することは、心が発達すれば、自然にできるようになるのだろうか？　仮にできたとして、それは相手にとってもよいことにつながるのだろうか？

よく言われるが、子ども、とくに幼児は極度に自己中心的である。たとえば、砂場で二人の子どもがおもちゃを使って遊んでいたとする。そうしているうちに、一人がもう一人のおもちゃを取り上げて返さない。おもちゃを取り上げられた方が泣き叫ぶ。すると、取り上げた子どもも同様に泣き叫ぶ。

自他の未分化は「思いやり」ではない

こういうあり方は、自他の未分化、つまり、自分と他人の感じ方の間に区別がないあり方に基づいていると言われている。相手にとって悲しいことは、自分にとっても悲しいことである。だから泣く。相手にとって楽しいことは、自分にとっても楽しい。だから笑う。こういう共感能力を、子どもは豊かに持っている。

だが、もちろん、これは「他者への思いやり」にはならない。相手の悲しい気分を共有するだけでなく、むしろ、悲しくなる原因を自分が作ったことを認識し、そういうことを相手にしたらいけないと判断できて、はじめて「思いやり」と言われるのである。

「思いやり」の条件とは？

つまり「思いやり」になるかどうかは、共感能力の有無だけで決められない。むしろ、誰が感情の原因を作ったか？　そういう行動は正当なのか？　不当だとしたら、その責任は誰にあるか？　などが適切に判断できるかどうかがポイントになるのだ。砂場の子どもは、相手への共感能力はあっても、自分のものと相手のものを区別できない。だから、相手のものを奪うという不当な行為をしているのに、自分が相手の悲しみの原因を作ったことに思いが至らない。相手に共感しても「自己中心的」で「思いやりがない」のである。

思いやりの根本は自他の分離にある

したがって「思いやり」とは、**自分と他人を明確に分離したうえで、他者の気持ちを自己に置き換えて感じることができること**だ。相手と自分を区別して考えるのが大前提であり、そのうえで相手に共感する、という二段階の能力が必要になるのだ。これは、かなり複雑な心理操作と言えよう。

自他未分化 ➡ 自他の分化 ➡ 他者を「自己のように」感じる

社会関係としての見方

別な言い方をすれば、「思いやり」は、自分の心情や気持ちをそのまま他人に延長して感じることではない。自分と他人は違うという前提を保ちつつ、あえて「自分がこの人の立場だったら…」と、自他の立場を交換して想像を巡らせる能力なのだ。

自分の善を相手に押しつけない

実は、これは大人にとっても難しい。なぜなら、自分と他人が違うかもしれない、と考えるなら、自分が善いと思うことでも、相手は善いと認めない可能性が出てくるからだ。逆に、自分が悪いと判断したことを相手は善いと思うかもしれない。自分と相手の間に、受け取り方の相違が生まれることを覚悟しなければならない。

とすれば、**自分が善いと思ったことを、そのまま他人に押しつけることは許されない**。「善い」ことを提案して、それを他人が採用しなくても許容すべきだし、自分が「悪い」または「善くない」と思うことを他人が採用しても、「やめろ！」とすぐ言えない場合が出てくる。自分の善意がそのまま通らない、そういう世界で相手の立場に立つことができて、はじめて「思いやり」になるのである。

いじめにも共感はある

実際、「相手の気持ちをわがことのように感じる」能力があっても、いじめは可能だ。たとえば、内藤朝雄『いじめの構造』では、「こうすれば苦しいだろう」「こんなことをやれば悲しむだろう」とさまざまに想定して、それを実際にやらせて苦しませるという「いじめ」の例が報告されている。共感できる能力があるから、いじめ方も工夫できるのだ。

それどころか、その「いじめ」は、いじめる者にとってある種の「善」だと意識されている。「いじめは…やる人もそれなりの理由があるから一方的に怒るのは悪いと思う。その理由が先生から見てとてもしょうもないものでも、私たちにとってもとても重要なことだってあるんだから」（同書「女子中学生の調査」より）

善意を導く基準とは？

したがって、他人の気持ちに共感したり、善意にあふれていたりするだけでは「思いやり」にはならず（必要条件かもしれないが）、その想像や善意をどんな方向で、誰にどういう風に実行するのが正しいのか、何らかの共通の基準がなければならないのである。

他人と共存する思いやり

つまり「思いやり」が成立するのは、むしろ、「公平」や「寛容」などの社会的正義＝倫理の分野と考えられる。公平（フェアネス）や正義（ジャスティス）には、さまざまな定義があるが、基本的には「等しい者には等しい扱いを」という原則である。他方、寛容（トレランス）とは、他人の自由を一定の範囲で受け入れ、自分の感じ方・考え方を、一方的に相手に押しつけないことである。

自分と他人を安易に同一視せず、自分と違う他人とも危害を加えないで共存する。そのためには、客観的に正しいと思われる基準に基づいて、自制しつつ行動する。それが「思いやり」なのであり、「他人をわがことのように感じること」は「思いやり」ではないのだ。

共感能力 ➡ 自他の違いの認識 ➡ 社会的正義の理解＝思いやり

当然のことながら、子どもは「自己中心的」なので、社会的正義である「公平」「寛容」を理解できない。個人差もあるので、ある年齢層を取ってみた場合には、他者が自分とは違うということを許容できない子どもと、そういう社会性を身につけるのが比較的早い子どもが共存することになるのは当然なのである。

教師はどう介入するか？

心情的でない介入

したがって、上記の状況で、教師が介入するとしたら「相手の気持ちを考えなさい」という心情的な指導では不十分だろう。なぜなら、自己中心的な子どもは、しばしば、自分の気持ちを絶対視し、それをそのまま相手に適用することに、何の疑問を持たないからである。思い違いしているのは相手であり、自分の判断が正しい。だから、正してやらなければならない、と主張するかもしれない。

こういう場合は、そうした過剰に「共感」的な行動様式や理屈を断ち切り、自分の「ノリ」と合わない相手とも、ある程度の距離を保って共存するのが「思いやり」だと理解させる必要がある。そのためには、教師の側でも、自分の意図通りに行動しない子どもに対して寛容になる感覚を身につけるべきだろう。

つまり、最低限のルールについては、必ず守らなければならないという態度を明確にするとともに、それ以外については、非同調者であっても許容して自由にさせる。その加減が分からず、自分の「善き子ども」についてのイメージを追求すると、自分の理想に子どもをひたすら合わせることことになりかねない。

自己中心性の二面性

タイプによって介入が違う

結局、自己中心性には二つのタイプがあると考えられる。一つは、最低限の集団の規律に従わない場合、もう一つは、他人が自分と異質であることを許容できない集団になっている場合である。前者の場合は、規律を明確化して、それに従うことを求めればよい。このルールは集団を機能させるための最低限の基盤なのだから、無条件に守らせる必要があるし、なぜ、それを守らねばならないかについて、教師は明確に説明できなければならない。

後者の場合は、逆に**過剰同調を制限し、個人の自由を確保する**必要がある。放っておくと、子どもたちは自生的に「群生秩序」（内藤朝雄）を形成して、そこに過剰に同調する傾向が見られる。このような場合は、その「過剰同調」を壊して、最低限のルールの状態に戻さねばならない。学校は「正しさを教える」という場所なので、むしろ、こちらの維持が難しい。ルールを増やさずに、ある程度の自由を許容するように、つねにチェックが必要になる。

もっとも恵まれない立場だったら？

「どう解決するか」で説明した「もっとも不遇な立場」という想定は、「思いやり」の極限的な場合と言えるかもしれない。人間は、自分が生まれてくる状態を自分が選ぶことはできない。としたら、生まれる前の自分なら、自分がもっとも恵まれない状態で生まれても、それほど損をしない社会に生まれることを望むだろう。

今ある具体的な自分の気持ちを相手に投影するのでなく、もし、自分が今のようなメリットを持っていなかったとしたら、と**自分をいったんゼロの状態にリセットして、どういう状態が望ましいのかと想定する**。「思いやり」とは、このように、今の自分を捨象したうえで、自他を入れ替えて「考える」能力なのであり、単なる共感ではない。

教師の介入も、そういう方向からぶれないように注意しなければならないだろう。

●解答例の構成

通常の定義 他人の気持ちへの共感

▼

批判 共感と自己中心性は共存できる

▼

自分の定義 「公平」「寛容」？ ➡ ルールの明確化＋過剰同調

▼

自分の対処 自分と社会を抽象化して考える

▼

必要な条件 自分の中のルールと同調の整理

解答例

通常の定義

「思いやり」とは、「他人の気持ちをわがことのように想像する共感の能力」とされる。このような力は、普通、心が発達すれば次第についてくると考えられている。だとしたら「自己中心」的な児童・生徒に対しては、共感能力の発達を促す指導をすればよさそうだ。

批判

しかし、「思いやり」とは、自分の気持ちをそのまま他人に延長して想像することではない。共感能力と自己中心性は共存できる。たとえば、幼児は共感能力が高いが自己中心的だ。砂場で二人の子どもがおもちゃで遊ぶうちに、一方が他方のおもちゃを奪う。取り上げられた方が泣き叫ぶ。すると、取り上げた方も泣き叫ぶ。こういう共感は「思いやり」ではない。むしろ、自他の違いへの無理解だ。「思いやり」とは、自他の同一視ではなく、自分と他人は違うという前提の下に「自分がこの人の立場だったら…」と想像を巡らせる能力なのだ。

自分の定義　だとすれば、「思いやり」とは、むしろ「公平」や「寛容」に近い。相手が自分と違う行動をしても、それを許容して共存できるように自制しつつ行動する。そのためには、最低限のルールを明確にして、それは無条件で守る一方で、それを超えて過剰に同調する「群生秩序」が成立しないようにチェックしなければならない。

自分の対処　私は、問題のある子どもに、ロールズが言うような想像をさせてみたい。ロールズは、自分が生まれる前の状態をイメージするなら、自分がもっとも恵まれない状態にたまたま生まれたとしても、それほど損をしない社会であることを皆望むだろうし、その基準に照らしてある社会秩序が正しいかどうか判断できると言った。

必要な条件　同様に、問題を起こす子どもに対しても、今ある自分の気持ちを周囲に投影するのでなく、もし、自分が相手のような境遇に生まれたとしたら、どういう対応をするかと問いかけることができたらと思う。そのためには、私も秩序と同調を明確に区別できなければ子どもの反問に答えられないであろう。

●論点のまとめ

心の発達と社会化

定義	「心の発達」は母子関係だけでは決まらない→対等な者どうしが共存できる状態を受け入れられるのが「心の発達」
背景	子どもの問題を母子関係に帰着させる傾向→母親への負担ばかりが増す→複数の「正しさ」の中で判断できる
分析	家庭の保護／被保護の関係とは異質→対立する正しさの間で、妥当な判断をして他者の共感を得る→心の発達・成長
提案	対立・矛盾で挫折しない→それらを包摂するより高い認識を目指す→文化慣習の尊重＋社会変化の中での妥当な判断

●応用問題

富山県　小学校（70分・800字）

次の記述を読み、下の問題について、論述しなさい。

> A先生は、現在小学校で２年２組の担任をしている。２年２組の男子生徒のＢ男は、短気で怒りっぽく、思うようにならないとかんしゃくをおこす。友達と遊んでいてもすぐにもめ事を起こすので孤立気味である。
>
> ５月下旬、Ｂ男は休み時間にサッカーに入れてもらおうと友達に近づいていくと、みんなが逃げたので追いかけた。そのときにＣ男にぶつかり、Ｃ男がころんでけがをしてしまった。Ｂ男は、Ａ先生に促されてＣ男に謝った。その夜、Ｃ男の母から電話があり「担任の日頃の指導が悪い」と批判された。また、Ｂ男の母からも電話があり、「いつも仲間はずれにされている」と訴えられた。
>
> あなたがＡ先生だとすると、このような状況にどう対応するか。Ｂ男および学級の児童に対する指導および学級づくり、保護者対応していくうえで留意すること等について述べよ。

＊児童の行動の問題点の他に、「仲間はずれ」、「Ｃ男の母からの批判」、「Ｂ男の母からの訴え」、「指導および学級づくり」、「保護者対応」などキーワードがたくさんあるので、一つ一つ処理していくこと。「地域との連携」、「いじめ」、「クラスづくり」などの各項も参照してほしい。Ｂ男の行動は「社会化の未成熟」と考えれば、珍しいことではない。

◆◆残念な解答フレーズ

◇母子関係・家庭環境だけから、学校での問題を解釈する
◇対立･矛盾をごまかしたり無視した議論をする
◇社会と個人の意識･感情の連関を無視する

Theme 12 道徳教育と倫理

テーマの理解

【Introduction】

かつて「道徳」とは共同体に相応しい伝統的な振る舞いを学ぶことだった。しかし現代では、つねに新しい状況の中で「どう振る舞うべきか」の判断・選択を迫られる。前には「よい」とされた行動が、かえって社会の「望ましい状態」を破壊する場合すらある。したがって、道徳教育でも合意された「道徳」を教化・宣伝するより、道徳的な難問を取り上げ、その可能性をさまざまに探究する方が有効だ。倫理・道徳の根拠は必ずしも強固ではないが、それに人々が深く関わることで「重大な問題である」ことが伝わり、考えもなく不道徳な行為に関わることを抑止できる。押しつけではなく、道徳を自ら考え、検討する中に可能性があるのだ。

【Actors Map】

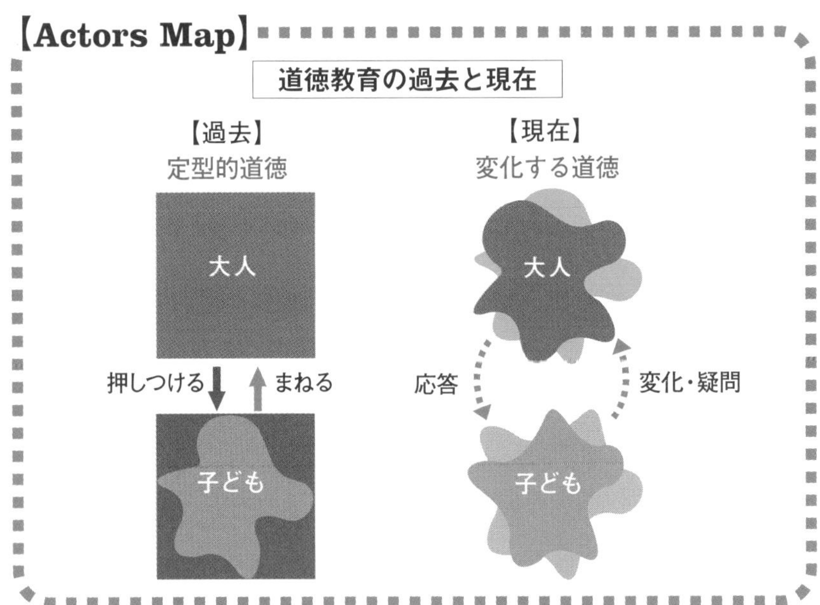

問題点は何か

道徳に対する二つの見方

道徳moralには、大きく二つの見方がある。一つは、なすべき行動が実際になされていれば、とりあえず「道徳的」であると見なす**外面的見方**。もう一つは、実際に道徳的行為が行われているだけでは十分ではなく、その動機自体が「よく」なければならないとする**内面的見方**である。

たとえば「死刑にされるのがイヤだから法律に従う」という行動は道徳的だろうか？　たとえ法にかなった行動をとっていても、法律が正しいと納得して従っているわけではない。従わないと自分に不利だから法を破らないだけだとしたら、むしろ利己主義的行為と言えるだろう。動機のよさを問題にする立場からすれば、「法は正しいから守る」べきものであり、利己的動機は道徳的とは言えない。しかし、なすべき行動がなされていれば十分だとするなら、「死刑がイヤだから」も「道徳的」になろう。

道徳に対する対立した見方

どちらの考えがより適切であるのか、について一致した意見はない。ある政治家は「いじめをなくすには、教師の中にボクシングや空手といった武道家が必要だ。いないのであれば警察OBを雇うべきだ」と発言した。つまり、教師の側に「いじめ」をさせない身体的な実力があれば、学校の秩序は守られるというのだ。それに対して、ある社会学者は次のように批判した。

> もしこの発言が実現されてしまったとしたら、子どもたちは、怖いと思わせることで人の運命が決まる世界に生きているのだという秩序感覚、普遍的なルールではなく強い者が畏怖させることで秩序が成立するという、誤ったメッセージを受け取ってしまいます。そして、自分より弱い者に対して同じことをするようになります。(内藤朝雄「いじめ防止に怖い先生は必要か」)

この応酬にも、道徳に対する外面的見方と内面的見方の対立がよく現れている。政治家は、実力で「いじめ」を押さえ込めば、道徳的にも正しいと判断する。それに対して内藤は、そういう方法は、結局、身体的な実力／暴力が物事を決定するというメッセージを児童・生徒に与えるので、道徳的に正しくない、というのである。

「道徳教育」は道徳的か？

興味深いのは、身体的な実力や暴力を使ってでも秩序を守らせようと主張するのが、「道徳教育」や「心の教育」の普及・推進に熱心な側だということだ。「日本の伝統的な倫理は戦後崩壊した」「核家族でしつけがなされていない」などと嘆きつつ「秩序維持のためには、強制的に、あるいは罰を与えてでも、厳格に規則を守らせるべきだ」と主張するのは、この政治家のような人々なのである。

道徳教育を強調する人は外面を重視する

しかし、だとすると彼らの言う「心の教育」は、一見内面を重視するようで、実は一人一人の心の状態や内面にはまったく興味がなく、外面的に道徳的行為が行われれば十分、ということを意味していることになる。「道徳教育」「心の教育」という言葉に、何となくうさん臭い響きがまとわりつくのは、こういう裏の意味が感じ取れるからかもしれない。

Point 「道徳教育」「心の教育」の推進＝一人一人の心の状態には興味がなく、外面的に道徳が行われることを望む立場？

モラルとは何か？

そもそも道徳の根本は人間行動に対する価値判断のことである。つまり、人間ならば何をなすべきか、何をなすべきでないのか、を判断する価値基準や原理を道徳と言うのだ。だとしたら、道徳教育の中では「利己主義」「利他主義」「自由主義」など、さまざまな価値原理が検討されてもいいはずだ。

さまざまな行動原理を検討

「利己主義」は、行動する際に、自分の受けるメリットを第一に考えて判断する、という原理だし、「自由主義」は他人に害を与えない限り、その人が「よい」と判断して選択した行動は他人から妨げられない、という原理である。逆に「利他主義」は、人間は自分を犠牲にしても他人の利益になる行動をすべきだという考えになる。これらの価値原理は、どれも「何をすべきか」についての基準になるので、どれが優れている、ということは一概には言えない。

実際、経済学者アダム・スミスの「見えざる手」Invisible Handという言葉は、市場経済による資源の最適分配のことをさしている。つまり、人々が自分の利益しか考えない利己主義者ばかりであったとしても、社会全体としては結果的に望ましい状態が実現する、というのだ。しかし、もしこの仕組みが本当に働くならば、ことさら道徳的な行動をすることは必要なく、むしろ利己主義に任せていれば、社会は十分うまくいくはずだ。

●公園の「犬の放し飼い禁止」の標識

利己主義の効用の例？

利己主義は役に立つ？

それどころか、**利己主義をきちんと貫かないと、資源の最適分配をゆがめて、道徳的にもよくないという危険**すら考えられる。たとえば、古紙の再生は、かつて業者によって行われていた。住宅地に「ちり紙交換」業者が回ってきて、ちり紙と交換に家庭の古紙を引き取っていったのである。この仕組みはそれなりにうまくいっていて、古紙のリサイクル率は悪くなかった。つまり業者が自分の利益を最大化しようと商売をした結果、リサイクル率を引き上げるという「望ましい状態」が実現したのである。

ところが、環境運動などの影響でリサイクルが「よい」こととされて、町内会などがボランティアで古紙集めなどをすると、「ちり紙交換」業者が閉め出されてしまった。同時に古紙の市場価格が大幅に下がり、多くの業者が倒産したため、ボランティアが広まってもリサイクル率が上がらなかった。結局、古紙集めのボランティアは「ちり紙交換」業界をつぶし、雇用を奪ったのだ。道徳的に「よい」と思われた行動が、利己主義によってそれなりに安定していた「望ましい状態」を壊し、社会全体の効用を引き下げたのである。

Point 道徳的に「よい」とされた行動が、かえって社会の「望ましい状態」を破壊する場合がある

道徳的によいことが社会を崩壊させる？

このように道徳的に「よい」とされた行動を推し進めたり、強制したりすることで、かえって社会がおかしくなった例は、実は枚挙にいとまがない。たとえば、かつての中国の大躍進政策は、外国からの干渉を排し、自分たちの力で大幅な経済発展をしようとした政策だ。製鉄でも、鉄鋼の大増産を目指して原始的な溶鉱炉「土法炉」が使われた。素晴らしい運動だと賞賛されたのだが、結局、使い物にならない質の悪い鉄が大量にできただけであった。

こういう現象は、経済学的に見ると「合成の誤謬（ごびゅう）」とか「部分最適化」と言われる。つまり、**一つ一つの局面をとってみれば「よいこと」になるのだが、それが全体に広がるとかえって「悪い結果」を生み出すのである**。よく知られている例では、一人一人がお金を貯めようと節約（これは美徳である）をすると、社会全体としては物が売れずに不況に陥るので、もっと個人は貧しくなるという現象がある。

教化・宣伝説の誤り

先の「大躍進」政策も、経済的自立という目的には誰も反対はできないし、その目標のために努力するのも素晴らしいことだ。しかし、その「善きこと」をすべての人々に強制した結果、当初の意図とは逆の結果が生まれた。「個人個人がよいことをすれば、全体としてもよい結果が生まれる」というほどシンプルではないのだ。

したがって、**「善」と言われることを教化・宣伝して、一人一人に強制しさえすれば、社会全体がよくなるという見通しは甘すぎる**。一人一人の行動のよさと社会全体のよさは、矛盾することがしばしばだ。むしろ、「社会全体のよさ」が、結果として実現されたかどうかで、その元となった行動がよかったかどうかが判断されなければならないのだ。

Point 道徳の複雑性＝一人一人のよい行動と、社会全体のよい結果は矛盾しうる

矛盾に気づく子ども

このような矛盾は、子どもたちにもとっくに気づかれている。たとえば、ある理科の授業で大根を植え、ちょっと育ったときに間引く。その時に「なぜ、大根の芽を間引くのですか？」という質問が出た。教師が「弱い芽を抜くと強い芽だけが残って大きな大根になるのよ」と説明したところ「先生は、いつも弱い人を助けようと言っているのに、なぜ、大根は弱いのを抜いて捨てるのですか？」と反問されて、どう答えていいか分からなくなったという。

原理の対立に気づく

この例は、互助をよしとする原理と優勝劣敗の競争をよしとする原理の対立・矛盾として考えられる。教師は、植物の場合は後者の原理を取り、人間の場合は前者をとったので、その間の矛盾を児童に指摘されて立ち往生してしまったのである。

「よさ」の基準は互いに矛盾する場合も少なくない。

どう解決するか

このように、ごく身近なところでも、価値基準の対立・矛盾はすぐに出てくる。だとすると、それを無視して、一つの価値原理を押しつけようとしてもうまくいかない。むしろ、**積極的に価値判断の対立・矛盾に目を向けて考えるという方が道徳的な自覚を高める**であろう。道徳に対する関心を喚起できるからである。

たとえば、1997年に起こった連続児童殺傷事件に関連して、ノーベル賞作家大江健三郎は、次のような文章を発表している。

> テレビの討論番組で、どうして人を殺してはいけないのかと若者が問いかけ、同席した知識人たちは直接、問いには答えなかった。

私はむしろ、この質問に問題があると思う。まともな子どもなら、そういう問いかけを口にすることを恥じるものだ。なぜなら、性格の良し悪しとか、頭の鋭さとかは無関係に、子どもは幼いなりに固有の誇りを持っているから。そのようにいう根拠を示せといわれるなら、私は戦時の幼少年時についての記憶や、知的な障害児と健常な子どもを育てた家庭での観察にたって知っていると答えたい。

人を殺さないということ自体に意味がある。どうしてと問うのは、その直観にさからう無意味な行為で、誇りのある人間のすることじゃないと子どもは思っているだろう。こういう言葉こそ使わないにしても。そして人生の月日をかさねることは、最初の直観を経験によって充実させてゆくことだったと、大人ならばしみじみと思い当たる日があるものだ。(『朝日新聞』1997年11月30日付朝刊)

大江に対する批判の議論

これに対して、「フリースペース　ぱくの会」の滝谷美佐保は、大江の方こそ想像力が欠如していると厳しく批判した。自分の長男は中1の頃自殺ばかり考えており「人が人を殺したら罪になるのに牛を殺しても罪にならないのか。人の命はそこらの雑草と同じなのか、違うのか」と問いかけてきたという。つまり、この問いは社会道徳への挑戦ではなく、むしろ**自己に価値があるのかどうかという根底的な不安に根ざしている**。大江のような決めつけは、そういう疑問を封殺する恐れがあり、「人を殺してなぜダメなのか？」問いかけざるを得ない精神的危機に鈍感だというのだ。

論争の深まり

両者には、それぞれうなずける点とそうでない点がある。大江の場合は、殺人はいけないという、もっとも根源的な「道徳」を身につけていない若者の生活環境についての素朴な懸念を表明している。実際、「なぜ、人を殺してはいけないのか？」とわざわざ聞いてくるような人に対して、我々は何となく不穏な感じを持つ。それを、大江の反応は正直に表現していると言えよう。反対に、こういう応答は、子どもの素朴な疑問を封じ、道徳を押しつけるというマイナスもある。

これに対して、滝谷の主張は、子どもの根源的な不安や疑問に丁寧に応答していることは評価できる。だが、その疑問にどう答えるのかという段になると明確には書かれていない。彼女は、最終的にこの問いは「実存」的なものであり、一人一人が答えを見つけるものだと主張している。たしかに、その通りかもしれないし誠実な態度ではあるだろうが「自分で考えて見つけなさい」と放り出すだけでは、教育として十分とは言えないだろう。

議論の中に道徳の健全さが見える

それでも、この論争を期に、社会全体で問題の把握の仕方が深まったことには注目しなければならない。さまざまな識者が、この問題についてコメントし、どうとらえるべきかを議論し「なぜ人を殺してはいけないのか」についての多様な答え方が提案された。最終的に万人が納得する答え方は見つからなかったとはいえ、素朴な疑問に何とか答えようと努力した論者たちの真摯さは「人を殺してはいけない」という社会的合意を何とか成立させようとする熱意を感じさせ、日本社会の健全さを示していたとも言えそうだ。

Point 道徳的・倫理的難問に答えようとする努力の中に、道徳・倫理へのコミットメントが感じられる

道徳教育の位置

道徳教育についても事情は同じだろう。すでに社会的に合意されている「既存の道徳」を教化･宣伝すれば、よい社会が実現するという判断は誤りだ。むしろ**道徳的・倫理的難問を積極的に取り上げ、問題の持つ可能性をさまざまに探究していくやり方が有効**だろう。同じ問題に対して意見が異なる状況も避けてはならない。

大根の間引きの話で見たように、現実の社会では、助け合いの原理より利己主義の方が優先されることも多い。しかし、その一方で、互助の行為がまったく無視されているわけでもない。何となくではあっても、他者に対する善意は自分にも返ってくることを感じている。だから、他者を助ける行動も見られる。そういう矛盾の中に我々は生きているのだ。

としたら、一つの見解を絶対とするのではなく、むしろ相反する見解を取り上げ、それがどう違うのか、どんな前提に基づいているのか、どちらがよいのか検討する方が、深い理解につながるはずだ。

Point 道徳は矛盾する➡×一つの見解を絶対として教化・宣伝
○矛盾を取り上げ、検討する方向

行為の中のメッセージ

そもそも「なぜ人間を殺してはいけないのか？」と問う人も本当に「殺していい」と感じているなら、いちいち他人に問うまでもない。無言で刺せば、それで目的は達成されるはずである。わざわざ、「なぜ？」と問うのなら、少なくとも、他人と自分は互いに言葉で会話できる存在と認めているのだ。そういう相互信頼を尊いと思うから「互いに殺しあわない」という関係も成立つ。しかし、こういう微妙なあり方を認めず、次のように言い放つ人も多い。

> もし、…当の中学生が納得しないようでしたら、その場でその中学生の首を絞め上げて、「はい、この状況でもう一度今の問いを私と唱和してください」とお願いするという手もあります。（内田樹『下流志向』）

つまり、質問にまともに応答するより「殺しあいが許される」という状況で、どういうことが起こるかを体験させれば、殺すという事態が好ましくない、という理由がすぐさま体感できるというのだ。

体験によって会得させる？

つまり「なぜ殺していけないのか？」と問うような若者は、平和な社会にいて危険や苦しさが分からない、そういう甘えた人間に現実感を持たせるには危険や苦しみを感じさせればよい、と言うのだ。だが、この質問を、たんに無自覚な若者の太平楽だと見くびっていいのだろうか？　2022年に人質を取って焼き肉店に立てこもった若者は「死にたかった。警察に射殺されたかった」と証言している。「自分の価値」に絶望し、射殺されたかった人間が首を絞められたぐらいで「はい、生命の尊さが分かりました」と命の大切さには思い至るはずもない。

●相模原障害者施設でおきた集団殺傷事件の献花をする人々（時事通信フォト）

道徳的思考の本質とは？

道徳教育は、「分かりきった既存の道徳を大人から子どもに伝える」営為ではない。むしろ、ソクラテスの対話のように、**根本的な疑問に対して、互いに問答する中から自分なりに納得する原理を見つけていく過程だろう。**議論の余地なき「正しい道徳」を押しつければよいという判断は、むしろ不道徳の極みだろう。

もし道徳・倫理の判断が簡単ではないことが分かれば、子どもたちも「人間には何の価値もない」とか「殺してもよい」などと気軽に言えなくなる。実際、障害者施設で多数の人を殺傷した犯人は「こういう人たちは社会の害毒になるばかりだ」という安直な善悪の判断から犯行に及んだ。いささか逆説的だが、自分が道徳的であることに疑いを抱かなかった人間だからこそ、凄惨な凶悪犯罪を引き起こせたのである。

Point 倫理的難問に触れることで、道徳的徳目につなげる

道徳教育では、倫理をめぐる難問や論争にあえて触れる中で、それをどう考えるべきかと考えを深めるしか方法はない。実際、文部科学省も小中学校の道徳で、読み物など形式的な授業が広がっていることを憂慮し、「問題解決型学習」を取り入れるように明記し「考え、議論する道徳授業」への転換を求めている。そのためには、教師側も「道徳の教え方」などというマニュアルに頼るのではなく、道徳的問いに直面して、自分の思索を深めておかねばならないのである。

Theme12 道徳教育と倫理

例題の研究

問題 山口県　全校種

近年、子どもたちの豊かな人間性や社会性などをはぐくむために、心に響く道徳教育の充実がますます重要になってきています。あなたは、その理由についてどのように考えますか。また、あなたは心に響く道徳教育を進めるうえで、教員としてどのような教育活動に取り組んでいきますか。具体的に書いてください。(50分・600 ～ 800字)

考え方のプロセス

設問表現の検討

キーワードは何か？

ここでは、もちろん「心に響く」という言葉をどのようにとらえるか、がポイントになるだろう。こういう言葉が、わざわざ使われるのは、少なくとも現状では「道徳教育は心に響かない」とか「響きにくい」とか、この問題を作った人自身が考えていることを示すだろう。では、なぜ、道徳教育は「心に響かない／響きにくい」のか？　その原因やメカニズムが解明されれば「どうしてますます重要になっているのか」「これからどうすればよいか」という問いへの解答が見えてくるはずである。

さらに分析すれば、ここの「心」は教育について言っているのだから、言及されているのは当然「子どもの心」であろう。「響く」は共鳴・共振するという意味。「心」とくっつければ、理解・共感という意味になる。もちろん、大人は道徳教育をするのが望ましいと思っているはずだ。だから「道徳教育（のよさ）は大人には理解できるが、子どもの心に共感しにくい」が問題の前提である。

子どもの心とは？

根源的疑問を持つ

では、子どもの心はどういう特徴を持つのだろうか？　一つの手がかりは、子どもは何にでも根源的な疑問を持つことであろう。「空はどうして青いのか？」「なぜ、お年寄りには席を譲らなければならないのか？」「宇宙の果てはどうなっているのか？」と大人に聞いて答えを求めようとする。子どもからこんな風に問いかけられて、困らなかった大人はいないだろう。

大人は楽々と生きているように見える。だが、子どもは世界・社会のメカニズムがどうなっているのか分からない。だから戸惑って「なぜ？」と聞く。しかし、大人はその答えを知らない。あるいは、知らないことをごまかす。だから子どもは失望する。だが、成長すると、彼らも答えを気にかけなくなる。根源的な答えを知らなくても、社会の中で生きていられることを学ぶからだ。

安心して問いかけられる関係が前提

もちろん、子どもは、疑問に思ったことをすべて問うわけではない。たとえば「あなたはなぜ私の親なのか？」「なぜ私に命令できるのか？」「親のようなふりをしているけど、本当は親ではないのではないか？」などは、あまり聞かない。実は、筆者も、子どもの時こんなことを言いそうになったが「これを言ってはおしまいだな」と感じたので言わなかった。なぜ「おしまい」なのか？　それは**安心して問いかけられるという、親密な人間関係**をなくしてしまうではないかと恐れたからだ。

子どもの問いの特徴

「子どもの問い」の特徴は、問いかけたら正しい返事を返してくれそうな相手を選んで問うていることだ。どんな問いをしても、その関係は壊れない。そういう信頼関係に基づいて「なぜ？」と問いかけているのである。うそや間違いを平気で言うのではないか、と警戒していたら、わざわざ問いかけるはずはない。

「大人」の対処

もちろん、この信頼関係は、大人の方でも利用できる。だから「なぜ？」に答えず、「とにかくそういうものなんだ」「大人が言うことだから間違いはないんだ」と規範・道徳を押しつける。そうすると子どもは怪訝に思いつつも、信頼できる大人の言うことだからと受け入れる。そのうちに、そういう根源的な問いを忘れて「大人」

になってしまう。

根源的な問いに応える

したがって、もし「子どもの心が共感する」道徳教育があるとしたら、教師が、こういう根源的な問いに答える努力をしなければならない。たとえば「なぜ道徳を守らねばならないのか？」「人に迷惑をかけないのなら、何をやってもいいのか？」など。もちろん、それに対する答えは一様ではありえないし、そもそも答えられない疑問さえあるかもしれない。

答え自体より答えようとする姿勢が大切

もし、教育が「確定した答え」を伝えるだけの営為だとしたら、このようなあり方は「教育」ではない。むしろ「反教育的」「非教育的」と感じられるかもしれない。しかし、問われたことに真摯に答えようとして、失敗するという姿勢の中に、かえって、子どもが教育者や大人、あるいは社会に対する信頼を見いだすという可能性もあるはずだ。

Point 道徳的問いに答えようとする姿勢を見せる➡子どもが大人・社会に対する信頼を見いだす？

たとえば「テーマの理解」でも触れたように、かつて、ある少年による残虐な殺傷事件が起こったとき、それを話題にしたTV番組の中で「なぜ、人を殺していけないのか？」という問いが投げかけられ、それに対して、さまざまな識者から多様な見解が寄せられた。大江健三郎のような反応もある一方、大江のような見解は「問いを封印する」という哲学者永井均からの批判もあった。あるいは、前述した滝沢のように、問いの発せられた背景を見るべきだという指摘もあった。

道徳問題の根拠は脆弱

たくさんの本が出版され、たくさんのコメントが書かれたが、誰も「人を殺してもいい」という結論には至らなかったし、もちろん、そこから「人を殺してもいい」というメッセージを受け取った子どもはいなかった。むしろ、明らかになったのは「人を殺していいか／悪いか」という一見明白な道徳問題ですら、**実は根拠が脆弱である**こと、さまざまな人がいろいろな理由を考えたが、そのどれもが全面的には納得はできないこと、それでも「人を殺してはいけない」と皆は確信しているし、その確信が事件によって揺るがされたときには、全力でその道徳を取り戻そうとしたこと、などであろう。

大人たちの行動が影響する

その意味で、この問いを巡る大人たちの右往左往は、かえって「なぜ人を殺してはいけないのか」という**問題の重要性と、その正しさに人々が深い関心を抱いていることも示した**。もちろん、それに対して「殺しちゃいけないに決まっているだろう」というシンプルな答えを出した人もいたし、それで納得する人もいた。しかし大勢としては、その答え方だけでは納得できず、考え続ける人々がいた。それは、インターネット上で「なぜ人を殺してはいけないのか」で検索すると、膨大な数のコメントが出てくることでも分かるだろう。

道徳問題は簡単に片付けられない

「なぜ人を殺してはいけないか」という問いは、それだけ重大な問題なのであり、簡単に「こうだ！」と片付けることはできない。だが、行為は一瞬で終わる。このギャップに驚くことの方が、教育的効果が大きいかもしれない。「何かをなす前には、十分に検討しなければならない」という感じは、少なくとも子どもたちにも伝わるし、そうすれば、「**簡単に反道徳な行為はできない**」という感じも伝わるであろう。

●解答例の構成

背景 「心」「響く」の検討

▼

対比 かつて＝大人のまね vs. 今＝大人も迷う

▼

主張 根本的な疑問に応える

▼

理由例示 取り組む姿勢に現れる

▼

結論 真剣な取組 ➡ 軽はずみな行為の抑制

解答例

背景　「心」とは子どもの心で、それに「響く」とは共感する意味だろう。背後には、子どもが共感できる「道徳教育」が不十分だったという認識があると思われる。

対比　かつて「道徳」とは、共同体における振る舞いを学ぶことであった。宗教儀式や集会などに参加して大人たちの行動を見習う。しかし、変化の激しい社会では、身近な大人の真似をするだけでは不十分だ。むしろ新しい状況で「人間がどう振る舞うべきか」自ら考えて判断・選択しなければならない。できあがった道徳を守らせればいいというわけにはいかなくなったのである。

主張　その意味で、道徳教育は、児童・生徒の疑問に応える必要がある。子どもはしばしば根源的な疑問を大人にぶつける。「なぜ、道徳を守らねばならないか？」「なぜ、人には親切にしなければならないか？」。こういう疑問は当然出てくる。たとえば、現代ではより劣っていると評価されれば、競争に負けて退場させられる。こういう環境では「人に親切にする」ことは、自分を不利にするだろう。それを「親切にするのが社会の掟だ」と押しつけても「心には響かない」。

理由例示　もちろん、こういう問いには一定の答えはなく、教えるべき内容も決まっていない。しかし、根源的な問いをさまざまに考えるプロセスは、確実に子どもたちの道徳意識を高めるはずだ。たとえば、「なぜ人を殺してはいけないのか」という中学生の問いが論壇を賑わしたことがあった。哲学者や思想家がさまざまに意見を述べたが決着はつかない。しかし、誰もが殺人を否定する根拠を見つけようと必死だった。

結論　重大な倫理・道徳問題も、根拠は必ずしも強固ではない。しかし、それに人々が深い関心を持てば、少なくとも「これは重大な問題なのだ」ということは伝わり、前後を顧みず不道徳な行為に関わることは少なくなるだろう。押しつけではなく、道徳をさまざまに考える中に教育の可能性はあるし、それを私は追求していきたい。

●論点のまとめ

道徳教育と倫理

定義	道徳が実際になされている＋動機もよくなければならない→個人のよい行動と社会全体のよい結果は矛盾しうる
背景	共同体における振る舞いを学ぶ→「人間がどう振る舞うべきか」自ら考えて判断・選択
分析	伝統的な道徳を揺るがす事件→既存の道徳の押しつけだけでは機能しない→根源的な疑問に応える→大人への信頼＋道徳が重大な問題として意識される
提案	道徳教育は子どもの疑問に応える→押しつけではなく、道徳をさまざまに考える中に教育の可能性はある

●応用問題

川崎市　小・中・高・特別支援校（60分・600字）
学級担任として、すべての児童・生徒が「自分にはよいところがある」と思えるようにするには、何が大切だと考えますか。また、そのためにはどのような取組をしますか。具体的に述べてください。

＊「自分にはよいところがある」という気持ちは、自尊感情と呼ばれる。親や他人から「お前には価値がない」と言われ続けると、価値があるとは思えなくなり、他人の反応をうかがうばかりになる。自尊感情を高めるには児童・生徒をほめてやることが基本だろう。「ほめられる」ことで自分に意味があることを感じられる。人間が社会的動物であることを考えれば、これは当然だろう。

◆◆残念な解答フレーズ

◇正しい道徳が行われるように全員に徹底するなどの強権的表現
◇道徳・倫理は有効ではなく現実は利己主義だなどの極論
◇「人間らしい道徳」「他人を思いやる心」などの常套句に頼る

Theme 12 道徳教育と倫理

想定面接のポイント

❶道徳･倫理は教化･宣伝ではない
❷定義「どう行動するのが正しいか」に基づき多様な検討を加える
❸根源的な問いかけをスルーしてはいけない

問：「倫理観」の重要性が叫ばれています。あなたは「倫理観」とは何だと考えますか。また、どのようにして「倫理観」を高めようと思いますか。（静岡県　高）

回答例：「倫理観」とは「人間が何をなすべきか」「よい行為とは何か」についての価値観のことだと思います。その際に、行為の結果だけではなく、その動機も重要だと思います。「罰があるからこれこれの行為をしない」というのは「倫理」的だとは思いません。たとえば「先生が怖いからいじめをしない」というのは、容易に「先生が怖くなくなったら、いじめを再開する」と結びつきます。これでは「倫理」や「道徳」とは言えないと思います。

道徳は自分の判断・理解

もう一つは、倫理や道徳については自分の判断や理解が大切だと思います。昔は、倫理・道徳はもっと単純だったでしょう。身の回りの大人たちの行動を見ていれば、だいたい「やるべきこと」が分かった。たとえば、バリ島では新月の時と満月の時にやる宗教儀式が大切です。ちゃんとした服装をして寺院に行って神様に敬意を表す。お祈りをするときは、うやうやしく振る舞う。そういう環境の中で育つから､自然に神や自然への敬意も持つようになる。

でも、近代社会では、そういう関係は必ずしも望めません。なぜなら、大人たちだってさまざまな変化にさらされているからです。今までと同じような振る舞い方をしていたら「よく」ないことも多い。たとえば、一生懸命働くことは尊いと思いますが、そこで蓄積された技術を捨ててでも、新しいことにチャレンジしなければならないことも少なくありません。そんな中で「こう振る舞うのが正しいんだ」と自信を持って言える大人は少ないのではないでしょうか？　たとえ「こう振る舞うのが正しいんだ」と強弁しても、子どもに対する説得力は少なくなるのではないか、と思います。

問：　では、どうすればいいと思いますか？

回答例： 子どもは、まだ人生経験が少ないので、大人がドキッとするような根本的な質問をします。たとえば「生きている意味はあるんでしょうか？」などです。大人や教師だって、正面切って言われたら、なかなか答えられないと思います。しばらく前には「なぜ人を殺していけないのか？」なんていう質問を中学生がして、大人がおたおたする、などという現象もありました。

大人たちも変化する

でも、そういう**質問に正面から立ち向かう姿を見せることは、かえって子どもたちの信頼感を増す**と思います。子どもたちは答えをほしがっているけど、大人も十分答えられない。それでも、苦闘しながら、さまざまな考え方を提示しつつ、子どもと一緒になって考えていく。そういう大人や教師の姿は子どもたちの倫理観を深めるはずです。「人間なんて生きる価値がない」なんて短絡的に思っていたのが「生きる」という意味をいろいろ見つけ出そうと努力する大人の姿を見て「なるほど、簡単な問題ではないのだな」と考えを改めるでしょう。

そういう意味で、根源的な「子どもの問い」に積極的に答えるべきだと思います。幸い、英米系の大学の倫理学の教科書などには、そういう「子どもの問い」をベースにやさしく解説をしていくアプローチをとっているものがたくさんあります。とくにその中の「倫理相対主義というけれど、人間社会の倫理はだいたい似ている」という言葉が印象的でした。

道徳は意外に「人それぞれ」ではない

この頃、倫理・道徳については「道徳なんて人それぞれだ」などという乱暴なことがよく言われますが、よく考えてみると、「人を殺してはいけない」などと、合意できる事柄は意外に多いです。道徳とは、そういう一般性を持つものだと思います。そういう資料を材料にしつつ、身近な話題について生徒たちに問いかけながら一緒に考えていく授業をしたいです。

Theme 13 人権感覚と教育

テーマの理解

【Introduction】

人は生まれながらに人権を持ち、差別は許されない。その中身は自由・安全・幸福追求などだが、一般の国民は権利を保障されていても、それを実現する力がない。したがって、権利を実現するためには国家が介入しなければならない。人権教育が要請されるのも、このように人権が現実には守られていないことがあるからである。実際、外国人差別や地域差別は法的にも許されていないのに、社会感情としては相変わらず残っている。教育でも相当な努力が行われてきたが、根絶には至っていない。禁止などの強行手段をとると、むしろ感情的反発が強くなる。個々の人間の考え方を変えるには、差別がよくないと感じられる環境を作る方向を模索すべきだろう。

【Actors Map】

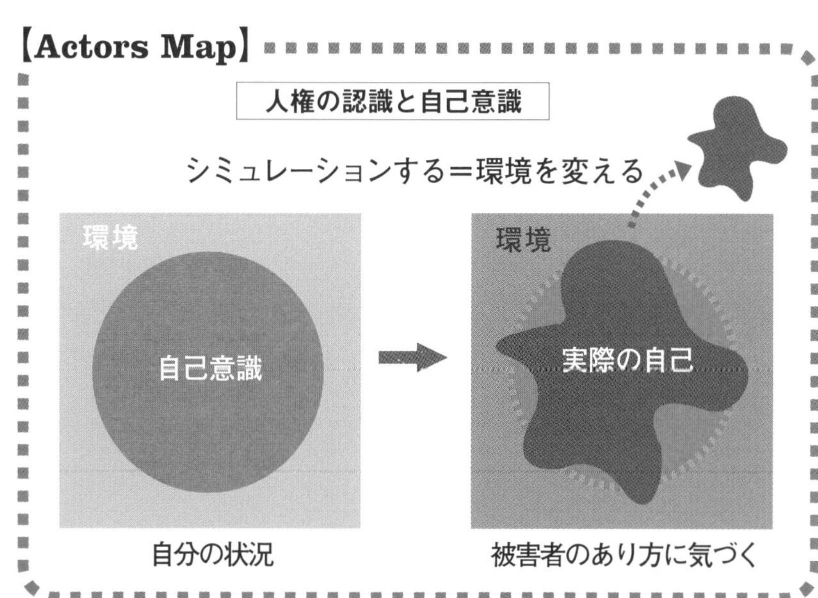

問題点は何か

「人権」という観念は、18世紀近代民主主義政治の成立とともに明確化した。たとえば、アメリカ独立宣言では、以下のように、人権は「生まれながら」に平等に持つものであり、そこに差別は許されない、権利の中身としては自由・安全・幸福追求がある。さらに政府はその人権を実現する機関であることが述べられている。

人権の概念とは？

われらは以下の諸事実を自明なものと見なす。すべての人間は平等につくられている。創造主によって、生存、自由そして幸福の追求を含む、一定の侵すべからざる権利を与えられている。これらの権利を確実なものとするために人は政府という機関を持つ。その正当な権力は被統治者の同意に基づいている。(We hold these truths to be self-evident, that all men are created equal, that they are endowed by their Creator with certain unalienable Rights, that among these are Life, Liberty and the pursuit of Happiness. -- That to secure these rights, Governments are instituted among Men, deriving their just powers from the consent of the governed, ...)（1776年アメリカ独立宣言）

これらの思想は、バージニア権利章典やフランス人権宣言などにも共通している。1948年の国際連合による「世界人権宣言」では、「創造主」という表現は外され、次のように言われる。

世界人権宣言

第一条　すべての人間は、生れながらにして自由であり、かつ、尊厳と権利とについて平等である。人間は、理性と良心とを授けられており、互いに同胞の精神をもって行動しなければならない。

第二条　1　すべて人は、人種、皮膚の色、性、言語、宗教、政治上その他の意見、国民的若しくは社会的出身、財産、門地その他の地位又はこれに類するいかなる事由による差別をも受けることなく、この宣言に掲げるすべての権利と自由とを享有することができる。

以下、「生命・自由・身体の安全」「奴隷制度・奴隷売買の禁止」「拷問…」「逮捕・拘禁…」などの条項が続く。逆に言えば、現実には、生命・自由・身体の安全などの人権が侵される状況がいかに頻繁にあるか、を示していると言えるだろう。人種や出身地、階級による「差別」はいけないという根拠はこの「人権宣言」から出てくる。

近代憲法の本質

これらの規定は、人民（people）は人権＝生命・自由・安全・幸福を追求する権利を妨げられないという規定が中心になっている。では、これらを妨げるものは何か？　アメリカ独立宣言の場合はイギリス本国の政府であり、世界人権宣言の場合は政治権力、つまり、人民の権利を妨げるのは政府だと想定されているのである。

憲法を守るべき主体は国家

したがって、国家の根本法である憲法では、政府が人民の権利を妨げないように、さまざまな規定が設けられた。たとえば「言論の自由は、これを妨げてはならない」とあるが、もちろん「妨げる」主体は政府である。つまり、**憲法では「政府が人民に対してやってはならないこと」が決められている**のである。憲法は刑法や民法などと違って、国民ではなく政府が守るべき規定なのである。

Point **憲法＝人民の権利が政府によって妨げられないように、法的に規定する制度➡○政府が守るべき、×人民が守るべき**

もちろん国家以外の権力組織、つまり企業や集団も権利を踏みにじる場合もある。そういう場合にも憲法の規定は準用されるが、国家ほど厳格ではない。たとえば、学校における「言論の自由」には一定の限界が設けられていることが多い。

無産者としての人民

ただ、これら18世紀の規定は、人々が自由･安全あるいは幸福を追求することを「妨げてはならない」という規定なので、自分で幸福を追求できる力があることを前提にしている。このような人々を市民（bourgeois）と呼ぶ。しかしながら、資本主義経済が進むにつれて、自力で幸福追求ができない人々が大量に生み出されることになった。それが労働者階級（proletariat）である。

資本主義における階級分化

労働者は自分の身体と時間以外に生産手段を持たない無産者だ。19世紀の産業革命とともに地方の小規模農民が土地から離れて都市に移り住み、工場で労働するようになった。一方、地主や貴族階級は機械など生産手段を所有して大規模な商品生産を始めた。つまり、近代では、生産手段を持つ資本家階級と生産手段を持たない労働者階級の二つの集団が発生するのである。

資本家は自分の意志で仕事のやり方・範囲を決めることができる。しかし、労働者階級は生産手段を持たず、資本家の持つ工場で働いて生計を立てるので、資本家の命令を聞かざるを得ない。その結果、産業革命の初期には16時間などの長時間労働などは普通であった。「幸福追求」の**権利が保障されても、それを実現する力も手段もないのでは、権利だけあってもなんの意味もない**のである。

> 「権利の平等」と…法的保障の要求とは…行政の形式的、合理的な「即物性」を求める。しかし…、それは具体的なケースと具体的な人間に方向付けられた実質的「正義」を要請するから、どうしても官僚制的行政のもつ形式主義、規則に縛られた冷たい「即物性」と衝突することになり、かような理由から、理性的に要求されたものが、情緒的には拒否されざるを得なくなる。とくに、無所有の大衆には、「市民的」利害によって要求されるような形式的な「権利の平等」や「計算可能な」司法、行政などは役に立たない。彼らにとって法と行政とは、当然、有産者にたいして「彼らの」経済的および社会的な生活チャンスを均衡化する仕事をしなければならない。
>
> （マックス・ウェーバー『官僚制』）

無所有の労働者は権利を行使できない

この文章は一見難解だが、近代的権利と労働者の現実との関係を考えれば内容はシンプルだ。「官僚制的行政」とは、近代資本主義における形態だが、いくら合理的・形式的に保障されても「無所有の大衆には…『権利の平等』…などは役に立たない」。なぜなら権利を使って幸福を追求できる状況にないからである。

法と行政の役割

むしろ「法と行政とは、…有産者にたいして『彼ら（＝労働者）の』経済的および社会的な生活チャンスを均衡化する仕事をしなければならない」。つまり、**法と行政は、人々の権利実現を妨げないだけでは十分ではなく、積極的に均衡化＝平等を実現するために介入しなければならない**のである。

時代	担い手	法と行政の原理
近代以前	家産制的支配(王族・貴族)	恩寵・恣意・自由裁量
近代	有産者（資本家・市民）	権利の平等・形式的合理的
現代	無所有の大衆（労働者）	生活チャンスの均衡化 (積極的介入・平等実現)

国家が保障する権利

このようにして提唱されたのが「社会権」という人権である。日本国憲法第二十五条にも「すべて国民は、健康で文化的な最低限度の生活を営む権利を有する」と規定され、生活保護など福祉制度の根拠になっている。逆に言えば、さまざまな理由で「健康で文化的な最低限度の生活」が脅かされる場合には、国家が保障するように要求できるのである。

ただ問題なのは、この規定は他の人権と異なり、国家によって限界が画されることである。国家・政府に十分財源がなければ、「健康で文化的な最低限度の生活」は保障できない。したがって、この規定は「プログラム規定」といわれる。つまり、国家が実現に向かって努力する「目標」を述べたにすぎず、即座の実現を義務化するものではない、というのだ。**「どこまで国家・政府が国民の生活を保障するか」は一律に決められず、そのときの政治・行政によって基準は揺れ動くという仕組みになっている**のである。

どう解決するか

人権について教師はどのように教育すればよいのか？　とりあえず生活の場で分かりやすいのは「差別撤廃」であろう。世界人権

差別の撤廃

宣言にもあるように「すべて人は、人種、皮膚の色、性別、言語、宗教、政治上その他の意見、国民的若しくは社会的出身、財産、門地その他の地位又はこれに類するいかなる事由による差別」を受けるべきではない。しかし「…べきでない」と禁止されているということは、裏を返せば、現実には「差別が存在する」ことも意味するのである。

もちろん「差別」する主体は国家ではありえない。むしろ法的に差別はなくなっているのに差別が存在するのは、差別する人々がいるので実質的には平等にならないのだ。だから、平等実現のために政府が介入する必要が出てくる。つまり、社会的差別は国家や行政が介入してなくすべきであるという「社会権」的な構造をしているのである。

Point 法的差別はなくなっても社会的差別は残る➡法と行政の努力の必要➡社会権的

差別への介入

実際、教育も「差別」について、かなりの介入をしてきた。差別の歴史を教え、それがいわれなきものであることを啓蒙し、さらには、無自覚的／自覚的に差別的言動をする人々を糾弾するだけでなく、積極的に差別のある場に入り込んで批判・教育を行う。実際、筆者が教えていた学校でも、一人の教師が差別的な発言をしたために、差別撤廃団体から厳しい抗議を受け、以後「差別の歴史とその不当性」についての講義など「人権教育」講習会が毎年開かれるようになった。差別撤廃の「人権教育」は、ある意味で徹底されているのである。

教育で差別がなくなるか？

ただし、教育さえすれば差別がなくなる、というほど事態は簡単ではない。国家や制度と違って、人々の社会感情はなかなか変わらないからだ。たとえば、インドのカースト差別は今なお激しい。被差別カースト出身の国会議員や大統領がすでに出ており、法的にはなんの差別もないはずだが、差別感情や差別意識はなかなか変わらない。大人には効果が薄いので子どもたちに啓蒙する、という方法もとられている。つまり、差別を撤廃するには、世代を超えるような膨大な努力が必要なのである。

差別のなくし方

感情や意識は、社会的な仕組みや振る舞い方に埋め込まれているので、その仕組みや振る舞い自体を変えないといけない。したがって、差別感情が出現する場面に乗り込み、いちいち「これが差別だ」と自覚させる。「寝た子を起こすな」と差別感情を自然に忘れさせようという意見もあるが、自覚させないと仕組みは変わらない。

Point 感情や意識は社会的な仕組みや振る舞い方に現れる➡生活場面で差別を自覚させる

アファーマティヴ・アクションの効果？

被差別の人を優先的に受け入れる

教育・宣伝よりアファーマティヴ・アクションなどの方が効果的だという意見もある。これは、**学校・職場などに差別されたグループの人々を優先的に受け入れる仕組み**である。たとえば、アメリカでは、大学入試で黒人生徒には白人の生徒と違った成績基準を適用していた。白人生徒と成績評価が同じくらいなら（あるいは少し低くても）黒人生徒の入学を優先するのだ。そうすれば、被差別グループにいても不利でなくなるので、差別を正当化する感情的基盤が減る。それを積み重ねて差別をなくそうというのである。

●ヘイトスピーチデモ
（時事通信フォト）

日本では、このような方策は公式には行われてはいない。かつては、一部自治体が行政組織に被差別グループ出身の人々を優先的に受け入れたと言われたが、詳細は明らかではない。しかも情報が公開されていないので、アメリカのように、同じ点数なら被差別者を優先するとか、定員のうち○%を占めるべきという基準も存在しない。その結果として、公平であるべき選考が談合で左右されたという印象になる。「平等」という理念のとらえ方を巡って、公開された議論も情報もないので**「一部の者が不当に利益を得ている」という妙な嫉妬心に基づく批判を受けやすい状態**なのである。

ヘイトスピーチの問題

「在日特権」というデマ

最近は差別を正当化する排外主義者の活動も活発化している。彼らは「外国人には特権がある！不平等だ」と煽る。生活保護が受けやすいとか、就職で有利になるとか、犯罪報道されないとか、隠された「在日特権」があるとか、さまざまなデマを飛ばすだけでなく、外国人が多い地域に押しかけて「××人は国に帰れ！」「××人は殺せ！」などという憎悪の言葉を投げつける。

この運動には中学生も参加していたという。李信恵『#鶴橋安寧』では、猫耳をつけたあどけない女子中学生が、マイクで「皆さんが憎くて憎くてたまらないです。もう、殺してあげたい！」とマイクで絶叫する様子が描かれている。差別を煽る発言をすると周囲の大人からほめられるから、こんな発言をしているのだろう、と著者は述べるが、ネット上では、さらに過激な発言もなされ、ある高校では「本校生徒が差別的発言をしていたことをお詫びします」と謝罪する事態に追い込まれたという。

Point ヘイトスピーチには中高生も巻き込まれる

社会的・世代的背景

不安と排外主義的感情が結びつく

このような言動には世代的な背景もあるかもしれない。中高生は家庭から自立する移行期でアイデンティティが動揺する。その心理的危機の中で周囲や自分との関係を「敵と味方」などという極端な対立でとらえがちだ。**自分の所属が不明確なので「国家」「民族」などという「目に見えやすい」集団と同一化しようとする**。とくに日本経済が停滞し、非正規労働者も増加し、労働環境も過酷になる。そんな状況の中、自分たちが苦しいのは外国人が優遇されるせいだ、という見方にはまるのである。

このような心理は「外国人」だけが対象ではない。女性に対するヘイトも同様である。最近では、女性を支援していた団体が、ネット上で「公金チューチュー」などと誹謗され、裁判を起こされた。結果は、訴えた側が敗訴したが、その過程で、支援団体は東京都からの助成金をストップされる、などの被害を受けている。

●歴史的に差別されてきたユダヤ人（時事通信フォト）

下層の没落への不安

政治哲学者ハンナ・アーレントは『全体主義の起源』で「排外主義…は、生活困窮者の社会主義」だと分析した。つまり、工業化の中、生活が厳しくなった職人や零細商人層が「自分たちを苦しめるのはユダヤ人である」という単純な教えを信じ込んで迫害・排斥に走り、彼らを追い出せば、自分たちの状態はよくなると考えたと言うのだ。

上述の女性支援団体の事件でも、同様な分析ができるかもしれない。つまり、フェミニズムなどのおかげで、女性の社会的地位の向上が進む中、社会の「男性中心主義」で利益を得ていた「弱者男性」が自らの特権的地位がなくなるのを感じて、女性バッシングを始めたのだ。自分たちが、社会カーストの下層に没落する**不安に怯えて「不正な利益を得ている者」に対する敵愾心（てきがいしん）が高まり、誹謗中傷に走る**のである。これは「外国人」に対するヘイトスピーチも同じ構造だろう。

不安が蔓延する風潮の中では、ただ「差別はいけない」と教えるだけでは対応は十分ではない。民衆自身が差別感情を持っていることを明らかにしながら、「人権」の意義はなんなのか、それがいかに侵されやすいか、差別がどう社会に害悪を与えるか、どうなくせばいいのか、具体的事例の中で議論し、納得していく過程が必要なのである。

Theme 13 人権感覚と教育

例題の研究

問題 神奈川県　小・中・高・特別支援

神奈川県では、児童の発達段階に応じて、人権に関する理解を深め、人権尊重の意識を高め、一人一人を大切にする教育を推進しています。
このような教育を推進するために、あなたはどのような姿勢や意識を持つことが大切だと思いますか。また、そのことを踏まえ、どのような教育活動に取り組みますか。具体的に述べなさい。

（60分・600字以上825字以下）

考え方のプロセス

解答の条件を整理する

まず「人権とは何か？」についての確認から行うとよい。アメリカ独立宣言にも「すべての人間は平等につくられ…生存、自由そして幸福の追求を含む、一定の侵すべからざる権利を与えられている」と言われている。当然、そこに差別は許されない。

だが、この原則に対して「なぜ、すべての人間に対して同じく与えられているのか？　人間は生まれつき違うのだから、それぞれが持っている権利も違ってよいのでは？」と反問しても、その答えは返ってこない。なぜなら、この内容は論理というより、むしろ、今までの人間の経験を元に定められたからだ。実際、これらの条件を外すと、抑圧や虐殺、戦争など不都合な事態が数限りなく起こった。その**歴史を教訓として人権の概念が要請された**のだ。

子どもは理解しうるか？

しかし、もし人権の概念が経験的に得られたものだとすれば、経験が少ない子どもは、最初から「人権」など理解できるわけではない、ということになる。実際、大人になっても「人権など根拠がない妄想だ」とか「生活保護など、社会からの保護を受けている人にはフルスペックの人権は許されない」などと主張する人がしばしば現れる。これらは「すべての人間は平等に…侵すべからざる権利を与えられている」の明白な否定であろう。

大人でもこんな調子なのだから、年端もいかない子どもが、相手に人権があることなど無視して、自分のしたいことを押し通そうとするのも不思議ではない。だから、純真なはずの子どもたちの間でも、刑法に触れるような凄惨な「いじめ」も発生するし、加害者本人もそれを特段悪いことだと思わない、ということが起こり得る。「人権」は論理的に自明な概念ではなく、むしろ経験から得られた概念なのである。

Point 人権は自明ではなく、経験的なものである

功利主義と人権

「いじめ」の項で「10人の加害者の未来と、1人の被害者の未来、どっちが大切ですか。…１人のために10人の未来をつぶしていいんですか」と自殺した生徒の親に言った教師がいた、と述べた。もちろん、これは「幸福な人の人数が多い方がよい」という功利主義的発想なのだが、功利主義は人権とは対極な思想だ。こういうことが言えること自体、教師自身が「人権」がなぜ必要なのか、を理解していないことを示す。彼は「多数が安泰である」という結果のために、「少数者の犠牲」を容認する。たった一人であろうと、人権を守る手続きを無視する結果、さまざまに悲惨なことが起こる。そうならないための歯止めが「人権」なのである。

他者理解の発達

人権理解と他者理解の関連

たしかに、子どもはそんな事情は十分理解できないかもしれない。なぜなら、子どもは家庭に保護されているので、他人の状況を知らないし、他人への想像力も強くないからだ。このような状態では、自他の立場が逆転して、自分が極端に不利な立場になることも想像できず、人権の大切さを実感する機会に乏しい。実感するには、ある程度の逆境の経験と正義の感覚が必要になるだろう。

だから、設問にもあるように人権の理解も「発達段階に応じて」進む。「人権」がなくなった場合、どんな悲惨な境遇に陥るか実感できないと、その貴重さも分からない。恵まれた環境にいる人は、さまざまな場合を学ぶことによって「人権の必要性」を学ばねばならない。それができないから「多数が幸せになるのはよいことなのに、どうしてそれが否定されるのか？」と反発するのである。

自他の逆転可能性と人権

「権利が平等に守られるべきだ」という意識は、自他の立場の逆転可能性を前提とする。誰かが多数の犠牲になることがいったん認められたら、自分もいつか多数のために犠牲になることを強いられかねない。そうならないように「個人が多数の犠牲になってはならない」という権利が、まず保障されなければならない。しかし、人間は、なかなか自分の立場を他人と交換して考えない。なぜなら、自分は誰にとっても特別な存在であり、それが誰かと交換可能である、とは考えにくいからだ。自分の持っているものは当然だと考え、それを他に及ぼして考えないのが、むしろ「自然」なのである。

さまざまな手法を駆使する

したがって人権を理解させるには、①自他の立場の逆転可能性を理解させる、②理解を実感や行動へとつなげる、などの指導が重要になるし、教師の方も自分の中に隠された人権無視の考えが存在する可能性を自覚する必要があろう。まず①で、他者との共存を自覚させ、②では概念の理解だけではなくて、具体的な行動や認識につなげなくてはならない。どんな行動へとつなげるか、ということも聞かれているわけである。

●解答例の構成

主張 人権理解＝自他の立場の逆転可能性への想像力

▼

対比 子どもは家庭の保護下にあるので、他への想像力に乏しい

▼

方法 多様な人権侵犯事例を学ぶ→具体的な想像力を養成する

▼

例示 具体的に人権侵犯をとりあげて可能性に気づく

▼

提案 教師も一緒に成長するプロセスを作る

解答例

主張

「人権」を理解するは、自他の立場の逆転可能性への想像力が大切になる。実際、生活困窮者などに対する「生存権」を否定する人たちも少なくないが、自分は恵まれていて、そういう立場になるはずがない、と感じているから、困窮者の人権を否定する主張を平気でできるのであろう。

対比

もちろん、子どもも、そういう想像力に乏しい。なぜなら、家庭の保護下にあるので、その環境を当然のものとして受け取っているからである。自他の逆転可能性を実感するには、さまざまに起こりえる事例に対する想像力が必要だが、そもそも経験が少ないので、他者の窮状を想像できず、自分が当然のように持っているものが他者には欠けている、とは考えない。人権についても、なぜ、そんなものが必要になるのか理解できない。だから、いじめられる側を配慮せず、他人を死ぬまでいじめる、などという事件も発生するのである。

方法

大人でも、人権を無視したり差別感情をむき出しにしたりする人が少なくないことを考えれば、人権の理解も、設問のいうように「他者理解」の発達とともに進んでいく、と考えられる。なぜ、人権が必要になったのか、人権が実際に侵された事例を知って、そういう事態が自分にも起こりかねない、という想像力を養成することが大切になろう。

例示

たとえば、大学医学部の入学試験において、点数で女性差別が行われた事例があったが、それに対して「女性医師はすぐ辞めるから、こういう扱いは当然だ」という擁護の主張が現れた。こういう問題には、女子の関心が強いので、男子の意見と対比することで、我々の社会に備わっている無意識な差別やそれを正当化する典型的な言い方を浮き彫りにし、どういうことがおかしいのか、一つ一つ自覚する必要がある。

提案

もちろん、教師側も無意識に人権侵害をしている可能性を否定しない。単に教えるだけでなく、子どもと一緒に学ぶことで、どこが「人権侵害」に当たるのか、発見していく「指導」プロセスをたどりたい。

●論点のまとめ

人権感覚と教育

定義	人権は「生まれながら」に平等に持つ＋差別は許されない＋政府は人権を実現する機関
背景	労働者階級：権利を実現する手段がない→権利だけあっても何の意味もない→権利を実現する政府＝社会権
分析	差別や排外感情を変える人権教育→禁止・宣伝だけでは感情的反発を生む→慣習や振る舞い方に埋め込まれている
提案	児童・生徒が「差別はいけない」と思える環境を作る→外部の知識・情報＋差別に立ち会ったときのシミュレーション

●応用問題

大阪府　(120分・450字以上550字以下)
社会状況の変化の中、新型コロナウィルス感染症に対する偏見や差別、インターネットによる人権侵害などの問題が顕在化し、新たな人権課題になっています。このような人権課題の解決に向けて、学校においても、人権教育をさらに充実させていくことが必要です。子どもたちが人権感覚を身につけて、自分や他者の人権を尊重する行動ができるようになるために、あなたは学級担任としてどう取り組みますか。「授業づくり」と「集団づくり」の二点について、それぞれの取り組む理由にも触れながら具体的に述べなさい。

＊「授業づくり」については、ロールプレイングなども有効だろう。

◆◆残念な解答フレーズ

◇「近代的人権」の基礎概念を確認しないままに議論する
◇禁止・教化・宣伝を強めるという提案に頼る
◇教育すれば変わるという楽観的な見方に終始する

教師の資質と能力

テーマの理解

【Introduction】

教師の資質と能力とは何か？　答えはさまざまだろう。しかし、主なるものは「授業の工夫」と「危機管理能力」だ。前者は教師の専門職としての側面だ。日本の授業スタイルは、探究型の授業も増えているとは言え、伝統的な講義スタイルが多く、対話を主にして生徒の能力を開発していく姿勢は比較的薄く、授業の工夫・研究が望まれる。一方、後者は全人格に関わるスキルである。問題状況で過度に防御的にならず、解決に向けて真摯な姿勢を示す。現代のリスク社会では、問題が起こると「なぜ防げなかったのか？」と責任追及される。学校の問題も特殊ではなく、医療過誤のマニュアルや企業バッシングの対応も参考になるだろう。

【Actors Map】

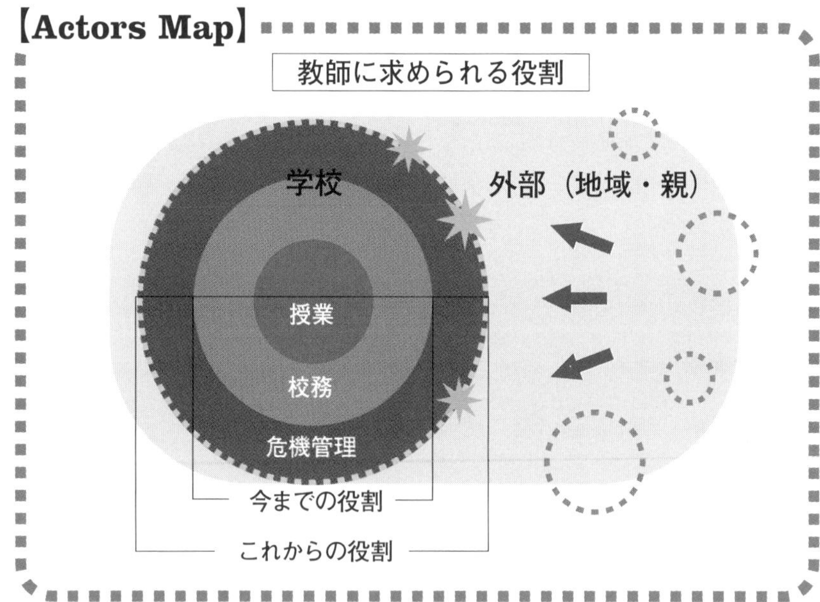

問題点は何か

教える工夫

何をもって、教師の資質と能力とするかは難しい問題だ。児童・生徒との人間関係がよいとか、学級経営がうまいとか、進学率が高いとか、課外活動を熱心に指導するとか、生徒指導がすぐれているとか、事務能力が高いとか、さまざまな指標が考えられよう。

教える仕事としての教師

しかし、教師の基本的な仕事を「教える」ことだとすれば「よい教師」の資質・能力として「教えるのがうまい」「授業が面白い」「授業研究に熱心だ」という要素があるはずだ。昨今では教育委員会への報告・事務処理・部活動の指導などが増え、なかなか授業に集中できない状況にあるが、それでも「教えるのがうまい」ことは、ある程度「よい教師」の目安になる。

伝統的な教え方に頼る

しかしながら、その点で言うと、日本の教師は伝統的な教え方に頼る傾向が強く「面白い授業をする」人が少ないと言われる。

OECDのアンケート

たとえば、OECDでは生徒・教師に対する質問紙調査が行われ、その中で「国語の授業で、先生は次のようなことをどのくらいしますか？」というアンケートが行われた。問いの内容は、以下のとおりである。

問　①先生は生徒に文章の意味を説明させる
②先生は文章の意味を深めさせる質問をする
③先生は本または作家をすすめてくれる
④先生は文章についての意見を言うよう生徒にすすめる
⑥先生は物語と実生活を関連づける手助けをしてくれる
⑦先生は教科書の内容を、すでに持っている知識とどうやって関連づけるかを教えてくれる

これらのスタイルは、対話をメインにした進歩的な生徒中心主義と解釈できそうだ。逆に、これらが実行されていない場合は、教師が正解や解法を用意して一方的に講義するという「伝統的なスタ

イル」の授業を展開していると考えられる。

そこで、質問に対する回答を４つに分け、「ほとんどない」1点、「たまにある」２点、「たいていそうだ」３点、「いつもそうだ」４点と重みづけすると、各国の授業スタイルがどれほど進歩的・生徒中心的か測ることができる。17点以下を「伝統」的、21点以上を「進歩」的、18～20点を中間群と名づけると、74カ国38万人超の全体データでは、中間群を中心として正規分布に近い形になる。つまり極端な「伝統」「進歩」は少なく、中間群が多い形になるのである。ところが、国別に見ると、かなり様子が変わってくるのだ。

教育社会学者舞田敏彦によれば、日本・韓国・アメリカ・イギリスなど７カ国の授業スタイルは次のようになる。

●教員の授業スタイルの国際比較（17カ国）（国際学力調査PISA2009から舞田敏彦作成、舞田「データえっせい」）

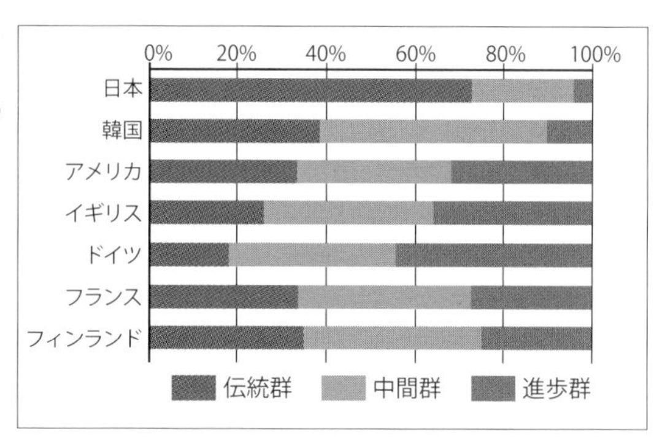

これを見ると、日本で生徒中心主義あるいは「進歩的」授業スタイルを受けている生徒は、全体のたった4.1%にすぎない。他の国の進歩群がだいたい20～50%のレンジに収まっているのを見ると、際だって低い数値と言えるだろう。

日本の教育は伝統的

さらに、74カ国のデータを進歩群と伝統群の全体に占める比率でマッピングすると、次のページの図のようになる。74カ国の中で、日本は他と離れて右下隅に位置し、突出して伝統的なスタイルに偏っていることが鮮明に浮かびあがる。舞田によれば、このような傾向は、高校理科の授業スタイルでも同じように見られ、日本の教え方は極端な知識注入型に偏っているという。つまり、**日本の教員の授業スタイルは、世界と比較しても超伝統的・超保守的**と言えそうなのだ。

●教員の授業スタイルの国際比較（74 カ国）（国際学力調 PISA2009 から舞田敏彦作成、舞田「データえっせい」）

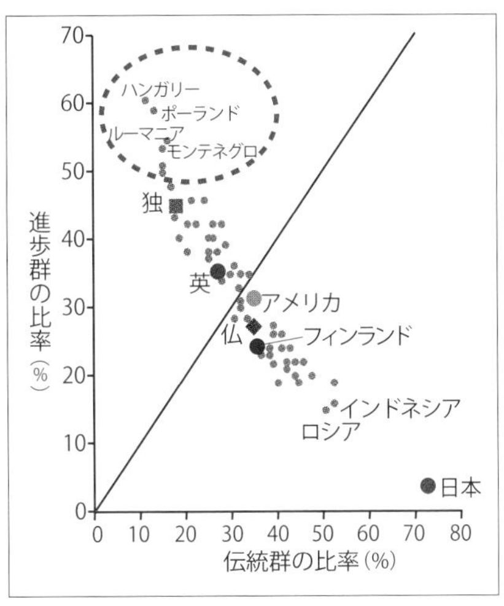

データ解釈の問題点

もちろん、舞田も認めるように、これには留保条件がつく。まずOECDのデータは15歳。日本で言えば高校一年生のデータである。この時期は、日本では「大学受験期」にあたるので、どうしても講義型・知識注入型になりがちだ。そういうバイアスを割り引かなければならない。さらに、先の質問項目が本当に「授業の進歩性」を表すかどうかも問題だろう。「生徒の考えを聞きさえすれば『進歩的』なのか？」と正面切って問われれば答えに困る。講義形式でも生徒中心主義の授業はあるかもしれない。しかし、それでも日本の高校一年のメジャーな授業スタイルが対話型でないことは確かであり、知識注入型に偏って生徒の能力を開発しようとする工夫が少ないという傾向は否定できない。

Point 日本の授業スタイル＝知識注入に偏る＋生徒の能力を開発する工夫が少ない

大衆教育社会のパラドックス

このような教育スタイルを、教師から生徒に対して「正しい考え方」や「正解」を一方的に伝える授業ととらえれば、「権威主義的」と表現してもよいかもしれない。「権威主義」とは、知識・

意見の正当性が議論や納得ではなく、「一方が指示し、他方は従う」という立場の上下によって決まるという形式である。

権威主義的教え方と教育の権威失墜

ところが、面白いのは、教育の方法は超「権威主義的」なのに、教育の価値については評価が高くないことである。たとえば、ある教育社会学者は、「日本では、学校での成績や学歴で表される能力は、たんに『試験を突破するだけ』の部分的能力であり、実社会では『役に立たない』と見なされる傾向が強い」という（苅谷剛彦『大衆教育社会のゆくえ―学歴主義と平等神話の戦後史』）。

本来、教育は次世代を作るための制度だから、それが作り出す価値や文化に対する社会的評価も高くなければならない。とくに権威主義的な社会なら、学校も「権威」と見なされて評価が高くなるはずだ。それなのに、**教育が「実社会」では通用しないと見なされ、相対化される通念が働いている**というのである。実際、東京大学・京都大学をはじめとする日本の有名大学では、オックスフォード・ケンブリッジなど欧米の有名大学に比べ、独自の学生文化（エリート・カルチャー）が育ちにくいと言われる。それどころか、有名大学の学生であればあるほど、大衆文化（ポップ・カルチャー）への関心や親和性を誇示する傾向がある。

学生文化の脆弱さ

この苅谷の主張を、先の舞田の分析と重ね合わせれば、日本の教育方法は、権威主義・知識注入型という伝統的な教授法が圧倒的なのに、反面で「教育の権威」がつねに批判され、社会的評価も低いという矛盾した状況にある。結果として、教育を受ける側もその教育の有用性を疑い、教育が象徴する文化・価値を非現実的だと見なす、という奇妙な構造をしていることが分かる。

Point **伝統的・権威的な教授法が圧倒的⇔教育の「権威」がつねに批判されて社会的評価も低い**

どう解決するか

リスクと危機管理

もちろん、「教える」だけで、必ずしも教師の資質・能力を描き尽くしているわけではない。教師は「教える」だけではなく、全人格的に関わって、児童・生徒をケアする存在だと考えれば、冒頭で述べた多様な尺度を適用して、その「良し悪し」を判断することもできる。とくに、親・保護者との関係においては、さまざまな問題を協働して解決していく能力が大切になるだろう。

●遊んでいる幼児たちを見守る保育士（時事通信フォト）

リスク社会としての現代

その意味では、教師にとって危機管理能力も大事になるだろう。現代は「リスク社会」といわれる。リスクriskは自然災害などの不可抗力の危険dangerとは違い、むしろ人為的にコントロールすべき危険だ。最近は、自然災害すら、社会システムの不備や不作為として誰かが責任を追及される仕組みになっている。学校も同様の仕組みに晒されている。「いじめ」「非行」「不登校」「けんか」など、大小さまざまな事件がつねに起こり、教師はそれらを適切にコントロールする力が求められる。対処がうまくいかないと責任を追及され、その制裁も厳しくなる傾向にある。

信頼できる教師とは？

信頼を毀損する行動

「信頼できる教師」とよく言われるが、危機が起こったときに保護者や生徒が納得できる行動をとれなければ「信頼」を毀損（きそん）する。「いじめ自殺」事件などでもよく見られるが、初めのうちこそ校長が「いじめ」と見られる事実はないと主張しても、追及を受けて次第に事実が積み上がるにつれて「いじめがあった」と認めざるを得なくなる。このような「前言撤回」の行為は、教育および教育者への「信頼」を崩壊させる一因となる。

しかし、だからといって、「いじめと見られる事実はない」と一貫して主張し続けるべきだという訳ではない。「自殺したからには、いじめがあったに違いない」という世論は、リスク社会の責任追及メカニズムが働いており、そういうメカニズムに対して、一介の個人や組織が抗しても、非難をはねのけることは難しい。

真摯な姿勢をどう見せる？

危機のときに自分の正当性にこだわると、かえって問題は難しくなる。なぜなら、納得がいかないときに怒りの感情が高まるのは人間の反応として当然であり、それを否定すると、その感情をさらに刺激しかねないからである。危機に際しては、まず**怒りの感情が進む道筋をつけ、むやみに対立関係にならないことが大事だ**。

「いじめ」の項でも触れたが、こういう場合、医療事故・医療過誤などが起こったときに医師・病院のとるべき態度が参考になる。たとえば、ハーバード大学病院の医療事故対応マニュアル“When Things Go Wrong Responding To Adverse Event”では、事故が起こったら、たとえ、その原因が個人よりもシステム上の欠陥だと考えられるときでも、「I am very sorry」と謝罪の気持ちを伝えるべきだと述べる（アメリカの法律では“I am very sorry”だけでは、事故の責任を認めたことにはならない）。事故を丁寧に説明して和解の姿勢も示す。それだけでも、患者側の不安や怒りはかなり和らぎ、その後に面倒な紛争に至るケースが少なくなる、という。

危機管理の実際

リスクゼロはありえないので、何かしらの問題が起こる可能性はある。起こらないように警戒するのはもちろん大切だが、**起こったときには、その後の対処を間違わないことが重要になる**。過度に自己防衛的にならず、知り得た情報を開示して、被害を受けた人たちとも協力して、問題解決に当たるという姿勢を明確に示す。そうすれば、信頼関係は続いていくのである。

Point 問題に対して協力して解決する関係にあることを強調する

危機管理のプロセス

このような危機管理法は広く応用できる。たとえば、2009年に起こったアメリカにおけるトヨタ車の急発進事故でも、最初トヨタは「欠陥はない」という態度をとったが、騒ぎは収まるどころか、さらに大きくなった。そこで、豊田社長が自ら渡米して謝罪するとともに「事故が起こったのは残念だ。調査を徹底する一方、リコールする」という対処を米議会で表明した。その結果、騒ぎはしだいに収束に向かい、2011年には急発進事故のほとんどが「運転者のミス」という結論になった。結局、車に決定的な欠陥は認められなかったが、トヨタは和解金を40億円支払い、全米販売台数が一時は50%近くも落ち込んだ。ワシントン・ポスト紙は、このような「トヨタたたき」は政治的ヒステリーだったと批判し、トヨタは世論の袋だたきに遭うことを恐れ、消費者批判ができなかったと同情している。

トヨタ・バッシングの教訓

真相解明だけでは事態は解決しない

ただし、ここから分かることは、いったん危機が起こって、それが世間に広まると、後になって間違いだと分かっても、何の救済にもならないということだ。むしろ、危機が解決しても悪いイメージが続き、長く損害を受け続ける。だから、**危機が起こったら、むやみに正当性を主張するより、過熱しないようにすみやかに収束させ、被害を小さくすることを目指さねばならない。**

危機における対処が大事

学校・教師でも状況は同じであることが多いだろう。自分の正当性に確信を持って主張するだけでは、周囲からの信頼は得られない。むしろ、危機に陥ったという状態自体に対して、保護者・生徒などの関係者に遺憾の意を表すとともに、その原因解明に誠意を持ってあたり、危機を収束させる手立てを打つ必要がある。その場合は、通常の「教える」業務を一時脇に置いてでも、問題解決にあたらねばならないし、そういう時にとくに力を発揮する「よい教師」もきっといるはずだ。

ただ、危機が過ぎ去れば、教師も通常業務に戻り、保護者も授業が面白くて子どもが学校が楽しく感じることを評価する。その意味で、授業を興味深いものにする力は教師の基本であるのは間違いないのである。

教師の能力＝授業の工夫＋危機管理

Theme14 教師の資質と能力

例題の研究

問題　東京都　現職教員等

A教諭は、担任する学級で、授業中に私語をする子どもがいることに年度当初から悩んでいた。A教諭は、教科の指導では、基礎・基本となる知識や技能を繰り返し教え、数多く練習させることで十分な学力を身に付けさせたいという思いが強かった。

4月下旬、A教諭は担任する学級でいつものように練習問題のプリントを配り、そのやり方の説明をしてプリントを始めさせた。Bさんはプリントに取り組まずに、Cさんとプリントに関係ないおしゃべりを始めた。教室内でテストの採点をしていたA教諭は、私語をやめるように注意したが、二人は聞こえないふりをして、話をやめなかった。

放課後、A教諭は二人を残して話を聞いた。授業中のことについて聞いても、二人は黙っていてなかなか答えなかったが、Bさんはつぶやくように「授業の内容がよく分からないんだよ。」と言った。すると、Cさんもつられるように「プリントばかりだもんな。」と言った。

A教諭は二人の声に大きなショックを受け、同じ学年に所属するD教諭に、年度当初からこれまでのことについて相談した。

問題：あなたが、この事例のD教諭であったら、この状況をどう判断し、どのように対応するか、現職教員としてのあなたの経験に基づき、具体的に述べなさい。（90分・1,200 ～ 1,500字）

考え方のプロセス

問題点を見つける

課題文が長い場合は、その問題点を見つけ出し、整理しなければならない。論理的文章は、問題プラス解決の形が基本なので、最初の問題をどうとらえるかで書く内容の方向が決まる。その意味で、問題の発見・整理は慎重に行うべきである。

問題は疑問・対立・矛盾などの緊張状況の形で出てくる。もちろん、一番大きな問題は「A教諭の状況をどう判断し、どのように対応するか？」なのだが、この問題がどうして出てきたのか、をさらに考えると、芋づる式に疑問・対立・矛盾が出てくるはずである。

A教諭の対処を分析する

まず、この問題状況の原因はB、Cが「プリント授業はよく分からない」と訴えたことだ。では、なぜA教諭はプリント授業を行ったのか？「教科の指導では、基礎・基本となる知識や技能を繰り返し教え、数多く練習させることで十分な学力を身につけさせたいという思いが強かった」からである。あるいは「基礎・基本を繰り返し教え、数多く練習させれば十分な学力がつく」と予想したからだろう。しかし、その結果として「授業がよく分からない」と生徒が言ったのだから、動機と結果が矛盾している。ここに問題の根源がありそうだ。

動機 基礎・基本を繰り返し、数多く練習させれば十分な学力がつく

⇕ 矛盾

結果 授業がよく分からない

矛盾の理由を考える

たしかに、A教諭の考え方は間違っていないように見える。基礎・基本を繰り返し教え、数多く練習させれば、かなり学力がつくだろう。だとしたら、なぜ、こんな矛盾が出てくるのか？ Cは「プリントばかりだもんな。」と言っているのだから、その方法が問題なのだ。いったい、プリント学習の何が悪いのか？

行動を細かく検討する

課題文を検討すると、BとCが私語を始めたとき、A教諭は「教室内でテストの採点をしていた」とある。つまり、A教諭は最初のやり方の説明を除いては、ほぼプリント学習のみで授業を構成していたようだ。ここに何か問題はないだろうか？

プリント学習の問題点

これが「現職教員等」に向けての問題であることを考えれば、プリント学習の利点と問題点について経験があることが前提とされている。まず、利点は、学習意欲のある子どもなら、自分で進度を決められ、理解したことと理解していないことが区別され、自分がどこを学習すればよいか、が分かることだろう。

教師と生徒の関係が間接的になる

しかし、問題点は、教師と児童・生徒の間にプリントが介在することで、両者の関係が間接的になることだろう。教室では、教師が話すときの表情や声音から、学習すべき事柄の重要性や面白みが伝わる。基本事項・基本情報を身につけることが重要だとしても、その周辺や応用を説明したり体験したりすることで、基本知識の重要性を発見することも少なくない。プリント学習では習得すべきことがあらかじめ決められ、後は、それを反復練習してたたき込む形式なので、このような発見の過程がなくなってしまうのだ。

対話の重要性

思考の方法は、古来、対話がモデルとされている。たとえば、プラトンの対話篇は今でも哲学の必読文献と言われる。しかし、たとえば対話篇『国家』の中に書かれている政治哲学的内容の「哲人政治」を今でも支持する人はほとんどいない。それなのに、なぜ「必読」とされるのか？　「正しい」知識・情報を得るなら、何の意味もないはずだ。

対話としての思考

意味が出てくるのは、対話篇であるからだ。つまり、登場人物が問題を出し、他の人間がその問題を解決しようとすることで、思考が活発になる。いったん出てきた解決にもさらに問いかけが出て、それに答えようとする。これを**ソクラテスの方法**という。こういう対話が「考える」という行為の中に必ず含まれるのである。

たしかに、標準化された知識をインプットするだけなら、反復練習も大事だ。体が自動的に反応するまで、何回も繰り返して身につけるのは体育や外国語習得の基本である。たとえば、一定の外国語能力を身につけるのに10,000時間の練習が必要だとする。つまり一日２時間として5,000日、７年ほどだ。しかし、こういう持続に耐えられる人は多くない。なぜなら、反復は極端に退屈だからだ。こういうプロセスを続けるには、よほど覚悟がないと挫折する。著者の経験から言うと、一番よい方法は、自分の気分に頼らず、学習をルーティン化することだ。決まった日時に教師がやってきて、一定の分量を教える。次までにそれを復習する。全部覚えていなくても気にしない。スケジュールを決めたらとにかく持続する。

アウトプット vs. インプット

プリント学習は、あきらかに、このような学習の方法論に基づいている。とりあえずやるべきことを標準化し、それを反復することで、一定の反応パターンを身につけるのだ。しかし対話型学習では、問題を提示して、それを解決するためには、持てる情報・知識をすべて動員して考えさせる。その中で、自分が今まで触れた情報・知識の重要性に気づくという経験をさせるのだ。

別な言葉で言えば、（プリント学習がひたすらインプットを重視するのに対して）**対話篇はアウトプットする行為を通して、インプットした知識を自分なりにかみ砕いて確認する方式**なのである。

●アウトプットによるインプットの確認

注入・反復

インプット ⇄ アウトプット

体系化・確認

もちろん、これらの学習はどちらがよりよいということはない。たとえば、歴史について考えるなら、ある程度年号を記憶していなければならないし、英語で話すなら必須単語と文法の反復も必要だろう。その意味で、A教諭の意図は間違っていない。しかし、どの単語がどのように使われるか、どういうニュアンスが基本にあるか、どういう状況でよく出てくるか、は実際に使ってみないと実感がわかない。だから、外国語の勉強の仕上げは、その言葉を使っている国に滞在するのがよいと言われるのである。

インプットとアウトプット

初等・中等教育でも原理は変わらない。インプットとアウトプットは両方なければならない。アウトプットすることでインプットを確認し、インプットすることでアウトプットを楽にするという循環を実感することが重要なのである。その意味では、A教諭のやり方はインプットに偏った教え方と言えよう。

自発的な学習

教師は、子どもたちの学習がどこに到達すべきか、はじめから分かっている。だから、その到達点に早く着こうと最短距離を行こうと考えがちだ。だが、子どもたちの立場に立ってみれば、それぞれの知識・情報がどう役立つのかは、必要に迫られて使ってみて初めて了解できる。**知識・情報は既存のものでも、それをどう自発的なプロセスで理解させるのか、が「教える」作業の根幹**である。

教える仕事を果たしているか？

その意味で言うなら、プリントを生徒にやらせている最中に、自分は採点をしているという行動も疑問である。A教諭には、よいプリントを作るのがポイントになってしまって、教室で今、知識・情報に触れている瞬間の生徒たちを見ようとしない。教室で過ごす時間を生徒たちと共有しないのでは、何のために教室にいるのか分からない。その疑問は、子どもたちも直感的に抱くだろう。

教育とは何か？

楽しさと興味の素地を作る

教育とは、単なる知識・情報の伝達ではない。そんなものは現代では10年もたてば古くなるし、インターネットで探せば簡単に出てくるだろう。教師が教室で児童・生徒に教えるという行為は、むしろ、何かを理解することの楽しさを作り出し、将来的には、自発的に興味を持って、理解を進めるための素地を作ることだ。正確無比なプリントを作り、それを生徒にやらせて、結果だけで判断して生徒に関わるという方法は、残念ながら、この最も大事な部分を無視している。ときには、**生徒の質問に答えたり、一緒に迷ったりすべきなのだ**。それが子どもの自発的な思考を促す。

かつて、筆者は中学の国語の時間に「絶対なんてものはないんだ」と述べた教師に対して「絶対は絶対にないんですか？」と反問して絶句させたことがある。教師にも答えられないことがある。その感覚は、言葉の微妙さを考える契機になり、今でもその教師に感謝している。したがって「教える」ことは、教師から生徒への一方的な伝達ではない。A教諭は、その根幹を誤解しているのである。

●解答例の構成

判断 プリント授業には、予想したほどの効果はない

▼

分析 プリント授業の利点／欠点

▼

説明 教育の本質＝学ぶ者との対話

▼

検討 インプットの大切さ＋こだわりすぎない

▼

結論 子どもの立場に立つ＋理解する楽しさを引き出す

解答例

判断

A教諭がプリント授業を行ったのは「基礎・基本を繰り返し教え、数多く練習させれば十分な学力がつく」と考えていたからだ。しかし、その結果、B、Cが「プリントばかりでよく分からない」と訴えたのだから、その効果がなかったと考えざるを得ない。

分析

そもそも、プリント学習には利点と問題点がある。利点は、子どもが自分で進度を決められ、理解していないところが明確になり、自分がどこを学習すればよいか、先が分かることだろう。しかし、問題点は、プリントが介在することで、教師と児童･生徒の関係が間接的になることだ。教室では、教師が話すときの表情や声音から、学習内容の重要性や面白みが伝わる。応用や関連事項を説明することで、より分かりやすくなることも少なくない。

説明

思考は、古来、対話によって発展すると言われている。たとえば、プラトンの対話篇では、登場人物が問題を出し、他の人間が解決しようと必死に考える。さらに、それに検討する中で、考えが深まっていく。こういう運動が考えることの本質だとすると、プリント学習では児童･生徒が教師と対話しつつ、発見する過程が少なくなる。ときには、生徒の質問に答えたり一緒に迷ったりすることで、子どもの自発的な思考を促す。あるいは、問題を提示して解決するためには、

持てる情報・知識をすべて動員させるように促す。その中で、自分が今まで触れた情報・知識の重要性に気づく経験をさせられるはずだ。

検討

もちろん、標準化された知識のインプットも大事だろう。外国語習得では、一定の能力を身につけるために大量の時間を費やす。たとえば、英語でも単語と文法の反復が必要だ。そうやって、初めてスキルとして身につく。反面、反復は退屈なので、意志を持続するのが難しい。途中でドロップアウトしないためには、スケジュール管理も必要だし、動機を強固にするイベントも必要になる。さらに、どの単語がどのように使われるか、どういうニュアンスが基本にあるか、どんな状況で出てくるか、などは実際に使わなければ実感がわかない。

つまり、プリント学習がインプットを重視するのに対して、対話はアウトプットを促すことで、インプットした知識を自分なりに体系化して確認する。初等・中等教育でも、インプットとアウトプットの原理は両方なければならない。アウトプットすることでインプットを確認し、インプットすることでアウトプットを楽にするというよい循環を実感することが重要になる。その意味では、A教諭のやり方はインプットに偏りすぎているだろう。

結論

たしかに、教師は、はじめから学習がどこに到達すべきか分かっている。だから、その到達点に早く着こうと考えがちだ。だが、子どもたちの身になれば、知識・情報は使ってみて初めて了解できるはずだ。とすれば、既存の知識・情報をどう自発的に理解させるのか、が「教える」作業の根幹だろう。とすれば、プリントを生徒にやらせている最中に、自分が採点をしているという行動も問題だろう。教室で過ごす時間を子どもたちと共有しないのでは、教師がに教室にいる存在意義が問われる。

そもそも知識・情報は10年もたてば古くなる。だが、教師が教室で子どもたちに教える行為は、理解することの楽しさを作り出し、将来、彼らが自発的に興味を持って理解するための素地を作ることだ。正確無比なプリントを作り、成績や結果だけで判断して生徒に関わるのは、この最も大事な部分を無視している。教師は、子どもたちの理解プロセスに伴走することに、もっと力を注ぐべきなのだ。

●論点のまとめ

教師の資質と能力

定義	よい教師の基準は多面的→とくに授業の工夫と危機管理が重要な要素
背景	日本の教師の授業スタイルは伝統的・一方的→生徒との対話を重視しない（高校の場合）＋学校はリスク管理の連続
分析	危機は「正当性の主張」だけでは収束しない→過熱して広がると収拾がつかない→後で「正当性」が示されても被害は救済できない
提案	授業力とともに、問題の収束ができるスキルも必要

●応用問題

東京都　全校種共通（70分　910字～1,050字）
各学校では、児童・生徒一人一人のよい点や可能性を引き出し伸ばす教育が求められています。このことについて、あなたの考えを述べた上で、その考えに立ち、教師としてどのように取り組んでいくか、志望する校種と教科等に即して、26行（910字）を超え、30行（1,050字）以内で述べなさい。

＊教師を、知識やスキルを伝達する存在としてだけではなく、子どもの理解が深まるように伴走する存在だと考えれば、「例題の研究」で採り上げた問題と似てくるだろう。自発的なプロセスを引き出す工夫を、担当する教科で例示すれば良い。

◆◆残念な解答フレーズ

◇「真摯な対応」という標語にとどまって具体策を展開しない
◇「生徒を思う気持ち」などの美辞麗句に訴える
◇ 教師に求められる資質・能力を具体的に表現しない

Theme 14 教師の資質と能力

想定面接のポイント

❶教師の資質は、まず授業を楽しめることにある
❷授業だけではない別な側面にも触れる
❸危機の仕組みを知っていれば、対処できる

問：　あなたは教師に向いていると思いますか？（宮崎県）

回答例：　向いていると思います。なぜなら、私は、まず人に接する過程自体が好きだからです。**相手の反応を見ながら、いろいろとこちらの行動を変化させて、対応して**いく。そういうプロセスの中で、理解が深まる様子を見るのが好きなのです。

児童・生徒との関係で教え方が変わる

図解してみたり児童・生徒への質問を考えたり、教育実習の時は毎日「今日はどんな授業になるのだろう？」と楽しみで、朝早く学校に来て、生徒がどういう疑問を抱くだろうか、それに対して、どう応えようか、と頭の中でシミュレーションしていました。そういう意味では、私は教師に向いているのではないか、と思います。

問：　でも、教師の仕事は授業をするだけではないですよね。「いじめ」など、予想外の問題が起こった場合「授業が好き」というだけでつとまりますかね？

回答例：　たしかに、現代では、教師に対する見方も厳しく、批判も少なくないので、大変な時期だとは思います。とくに、何か問題が起こった場合は、きびしく責任を問われ、説明を要求される傾向が強いかもしれません。「いじめ」「非行」「事故」など、誠実に答えても対応を誤解されたり、その誤解の方が広まったりする構造があると思います。

でも、こういう構造は、どの仕事でも同じ状況だと思っています。私の母は、看護師として病院に勤めていますが、最近は医療過誤などで患者さんとのトラブルが増えていて、その対応で大変だと聞きました。誠実に対応したつもりでも、疑われてしまう。専門領域だけをきちんとやっているだけでは。自分の身を守れないそうです。だから、最近では「医療過誤が起こったときはどうするか？」などというパンフレットも出回っているそうです。

それによれば、**トラブルが起こった場合は、まず遺憾の意を伝えたり、謝罪したりするのが大切だ**そうです。これは必ずしも、全面的に非を認めるわけではありません。むしろ、患者･家族の感情を考慮して対処することだそうです。それだけで人間関係が大きく変わる。今何が起こったかを明確に説明し、情報を隠さないことを約束する。そのうえで、患者･家族の側に立って、全力で解決に向けて努力することを表明する。患者･家族と対立するのではなく、むしろ協働して問題の解決に当たっているという印象を与えることが重要だというのです。

問： **そういう対応は教師や学校でも同じだと考えますか？**

回答例： はい、教師の場合も同じではないかと思います。問題が起こったときに、つい人間は自分の身を守ることを優先しがちですが、それだと相手と対立関係に陥ります。問題が起こったとき、被害者が「誰が悪いんだ。どうしてこんなことになってしまったんだ」と怒りと不安の感情を持つのは当然だと思います。それを否定したり、それに対立したりすると、その怒り・不安は大きくなり、教師･学校にも不信感が膨らむので、問題がさらに大きくなるのではないかと思います。

被害者の怒りと不安を否定しない

人間を扱う限り、こういう危機は必ず起こると思います。そのときに、あわてて対処を間違わないようにしたいですね。そのためには、「病院の危機対処マニュアル」など他業種における危機処理の経験なども参考になると思います。ただ、こういう非日常的な事件が過ぎ去れば、また授業の毎日が続きます。そういう日常が安定していて、生徒たちの興味をかき立てることができれば、トラブルも少なくなるのではないか、と思っています。

教育改革と学校の組織

テーマの理解

【Introduction】

近年の教育改革は「新自由主義」「成果主義」の流れをくむ。しかしながら、この方向はすでに限界が見えたようだ。さまざまなものを民営化し競争原理を導入したが、社会のインフラが破壊されてサービスも悪くなった。都市計画でも、大規模なハード面の改革は必ずしも地域の安心安定につながらず、既存の人間関係を利用した方が地域発展につながると言われる。同様に、教育でも、教師の成果を厳格に評価したり学校間の競争を促したり、というラジカルな手法は失敗し、教員志望者の減少につながった。教師間を競争で分断するより、すでにある教師間の相互扶助的な関係を強化する地道な環境作りをすべき時に来ている。

【Actors Map】

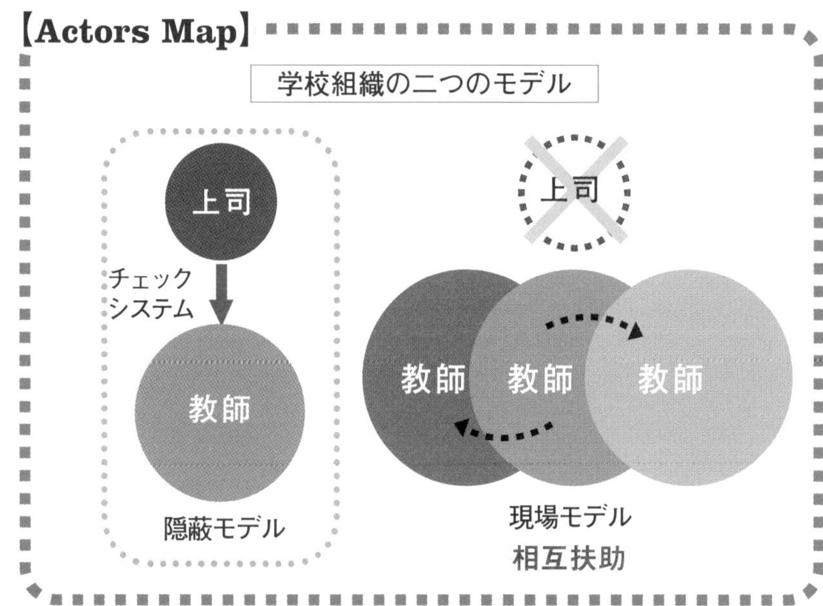

問題点は何か

組織改革とは何か？

通常「組織改革」とは、企業などにコンサルタントが入って「生産性向上」とか「効率」とか「情報共有」という目的を立てて、トップダウンで制度やシステムを変えることだと思われている。もちろん、このイメージは必ずしも間違っているわけではないが、しかし、**学校という場に、企業経営と同じ方法を持ち込んでよいのか**、という問題は残るだろう。

企業と学校の目的は同じか?

というのは、企業には、当期または近い将来の利益増大という明確な目標があるのだが、学校では、そもそも何を目標とすればよいのか、よく分からない面があるからだ。もちろん、「学力向上」とか「規範意識の発達」などという一般的な目標を掲げることはできるが、そこで言う「向上」「発達」を具体的にどう測ればよいのか、と考えると、はたと困ってしまうのだ。

たしかに、全国一斉学力テストを行って、その平均点の高低で学力の「向上」を測るという方法もある。ただ、この場合、毎回のテストが同じレベルでなければ、点数を比べる意味はない。違う問題だと「同じレベル」は保証できない。実際、2020年から導入予定だった大学受験での英語「民間テスト」が、公平性に疑念を持たれて見送りとなったという事態を見ただけでも、「公平な評価」がそう簡単でないことがすぐ分かるはずだ。

Point 教育の効果をどう測るのか＝具体的方法は不明確である数値目標への懸念

今まで、全国一斉学力テストは何度も実施されてきたが「競争意識を煽る」からと、都道府県ごとの成績は公表しても、学校ごとの成績は公表していない。こういう規制がいいか悪いかは別としても、**テストの平均点のみで「学力向上」を測るという考え方に対しては、一貫して懸念が示されてきた**のは確かであろう。

大阪府では、全国一斉学力テストの点数が悪かったことから、当時の橋下大阪府知事が大阪府の教育委員会を公然と非難し、その後、「学力向上」のために、さまざまなてこ入れがなされた。しかしながら、その効果が出て、大阪府の平均点が顕著に向上したということはない。2023年の全国一斉学力テストで7年連続で教科別一位を取っている石川県でも、過去問対策を学校ぐるみで行った結果でないか、という疑念が持たれて、知事が注意する騒ぎになるなど、テストの数値で競争を煽ることへの懸念は強い。

成果主義の虚妄

なぜ、こうした懸念が繰り返し表明されてきたのか？　それは「教育効果」という概念自体が曖昧なので、数値化には適当ではないというだけではない。むしろ**「教育効果」をテストの点数という尺度で一元化すると、かえってその効果が見えにくくなって、弊害の方が大きくなる**ことが知られているからだ。

企業でも成果主義は失敗した

実は、企業でも、一頃、労働者の働きぶりを数値化して評価し、それに連動して給与などを調整するという「成果主義」経営が喧伝されたが、軒並み手ひどい失敗をしている。数値化しにくいものをあえて数値化すると、さまざまなひずみが起こり、そのコストが意外に大きくなるからだ。たとえば、営業などでは「どれくらい商品を売ったか」は簡単に数値化できる。しかし、点検保守修理などの部門では「どれくらい修理作業をしたか」を数値化して、数値が多い方がよいとはならない。なぜなら、修理作業をしなくて済む方が、業績としては「よい」と評価されるべきだからだ。

そこで、個人が自分の努力目標を立てて、それをどれだけ達成したかで「成果」を評価しようという試みも出てきた。しかし、これも、最初の数値目標を下げた方が達成度が上がるので、あえてリスクのある仕事に取り組まない人が激増する結果に陥った。そのため、会社のプロジェクトの活気がなくなる。これでは、全体の業績は上がりようがない。

評価も相対評価なので、A評価は何%と決まっている。その配分を巡って課や部どうしで激烈な駆け引きが行われる。その結果、評価されるべき人が評価されないという事態が頻発した。それどころか、チェックする役目の人事部はチェックを受けないので、お手盛りの高評価がまかり通る。結果として、成果主義を採用した企業のかなりが業績不振に陥ったという（城繁幸『内側から見た富士通「成果主義」の崩壊』による）。

尺度化は難しい

企業活動は比較的明確な数値を当てはめやすい領域なのに、これほどの惨状になるのだから、学校をテストの点数で評価すると、どんな混乱がもたらされるか想像に難くない。教育効果には、学業の達成以外にも、生活習慣の獲得・心身の健全化・道徳の内面化・原理の理解などがあるが、それらを尺度化して到達度を客観的に評価するのが難しい。無理に数値化すると、その数値の向上を目指して偏った教育が行われる恐れもある。曖昧な指標が使われて努力の方向がおかしくなれば、**教育効果の判断自体も、恣意的な判断でどうにでもなる**可能性さえ出てくる。

都市計画との類似性

改革は、よい結果と同時に悪い結果ももたらす。その事情を理解するには、都市計画とその結果を見ればよいだろう。都市を改造すれば、きれいで便利で快適になるはずだ、と都市計画家は言う。たとえば、ゴミゴミしたスラムが快適で清潔な居住区になるとか乱雑な工場地帯が区画整理されて公園ができ、安心で安全な生活が実現すると喧伝される。しかし、その安全安心が本当に実現されたか確認するすべがないし、結果が思わしくなくて元に戻そうとしても、今更できない。

都市計画は問題を作る？

実際、都市計画が実行されて、かえって問題が多発した例は枚挙にいとまがない。都市評論家J.ジェイコブズは『アメリカ大都市の死と生』において「スラム」と言われた地域が区画整理されたために、かえって殺風景になったり犯罪が増えた、という失敗例を挙げている。彼女に言わせれば、これは、都市計画家が実際の都市の機能を観察せず、机上でプランニングした結果だという。

たとえば、公園を突っ切って大きな道路を作ったり、高速道路をこしらえるという工事は目立つので、都市計画家の業績として人目を引きやすい。そこで、都市計画家はある地域を「改善を必要とするどうしようもない地域」とレッテル付けし、行政の支持を取り付け、住民の反対を「エゴイズム」と切り捨てて実行する。しかしながら、これは、そこに住む住民の現実を無視した政策だとジェイコブズは批判する。

たとえば「ゴミゴミした商店街」を整備してきれいな住宅地にすると、隣接する公園で犯罪が増える。これは「汚い」商店が一掃されると、それまで公園に自然に注がれていた人々の視線が行き届かなくなるからだ。小さな商店が夜遅くまで開いていると、電気がともって明るくなる。さらに、商品を買おうと客もやってくる。そういうにぎわいを見せる場所に隣接していれば、人影が少ない夜の公園でも犯罪者が集まりにくい。

人間的要素を考慮しない

ところが、都市計画で住宅地と指定されて、「小汚い」商店が整理されると、夜の公園はほとんど無人になってしまう。人の目も行き届かなくなるので、薬物取引など犯罪の温床になる。これは、オフィス街でも同じことである。ジェイコブズは、住宅地と商業地域、あるいは工業地を整然と分けるという「合理的な」やり方は間違いであり、むしろそれらが渾然一体となった、一見ごちゃごちゃした都市の方が、安全面でも機能面でもよりよい場所になると主張する（ジェイコブズ『アメリカ大都市の死と生』）。

●人々が自由に生活し、にぎわうニューヨークの商店街

教育改革の逆効果

状況は、教育でも似たようなものかもしれない。今までさまざまな改革がなされてきた。「ゆとり教育」が言われ、「学力向上」が言われ、「生きる力」や「食育」の大切さが主張され、そのたびに制度の改革が行われたが、その効果がどうなったのか、本当に効果があったのか、検証されていない。そのうちに、何か事件が起こると、その原因と責任者が教育界で探し求められ、何らかの処

罰と組織改革が行われる。「教育がよくなった」という実感はほとんど持てないままに、また次の事件が起こり、前とは正反対の改革が始まる。効果の測定も首尾一貫性もないのだ。

教師の負担ばかりが増す

うち続く制度改革に対応して、教師もさまざまな形で「成果」報告書を教育委員会などに提出しなければならなくなった。夜遅くまで報告書を書き、その合間に教材・授業研究をして、生徒指導も行う。激務の中で子どもとふれあう時間も少なくなった。このような中「心を病む教員」の割合が多くなったのもうなずけよう。

●「教員在職者の中で精神疾患に見舞われる割合の推移」(2021年12月21日教育新聞)

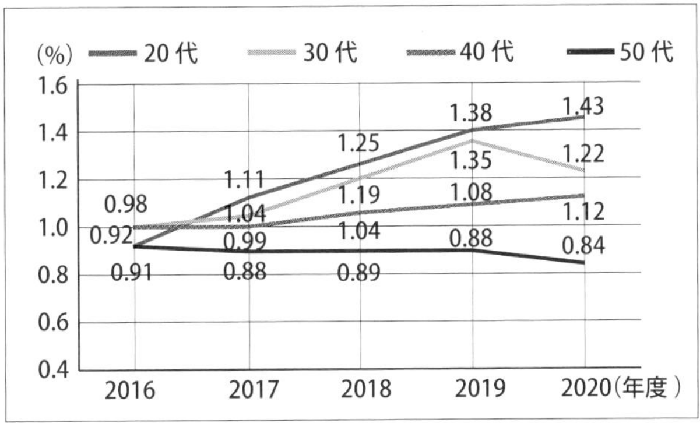

これを見ると、精神疾患に見舞われる教員は20～30代が最も多い。教員の管理をきつくして頻繁に報告させても、時間的な制約ですべてをこなすことはできない。そこで、時間をもっとも削りやすい教材・授業研究を減らす。これは本末転倒だろう。2020年にそれまで上昇基調にあった30代の精神疾患者数が突然減ったのは、コロナが蔓延して学校に行かなくてよくなり、教師が過酷な状況から解放された結果とも考えられる。

組織改革の前提

「組織の活性化」や「制度・組織改革」が叫ばれるときは、いくつかの暗黙の前提がある。まず、現在の状態がうまくいっていないという決めつけ、現在の人間のあり方に対する不信、さらに、制度・組織などのハード面を充実すれば、生身の人間を計画通りに動かせるという権力志向である。しかしながら、**制度改革をしたからといって、必ずしも意図した結果が生まれるわけではない。**

実際、都市計画でも、増え続ける自動車が通れるようにと道幅を拡張すると、通行が便利になったために、そこに自動車がさらに集中し、すぐに渋滞が復活すると言われる。大きな道路を作るより、むしろ抜け道をいろいろ選べる構造の方が町中の交通渋滞を解決するには有効なのだ。

どう解決するか

どうすればいいか？

ジェイコブズによれば、都市計画でもっとも重視すべきは、その場にいる人間が活性化することだ。ある地域がよくなるには、そこにいる人々が「金が貯まったら、もっとよいところに引っ越そう」と考えるのではなく、自分の永住するコミュニティ（共同体）として、今いる地域をとらえるかどうかにかかっている。

そういう集団が形成されていれば、いろいろな問題が起こったとしても、皆で工夫して何とか乗り越えられる。都市計画は、そういう住民の自発的な力を醸成させるようなものであるべきで、集団をバラバラにして力をそぐような「改革」や「計画」は有害だというのである。

改革は集団の自発的な力を醸成するものであるべき

教師の同僚性・チーム性

集権ではなく相互行為に着目する

学校で、住民のコミュニティに当たるのがは教師の同僚性であろう。欧米の研究者の間では、日本の学校では伝統的に同僚性（collegiality）と言われる**集合的・相互作用的なティーチング文化が強固である**と言われている。たとえば、学級運営などに迷いが生じた場合は、同僚に相談して適切なアドバイスを得て乗り切るなど、互いに協働して対処が行われてきた。それが結果として、問題発生を未然に防ぐことに役立ったのではないか、と評価されているのだ。

たしかに、何も問題が起きなければ、話題にもされないので、そういう協働の意義は外部からは見えにくい。しかし、内部にいる者にとっては、日々の業務における重要性は決定的であり、その経験や知識は集団的記憶として蓄積・伝承される。それが、場をより充実させる方向に働くのである。

「教育改革」への疑念

しかしながら、今まで試みられてきた「教育改革」は、同僚性の強化によって指導力を向上させるというより、**免職や処分という強権的な力を使って、教育者を懲罰するという方法に偏っている**ようだ。たとえば、大阪維新の会が作った「大阪府教育基本条例」は、「成果」の上がった教師は優遇する一方、問題があったり、能力不足と認定されたりした教師は免職などで排除し、教育のレベルを上げようという改革案だった。

	維新の会当初案	府教委対案
1. 教育目標の設定	知事は教育委員会との協議を経て府立学校が実現すべき目標を定める	知事は教育委員会と共同して教育振興対策の案を作成、議会の議決を得る
2. 教育委員の罷免	知事は教育目標の責務などを果たさない教育委員を罷免できる	教育委員は自己評価する。知事は評価結果について罷免時由に該当するか判断
3. 府立学校の統廃合	３年連続で入学者数が定員割れし、改善の見込みのない府立高校は統廃合	地域の特性などを考慮し、効果的・効率的な配置に努める
4. 校長の公募	校長は公募とし、任期付きとする	公募による任期付き校長の採用拡大
5. 学区の再編	府立高校の学区を廃止し、府内全域を通学区域とする	生徒・保護者の意見を聴き、総合的に判断する
6. 教職員の人事評価	教職員は相対評価とし、最低評価（全体の５%）が２回連続すれば、免職を含む処分対象	生徒らによる授業評価を考慮して評価、指導力不足の教員は研修後も改善しない場合免職も
7. 教職員の処分	職務命令に５回、または同じ職務命令に３回違反した教職員は原則免職	処分基準は別の条例で規定。処分には外部の意見を反映

前ページの表の左が維新の会の当初案、右が大阪府教育委員会の対案だ。左では「新自由主義化」や「成果主義」の方向が強く打ち出されていることが分かる。とくに、維新の会当初案では、教育委員・校長・教員の免職・処分などの項目が全体の2/3を占めるのが目立つ。結局、5つ目の学区再編を除いては、府教育委員会の対案の方が実際の条例に反映されている。それでも、大阪維新の会の教育政策が教師集団を分断・支配する傾向を持つことは鮮やかに示されている。

政治による教育介入は教師集団を分断・支配する傾向を持つ

教育の根本理念との対立

処分で従わせる発想

だが「処分・免職をちらつかせれば人間は従う」という人間観は、子どもの学びに向かう自発性を引き出すという教育の理念とは正反対であろう。当然、この強引とも言える手法に対して現場では違和感が出て来た。実際、英米でも、1980年代から数値目標に基づく新自由主義的な教育改革が進められたが、現場が萎縮するだけで、児童・生徒の学力は上がらなかったことが検証されている。むしろ、現場の自主性に任せたフィンランドなどの方が、教育効果が上がっていると評価されている。結局、管理を強化し、処分や免職などで脅すあり方は、教育分野どころか企業でさえ、うまくいかないことが分かった。このような結果はすでに出ているのに、それがまだ日本の教育に浸透していないのは不思議である。

成果主義・強制に頼る➡教育の根本理念に反する

学びとは「自分がよいと思う人が欲望していることを、自分も欲望する」という「欲望の三角形」(フランスの哲学者ルネ・ジラールの言葉）に基づく。その意味で、同僚・先輩がやっていることを、自分がお手本にして努力するだけでなく、自分が直面している問題について直接アドバイスをもらえるという同僚性や連帯性を壊して、上意下達の関係にする改革は間違っていると言えよう。

Theme15 教育改革と学校の組織

例題の研究

問題 奈良県・奈良市・大和高田市　現職教員特別選考

学校運営の改善のためには、学校が組織として力を発揮していくことが必要とされます。あなたは、これまで、どのような場面で学校の組織力を高めることに取り組んできましたか。具体的に論述しなさい。

（50分・字数制限なし）

考え方のプロセス

学校組織とは？

学校は上意下達ではない

学校は、企業とは違って上意下達の組織にはなっていない。たしかに校長は上位者であり、中間管理職として教頭・主任などがいるが、その人たちが学校の方針を一意的に決定するわけではなく、職員会議など合議制が取られる場面も少なくない。もちろん東京都などのように、職員会議は校長の命令伝達機関だという通達を出しているところもあるが、そういうところは例外的であり、校長と中間管理職、一般教諭の間の上下関係は明確ではなく、校長は一応上位者であるが、後の教職員は同等というナベブタのような構造になっている。

これは、各クラスについては担任が責任を持っており、その面では、教諭は相互に平等であることと関係している。もちろん、最近では、非常勤講師が大量におり、常勤と非常勤との間で待遇に差があることも少なくない。それでも、非常勤講師だからといって常勤の下働きをさせられるわけではなく、生徒を指導するという立場では同じであり、待遇に差があっても仕事は同じようにさせられるのである。その意味で、学校における人間関係は企業のような命令・服従の面は強くなく、おおむね「平等」と考えてよい。

Point 学校の上下・権力関係は、企業ほど明確ではない

同僚性の意味

ただ「平等」と言っても、多様な意味合いがある。平等な発言権を持っていても、そこに協力関係があるかないかで、職場の雰囲気は大きく違ってくるからだ。「テーマの理解」で述べたように、**日本の学校では、伝統的に「同僚性」といわれる集合的・相互作用的なティーチング文化が強固**だと言われる。たとえば、学級運営などに迷いが生じた場合は、同僚に相談して適切なアドバイスを得て乗り切る。そういう対処が結果として、問題発生を未然に防ぐことに役立ったのではないかといわれているのだ。

集合的ティーチング文化

かつて、新任教師は「担任」を外れるという傾向があった。先輩の担任のサポートに回って、クラス運営の問題をさまざまに経験し、教師としてのテクニックの引き出しを増やす時間が保証されたのだ。しかしながら、現在では、そのような人手・時間の余裕はなくなり、経験もないままにいきなり現場に放り込まれるケースが増えている。

●自殺原因の内訳
2010年
（警視庁『自殺の概要資料』2010年度版から舞田敏彦作成、舞田「データえっせい」）

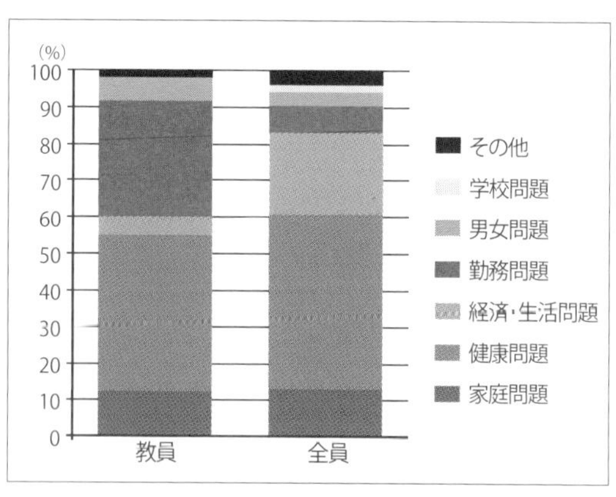

たとえば、Focusでも取り上げた新宿区の小学校教師自殺事件でも、新採用の教師なのに二年生の担任になり、学校は、一学年

新採教師を追い込む構造

に一学級しかない学校だったので、他の教師に悩みを訴えることもできなかったという背景がある。その結果、毎日夜遅くまでPCに向かって朝早く自宅を出るなど、超過勤務状態が続いた。「抑うつ状態」と診断されて三日後に自殺している。

とくに、一人の保護者が連絡帳などを使って、教師を攻撃してきたことに対して、校長や教頭も「保護者には逆らわない」という硬直的な考えにとらわれ、理不尽な言い分に対して毅然とした態度が取れず、標的となった教師を助けられなかった。それどころか、親と結託するかのように、この教師を攻撃・批判するような言動が見られたという。他からの助けが得られない中、新採教師が追い詰められて絶望するのも無理はない。

管理側が現場の教師を追及

もちろん、この場合、新任の教師もさまざまに工夫すべき点が多かったという議論はあろう。しかし、子ども一人一人が違って多様であるのと同様に、教師もストレスへの感受性が高い人や低い人などさまざまである。単純な「べき」論だけで個人の責任を強調すると不測の事態が起こりかねないだけでなく、教師という職業が忌避されることにもなりかねない。

このほかにも、2004年には新採教師が灯油をかぶって焼身自殺をするという悲惨な事件も起こっている。彼女の場合はADHDと思われる児童に悩まされていたが、同僚教師からなんの申し送りもなかった、という。それどころか、その児童が教室でけんかして怪我をしたときも、教頭から「同じ教室にいてなんで止められないんだ。お前は問題ばかり起こしやがって」と罵倒された（久冨善之・佐藤博『新採教師はなぜ追いつめられたのか』）。

これらの事例に共通するのは、**クラスではさまざまな問題が起きているのに、学校や同僚からのサポートはほとんどなく、むしろ教師の責任を追及する側に回る**という構造である。追い詰められた結果として、教員の自殺が起きたとすれば、むしろ管理職の側が事件の責任を問われるのに、職場の組織に対する配慮が薄いのは不思議なほどである。

学校の組織力を高める？

「組織力を高める」とは、見た目が整然とした命令一下動く組織を作ることではない。むしろ、見た目が雑然としていても、その中で、さまざまなメンバーが地位や領域にこだわらず、共同体で起こった問題をシェアし、協力して解決に取り組める状況であろう。ジェイコブズがニューヨークの都市計画について述べたように、問題を実際に解決するのは、大規模で目立つ改革などではない。むしろ、そこに暮らす人々が「自分の担当する分野の問題」として事態をとらえ、自発的に参加して改善できるための環境を作ることにある。

成果主義の問題点

したがって「学校の組織力を高める」という課題でも、責任分担のシステムを明確にしたり、各自の責任と成果を明確にしたり、などの上意下達的な発想は必ずしも適当ではないだろう。成果主義の経営が失敗したように、そういう組織は、**一見個人の責任範囲を明確にして効率性を高めるようでいて、実は、他人の関与を排除して、個人を孤立させ、結局、全体の効率も落としてしまう**可能性が大きい。とくに学校では、「効率」の概念がはっきりしないので、大規模な改革は、教師集団を分断・孤立させ、機能不全に陥る危険性は高い。

協働の体験に触れる

したがって「学校の組織力を高める」には、上意下達がしやすい組織を作ったり、成果主義の学校運営をしたり、という経営学的な「組織強化」は有効ではないだろう。むしろ、誰かが困っているときに他の人が自然に助ける立場に回るというような教職員の相互扶助ができる組織にすべきであろう。とくに、この問題は「現職教員特別選考」であるので、その面を強調していいはずだ。

Point 学校の組織力を高める➡相互扶助体験を出発点にする

もちろん、上意下達指揮の組織改革を志向する人々も選考側にはいるかもしれないが、それでも自らの立場を冒頭で明確にしておけば、趣旨自体は一貫しているので、全否定されることはない。それなりの評価も得られるはずである。

●解答例の構成

定義 「教育改革」の管理強化 ➡学校の組織にはなじまない

▼

根拠 学校・教育は明確に数値化された目標を持たない

▼

主張 学校の組織力＝教師間の同僚性を高める

▼

説明・例示 問題をシェア＝先輩からのアドバイス ➡自分も実践

▼

結論 問題に対処する個人を孤立させない

解答例

定義

近年「不適格教員」を排除したり、成果を明確にしたり、という教師に対する管理強化への志向が見られる。これは、学校運営の透明化という意味では意義があろう。しかし「学校の組織力を高める」ことは、こういう「組織改革」ばかりをイメージすべきではないだろう。

根拠

なぜなら、学校は企業のように「利益」や「効率」などという明確な目標を持たないからだ。もちろん、児童・生徒の学力の向上という目標は立てられるが、そもそも「学力」なるものをどう測定すればいいか、には議論がある。そうである以上、目標に到達するための効率や成果なども規定できないし、そのプロセスを「管理」することもできないはずである。

主張

むしろ、学校の「組織力」とは、教師間の同僚性を高めることに存する。ジェイコブズが『アメリカ大都市の死と再生』で述べたように、都市の犯罪を減らすには、区画整理をして「スラム」を撤去すればいいのではない。むしろ、そういう都市計画は、街路に注がれる人々の視線を減らしてしまい、犯罪を激増させる。犯罪を少なくするには、遅くまで開いている商店など、一見雑然としていても人が集まれる場所を残さなければならないというのだ。

説明・例示

学校も事情は同じだろう。学校には多様な人間が集まるので、さまざまな問題が日常的に起こる。その原因も簡単には分析できず、対策も立てづらい。人の耳目に入りやすい分析が必ずしも実態を反映していない場合も少なくない。その意味では、関係する人々が問題をシェアして、さまざまな立場から解決法を探るあり方が向いている。

たとえば、私は非常勤のときに、おちつきのない児童がクラスにいて、その行動に翻弄された。保護者からも連絡帳で「子どもと向き合っていないのではないか」などとクレームを付けられた。そのとき、先輩教師からアドバイスをもらったことで、自分を責めなくて済んだ。もし、そのときに保護者と同時に学校側からも責任を追及されていたら、どうなったか分からない。それ以来、自分の経験をなるべく同僚に伝えたいと思い、後輩の相談に積極的に乗るようにしている。「組織改革」というほど大げさなものではないが、経験を伝えることで、学校全体としての問題対応力は上がっていると思う。

結論

逆に、先輩教師に相談ができずに孤立したために、新採教員が自殺に追い込まれたという事件も耳にする。せっかく教育の理想に燃えて職に就いたのに、絶望して命を絶つのではあまりにも悲惨だ。どんなときにでも解決法はあるし、孤立させないというメッセージを出し続けることで、このような事件は防げるはずである。私も、そういう発信元になれるように頑張りたい。

●論点のまとめ

教育改革と学校の組織

定義	従来の「教育改革」は制度改革が主であった→新自由主義・成果主義的発想→先進国では失敗
背景	教師・学校への不信→制度で上から強制・支配する志向→数値化できない目標を無理に数値化
分析	大規模な改革を行っても効果は大きくない→むしろ問題を激化させる→現在存在する人間関係を活用する
提案	日本の伝統＝教師の「同僚性」を強化→学校の問題をシェアして対処する→それがないと個人に負担がかかる

●応用問題

相模原市　特別選考Ⅰ（高校）(60分・1,224字程度)
神奈川県の高等学校では、組織の活性化を図るためにさまざまな取組や改革が行われています。あなたは、組織の活性化を図るためにどのようなことが必要だと思いますか。これまでの経験を踏まえ、あなたの考えを具体的に書きなさい。

＊「組織の活性化」が制度の改革だけではなく、同僚性の強化だという立場を打ち出せば、解答例と同じように書けるだろう。この場合、前半で自分の拠ってたつ立場を明らかにすると、論旨がより明確になるはずである。

◆◆残念な解答フレーズ

◇成果主義的発想に頼って議論する
◇組織力を上下関係の連携強化としてのみとらえる
◇規律を強化することで問題解決を図る

Theme 15 教育改革と学校の組織

想定面接のポイント

❶学習指導要領に従って教育改革の方向を考える
❷思考力・判断力・表現力は人間力でもある
❸通常の競争的教育観とは別の見方を提示する

問： 教育改革が行われていますが、興味があることを1つ述べてください。（北九州市　小・中・特養）

回答例： 前回の「学習指導要領」の改訂では、子どもたちに必要な力を三つの柱として整理しています。つまり、「知識・技能」「思考力・判断力・表現力等」「学びに向かう力・人間性等」です。そのうちで、私がとくに興味を持ったのは、「思考力・判断力・表現力等」の項目です。これには、アクティブ・ラーニングが大きな役割を果たすと思います。つまり、主体的で対話的で深い学びになっていることが大事なのだと思います。

学習指導要領のまとめ

よく授業例であげられるのは、国語の授業で「みんなで一文ずつつないで一つの物語を作る」です。タブレットのソーシャルメディア機能を用いて、ルールを決めて、数人のグループを作って前の人が書き込んだストーリーに次の人が話をつなげていくのです。これは「みんなで一つの物語を理解する」という伝統的なスタイルとはまったく違った授業スタイルであるだけでなく、古典的な「連歌」などに見られる「座の文学」に近い試みだと思います。。

興味があるポイントの意味

前の人の書いたものに、どんな内容をつなげていくか、自分たちでさまざまに試行錯誤することで、前の文章をさらに展開したり、あえて距離を取ったり、逆転・反転させたり、ちょっとずらしたり、新しい要素を加えたりなど、多種多様な関係性に自ら気づき、学んでいくことができます。しかも、それは教師が一方的に教えるのではなく、子どもたちがあれこれやる中で自然に気づくようになるという点が優れていると思います。

そういえば、私は学生の時に自閉スペクトラム症児などや発達

子どもたちの能力に驚く

障害児達が集まるグループにボランティアで参加し、彼らがコミュニケーションするイベントを企画・実施したことがあります。とくに「皆で段ボール紙で一つの街を作る」というイベントの時は、彼らのアイディアや実行力の豊かさに驚きました。その創造的な雰囲気に一緒についてきた保護者たちも影響され、「自分たちの子どもの能力や美意識にはじめて感心した。また、ぜひこういうイベントを企画してほしい」と頼まれました。自分たちが、その場で判断して実行するという場がどんなに大事なものか実感させられました。

問： **イベントはワークショップ形式だったんですね？**

回答例： そうです。日本では、どうしても「伝統的な教授」のスタイルが強くて、こういうワークショップ的な手法を取り入れることが少ないと感じています。私も、子ども達の自主性が発揮できる多様な授業形式を発展させられたらいいな、と思います。

ワークから言語化へ

ただし、そういうワークショップをやりっぱなしではなく、その意義づけ・意味づけをきちんと行うことが大事だと思います。「面白かった」で終わるだけでなく、「どこが面白かったのか？」「どうすればもっと面白くなるか？」「今度は試みをしてみよう」などが言語化できるようになると良いですね。私がどの程度そういったファシリテートができるか分かりませんが、学習指導要領はそういう試行を許容してくれると思います。

人間力の養成

このような授業で学ぶ内容は、思考力・判断力・表現力だけではありません。相手を視野に入れながら、**より良いものに向かって、互いに違いを認めつつも協力していく人間力**でもあり、そのための共通の土台を自分たちで作っていく経験であると思います。私が自閉スペクトラム症児など発達障害児と言われる子どもたちとイベントをやったときも、彼らがみるみるうちにコミュニケーションを深めていくように感じられました。多様な傾向を持った人々と共存して、協働して何かを完成させる。そんな経験が、彼らも私も成長させて、社会に生きていくときの基本的な力になるのだと思います。こういうあり方は、競争をさせれば、互いに切磋琢磨して向上する、という見方とは違った経験ができると思います。これからの教育改革でも、その方向が発展していくべきだと思います。

終章　教育改革の理想と現実

公教育とフリースクール

英語民間試験の挫折

四技能重視から民間テストへ？

少し古い話だが、2019年の教育界最大のトピックは、何と言っても大学入試における「英語民間試験の導入」の挫折だった。これは、センター試験の英語を廃止して「読む・聞く・話す・書く」の四技能を見る「英語共通テスト」にして、しかも、その実施を民間テスト業者に委託する、というプランであった。2020年４月からはじめるという前提で、急ピッチで進めてられてきたのだが、11月になって突如「５年間延期」が決まったのだった。

この「英語共通テスト」については、筆者も何人かの教師から様子を聞いていたが、ほとんどの教育現場では強い懸念が表明されていた。実際、ある県の高校では、2019年夏に文部科学省から担当者を招いて状況説明会を開いたが、その担当者が「具体的には何も決まっていない」としてほとんど何も答えられないのに、2020年からの実施という予定だけは変えられないと明言したという。準備不足は明らかなのに実施だけは決まっている、という無理筋の話に出席者全員が困惑したそうである。

公教育は公平性を担保できるか？

英語共通テストの話は、この本が主に対象とする小中学校の教師志望者とは直接の関係がないようだが、実はそうではない。なぜなら、英語教育はずっと「日本の教育でうまく行かなかった部分」と位置づけられており、その改革が急務とされていたからだ。最近行われた小学校における英語導入も、この意図の延長線上にある。

民間試験の活用も、英語の学力を総合的に測りたいが、それを文法・読解中心の現行テストではカバーできず、新しく作ろうとすると膨大なコストがかかる、だから今ある民間試験を活用しよう、という所から始まったが、それが、徐々に教育の原則を壊しかねないことが明らかになった。それなのに進んでしまったのである。

延期は、文部科学大臣の発言がきっかけになった。TVの政治討論番組に出演し、司会者から「お金や、地理的な条件などで恵まれている人は何回も受けて練習できる。その不公平、公平性ってどうなんでしょう？」と聞かれて「裕福な家庭の子の有利さはあるかもしれないけれど、そこは、自分の身の丈に合わせて勝負して頑張ってもらえば」と言い放ったのである。

この所謂「身の丈発言」には、広い範囲から反発・批判の声が上がった。その結果、発言の撤回・陳謝に追い込まれるとともに、「皆様にお勧めできる状態になっていない」として共通テストの実施を2025年からに延期することが急遽決定されたのである。

公教育の公平性はどこに？

公平を保証しない公教育？

問題は、この「身の丈発言」が、それまでの教育理念である「機会の平等」を真っ向から否定していることであった。そもそも教育のみならず行政は「公平性」がポイントである。公平が担保されない行政は、一部のための私的な利益への誘導と見なされて正当性を失う。大臣の発言は、政府が、国民間での不公平を公然と認めただけでなく、その是正にはまったく関心を持たず、「公平性」を保証する気がない、という印象を与えたので大問題になったのだ。

現場の教師たちは、もちろん「公平性」に対して真摯に対応している。とくに試験では「公平性」が保証されなければ、そもそも試験する意味すらなくなる。ある属性を持つ生徒だけが有利になるなら、試験など必要ない。制度を作る場合も、そこが保証される仕組みになっていなければ、信頼が保てない。その根底を無視したのだから「炎上」したのも当然であろう。

反対意見が排除される構造

さらに問題なのは「民間試験の活用」が決定されるまでのプロセスで、英語学者や教育者からさまざまな疑念が出されていたのに、それに十分応えないままに、実施だけが「結論ありき」で決められたことである。実際、延期決定直前の2019年９月には、全国の高校の校長の団体が「英語民間試験の延期・見直し」を申し入れたのに、大臣は「万全の体制を整える」と突っぱねている。

文部科学省の「英語教育の在り方に関する有識者会議」でも、四技能重視について「母語という礎なしの外国語の運用能力などハリボテ英語力にすぎない」という辛辣な批判も飛び出したのに、産業界出身の識者が主導して「民間試験の導入を前提とした小委員会」をつくり「その結論を尊重する」ように申し入れた。その結果、英語民間試験の導入協議会が設置され、そのメンバーは英語試験業者ばかりだったという。このような経緯を見ても、「民間試験の活用」が、途中から教育的意図から外れ、むしろ「利益の分配」という様相を呈したのは否めないだろう。

政治が教育を左右する？

このような「民間テストの活用」は、首相官邸のイニシアティヴによると言う。この例に限らないが、最近「政治による教育への介入」が目立っている。しかも、その介入は「道徳の教科化」など、以前に見られたような、一定のイデオロギーの押しつけと言うより、**むしろ教育を材料にして、政治が「改革を進めている」という印象を世間に与える道具と化している。**

改革イメージに教育を使う

「教育改革と学校の組織」でも書いたように、改革は集団の自発的な力を醸成する方向で行われねばならない。しかし、英語共通テストを巡るゴタゴタは、今の「教育改革」が、それとは無縁な方向で行われていることを明らかにする。都市計画家が机上のプランで「便利で快適な都市」を実現しようとしてコミュニティを壊すのと同様に、四技能をテストで課せば、英語力が上がると思い込み、どういう現実的な困難が出てくるか十分予想しないまま、担当省庁に具体化作業をトップダウンで投げる。その挙げ句にギリギリになって延期が決まる。これほどの失態はめったにないだろう。

公教育の機能不全

しかし、こうした矛盾が大した精査もなく、無反省に進められてきたという事実は、高校・大学にとどまらず、日本の教育が共通に考えねばならない問題だろう。真の問題が何なのか、を分析したり直視したりせず、とにかくウケがよさようなキーワードに頼って現実を変えるのでは、かえって問題を生み出すだけである。

「民間活力」を利用するのは悪いことではないが、それが至上目標となって、今までの教育で達成されたものが投げ捨てられたのでは本末転倒だ。試験の目標である「公正さ」が「民間の活用」のために顧みられないのでは、何のための改革なのか分からない。そういえば、「民間人校長」「学校間の競争」など、今まで、さまざまな教育改革が試みられてきたが、ほとんどが失敗だった。

教育には独自の問題がある

現代の教育が抱える問題は、むしろ、このような政治の思惑とは別のところにある。**教育が子どもの学びに対する自発性を十分に引き出せない**のではないか、という疑念が強いのだ。「未来に向かう教育」とは、理想をトップダウンで押しつけることではない。たとえば、本を読むことも、古今の人間の知恵との対話なので、本来、知的な興味をかき立てられる体験であるはずだ。しかしながら「本を読む習慣をつける」工夫は言われても「本を読む楽しさ」をどうかき立てるか、については十分な方法論がない。

楽しさを感じさせる教育？

外国語の習得も、母語とは違う頭や口の動かし方、世界の見方、表現の仕方を学ぶことなので、違う人間になって世界に触れるスリルがあるはずだ。しかし「英語ができないと仕事がなくなる」などと脅すのでは、むしろ外国語嫌いを生み出す仕組みになる。これは人生における「目標・動機の蒸発」を引き起こす。手近な目標をたてて、競争を煽ることで、かえって最終的な目標が希薄化して「何のために勉強しているのか？」分からなくなるのである。

> トーナメント型学歴レースの当然の帰結…（は）「中学を卒業すれば、高等学校に入り、高等学校を出れば、大学に入る、そうしてゐる中には何とかなるだらう」ということである。…目標の置換をもたらし、目前の選抜を自己目的化してしまう。…学歴社会とは一見野心の加熱をもたらすよう（でいて）…現実には大きな遠い野心を蒸発させ、経済的合理的計算のリアリティを極小化してしまう。（竹内洋『日本のメリトクラシー』）

教育を変えるには、このような「目標の蒸発」からくる教育／人生に対する無気力・無関心を変え、「学ぶ快感」や「学ぶ面白さ」を復活させ、生き生きした興味をどうかき立てるかにある。もちろん、そういう志自体は、公教育に関わっている教師のほとんどが持っているだろうし、そのために日夜努力していることも間違いない。それでも、その努力が実っているという世間からの評価は少ない。それは、今まで述べてきた問題群を見ても感じ取れることだろう。

フリースクールの可能性

むしろ「生き生きした興味」は、公教育に絶望して、それとは別な教育を試みようとしているフリースクールの方に実現されようとしている。なぜなら、フリースクールに集まっている人々は、児童・生徒も親も含めて、公教育で「うまくいかなかった」という体験を強烈に持ち、そこで前提とされてきたことを壊してでも、自分たちの「理想の教育」を実現しようと努力しているからである。もちろん、その中には問題も残るのだが、公教育が参考にしてよい試みが種々含まれているのだ。

あるフリースクールでの体験

実際、筆者も、かつて友人が実践しているフリースクールの生徒たちを教えたことがある。小学校レベルから高校レベルまで、文部科学省が定めた学習指導要領など無視して、教科を超えた自主的研究や農業合宿、あるいは踊りや音楽に至るまで、子どもたちの情操と理性の発達のために、最善と思われる方法をさまざまに試している学校だった。

もちろん、教室の机の配置もいろいろであった。教師を中心に児童・生徒が秩序よく座る、という形を必ずしもとらず、床に寝そべったり隣の生徒としゃべったりしていても許される。それでいて生徒たちの授業に対する興味と集中力は途切れることなく、教師から出された課題を次々とこなしていく。その熱心さは、目を見張るレベルであった。

教育におびえない子どもたち

このような教育の結果もめざましいものだった。筆者は、その最上級生たちの大学受験指導を依頼されたのだが、一人一人の積極性と明るさには目を見張った。

小論文の指導では、文章を書かせ、それを批評しながら進めていくのだが、たいていの生徒は、自分の文章の問題点が少しでも指摘されると萎縮してしまう。人格が否定されるような気持ちになるらしい。だから、こちらのコメントをよく聞かなかったり、聞いても泣き出したりする子まで現れる。だから「ほとんどの人が最初はこんなものだから…」とまず感情的な手当をして、時には、コメントもわざと曖昧にするなど手加減することも多い。

しかし、そのスクールの生徒たちは、問題点を指摘されても萎縮せず、筆者のコメントを素直に聞く。コメントを、人間性についての非難だととらえず、現在のスキルに対する客観的アドバイスと考えるようなのだ。だから、**教師も自分たちを評価する権力的・権威的存在ではなく、力の向上を図ってくれている存在だという信頼を持つらしい**。こちらも余計な心配をしないで、内容に集中でき、彼らのヴィヴィッドな反応に助けられ、その場の思いつきを活かしながら教えられる。こういう即興的なやりとりが成り立つときは、教えていても楽しい。

正解におびえる生徒たち

逆に、かつて別の学校で教えていたときには、教務課から「先生、板書は絶対に書き換えないでください」ときつく注意されたことがあった。教え方を変えた方が、学習効果が高いのではないか、と善意でやったつもりが「何を覚えればよいのか？」「何が正解なのか？」と生徒たちの不安を呼ぶからだという。その理屈に一応うなずきながらも、子どもたちが「正しい知識を学ばねばならない」「それができなかったら落伍する」とおびえ、教師に対しても自分たちを評価する権力だと身構える。「教える／学ぶ」という関係の中で、彼らはどんなに傷ついてきたか、と胸が詰まる思いがした。

自由さは何に由来するのか？

教師との間に、信頼関係が成り立つのは何に由来するのか？ そのスクールに日常的に関わっていない筆者には、はっきり指摘することはできない。しかしながら、さまざまな試みを「子どもたちのために」と実行していく大人たちの懸命さが、夾雑物（きょうざつぶつ）なしで伝わることで、教育行為への信頼となって結実したという可能性が強いのではないかと思う。それは、同時に、そういう教育を受けて成長した児童・生徒たちが、静かだが揺るぎなき自信を持つことにもつながるだろう。

信頼は自信をも生む

たとえば、先の指導で驚いたのは、生徒の一人が地下足袋を愛用していたことだった。農業実習でたまたま履いてみたら、その心地よさ、動きやすさに魅せられたのだという。それ以来、街を歩くときも学校に行くときも、地下足袋で行くようになったという。「楽でいいですよ〜。先生もどうですか？」と屈託がない。地下足袋を楽しんでいるとともに、「地下足袋こそいいんだ！」という他人に押しつけるような力みや押しつけがましさがない。

高校生ぐらいの年齢だと、ファッション情報などに影響され、巷に喧伝されるトレンドの中で、もっとも「先端」のファッションを身につけるという行動はよく見られるし、その感度のよさも否定できない。しかしながら、地下足袋といういささか古くさいアイテムを身につけ、それが「心地よい」と実感できる自立した感覚は、そういう情報のやりとりや競争意識からは出てこない。「自分が気に入ったから履いている」という選択がそのまま伝わってくる。

●地下足袋で街を歩く

自発性と自由

この本の中では、教育は強制ではなく、自発性の涵養（かんよう）であるべきだ、と何度か述べた。これは単なる理想論ではない。たしかに、前代の知識・情報を次代に正確に伝えるという意味では、教育には有無を言わせぬ強制の側面がある。しかしながら、前代をコピーするだけでは教育の意味はない。むしろ、前代の知識・情報・知恵を受け継ぎつつも、新しい知識・情報・知恵を発掘・発明していく次世代の人材を作っていくのが役目だろう。

教育の理想はどこにあるか？

つまり、**教育の理想とは、前代を尊重しつつも否定して、より新しい知識・情報・知恵を生み出せる人間を作ることにある**。こういう人間には、アイディアがまだ形になっていないときでも、その不確実性に落ち込むことなく、自分にだけぼんやり見える可能性を信じて追求していけるだけの自信と明るさが必要になる。それは、命令一下、一糸乱れずに動くための集団的訓練とは、自ずと異なる訓練や教育が必要になるだろう。

教育は何を評価し、何を目的とするか？

俗に「師の指し示す指先を見るな。指先の指し示す先を見よ」と言う。教師自身にも思い違いはあるし、不完全なところもある。その教える内容がすべて正しいわけではない。だから、師をコピーするのは愚の骨頂だし、自分をコピーするように求める教師も間違っている。むしろ、自分の間違いを正し、より正しい方向に教えを導く「弟子」が現れたら、その成長ぶりを喜ぶのが「師」であろう。

本来の師弟関係とは？

こういう古風な「師弟関係」のイメージは、公教育では意味を失うのだろうか？　そんなことはないと思う。**教えた者は、つねに教えを受けた者によって、乗り越えられるべき存在**だし、また、そういう発展を信じられなければ、教え育てるという仕事の意味はない。問題なのは、その基本が「支配」や「管理」、あるいは「権威」によってゆがめられることだ。しかも、しばしば善意に基づいている。

現代の、教育に対する危機意識もその不安に基づいている。その不安に応答しない「改革」や「努力」は、結局、教育をさらに混乱させるだけだろう。教育という営為の自律性は、現場でしか守れない。制度や法の変更に振り回される公教育より、フリースクールの愚直な試行錯誤の方が、そういう基本に忠実なのかもしれない。そんな筆者のささやかな体験が、これから教育に関わろうとする人々の参考になれば幸いである。

＜著者紹介＞

吉岡友治（よしおか　ゆうじ）
宮城県仙台市生まれ。東京大学文学部卒。シカゴ大学大学院人文学修士課程修了。著書は「社会人入試の小論文　思考のメソッドとまとめ方」「法科大学院小論文　発想と展開の技術」「TOEFL テスト　ライティングの方法」（実務教育出版）「吉岡のなるほど小論文講義 10」(桐原書店)「だまされない〈議論力〉」（講談社現代新書）「基礎からのジャンプアップノート　記述力養成･小論文書き込みドリル」（旺文社）「反論が苦手な人の議論トレーニング」「ヴィジュアルを読みとく技術――グラフからアートまでを言語化する」（ちくま新書）「必ずわかる！『○○主義』事典」（PHP 文庫）「いい文章には型がある」（PHP 新書）「マンガでやさしくわかる論文・レポートの書き方」（日本能率協会マネジメントセンター）「体系現代文」「慶應の小論文」（教学社）「シカゴスタイルに学ぶ論理的に考え、書く技術」「文章が一瞬でロジカルになる接続詞の使い方」（草思社）他。

《添削講座のお知らせ》
本書の章末に書いてある過去問などについて、質問や添削を希望する方は本書の著者吉岡友治が主宰するインターネット小論文添削講座「VOCABOW 小論術」http://www.vocabow.com をご覧下さい。小論文に関するさまざまな情報が用意されています。
「VOCABOW 小論術」　URL ： http://www.vocabow.com
e-mail : office@vocabow.com

[2025 年度版]
教員採用試験　教育問題の核心に迫る！　勝てる小論文・面接

2024 年 1 月 31 日　初版第 1 刷発行　＜検印省略＞

著　者　吉岡友治
発行者　小山隆之
発行所　株式会社　実務教育出版
〒 163-8671　東京都新宿区新宿 1-1-12
振替　00160-0-78270
編集　03-3355-1812　販売　03-3355-1951
印　刷　シナノ印刷
製　本　東京美術紙工

ISBN978-4-7889-5984-2 C0037　Printed in Japan